GUÍA

DEL CAMINO IGNACIANO

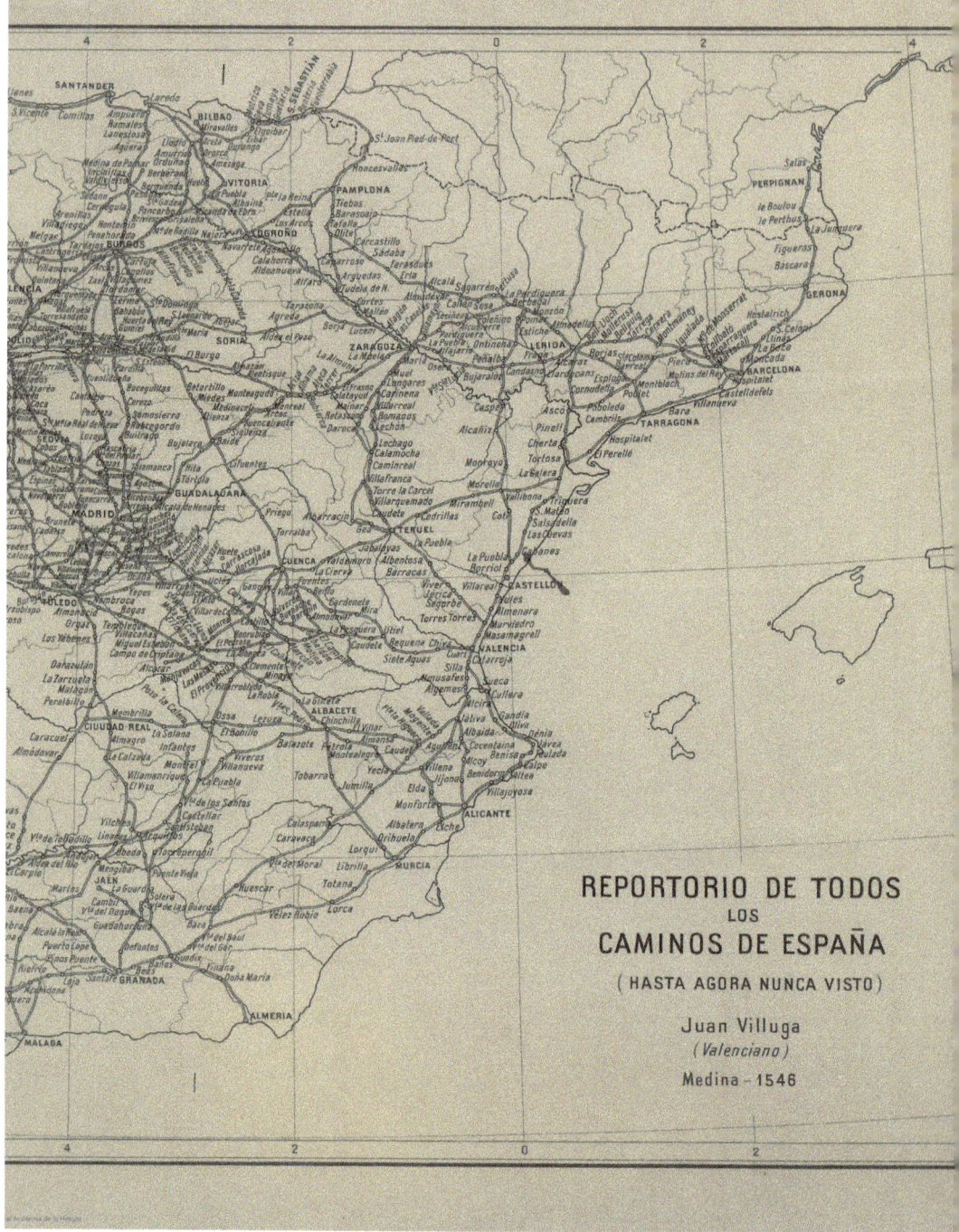

Mitad oriental del mapa diseñado por Gonzalo Menéndez Pidal según el original de Juan Villuga (1546) para ilustrar su libro *Los caminos en la Historia de España*, Ediciones de Cultura Hispánica, Madrid 1951 (http://bibliotecadigital.rah.es/dgbrah/es/consulta/registro.cmd?id=13035).

Trazado completo del Camino Ignaciano.

José Luis Iriberri, SJ
Chris Lowney

GUÍA

DEL CAMINO IGNACIANO

CUARTA EDICIÓN

Cualquier forma de reproducción, distribución, comunicación pública o transformación de esta obra solo puede ser realizada con la autorización de sus titulares, salvo excepción prevista por la ley. Diríjase a CEDRO (Centro Español de Derechos Reprográficos) si necesita reproducir algún fragmento de esta obra (www.conlicencia.com / 91 702 19 70 / 93 272 04 47).

© Ediciones Mensajero, 2016
Grupo de Comunicación Loyola
Padre Lojendio, 2
48008 Bilbao – España
Tfno.: +34 944 470 358
info@gcloyola.com
gcloyola.com

Diseño de cubierta:
Magui Casanova

Impreso en los Estados Unidos. *Printed in the United States*
ISBN: 978-1944418724

Publicado y distribuido por
Cluny Media LLC
www.clunymedia.com

Fotocomposición:
Rico Adrados, S.L. – Burgos
www.ricoadrados.com

ÍNDICE

PRIMERA PARTE: ENTRANDO EN SITUACIÓN 11

  1. La peregrinación: un itinerario de esperanza y deseo 12
  2. Imaginar el mundo de Ignacio 18

SEGUNDA PARTE: PEREGRINANDO CON LA GUÍA A MANO 27

  1. Planifica por adelantado tu Camino 27
  2. Guía diaria práctica: etapas, alojamientos y lugares que visitar en ruta ... 30

    Etapa n.º 0:
      Loyola 32

    Etapa n.º 1:
      Loyola – Zumarraga (18,2 km) 34

    Etapa n.º 2:
      Zumarraga – Arantzazu (21,4 km) 39

    Etapa n.º 3:
      Arantzazu – Araia (18 km) 44

    Etapa n.º 4:
      Araia – Alda (22 km) 48

    Etapa n.º 5:
      Alda – Genevilla (24 km) 53

    Etapa n.º 6:
      Genevilla – Laguardia (27,3 km) 58

    Etapa n.º 7:
      Laguardia – Navarrete (19,6 km) 63

    Etapa n.º 8:
      Navarrete – Logroño (13 km) 68

    Etapa n.º 9:
      Logroño – Alcanadre (30,6 km) 72

Etapa n.º 10:
Alcanadre – Calahorra (21,5 km) 77

Etapa n.º 11
Calahorra – Alfaro (25,6 km) 81

Etapa n.º 12:
Alfaro – Tudela (25,6 km) 85

Etapa n.º 13:
Tudela – Gallur (39,3 km) 90

Etapa n.º 14:
Gallur – Alagón (21,7 km) 96

Etapa n.º 15:
Alagón – Zaragoza (30,5 km) 102

Etapa n.º 16:
Zaragoza – Fuentes de Ebro (30,2 km) 109

Etapa n.º 17:
Fuentes de Ebro – Venta de Santa Lucía (29,6 km) 114

Etapa n.º 18:
Venta de Santa Lucía – Bujaraloz (21,3 km) 119

Etapa n.º 19:
Bujaraloz – Candasnos (21 km) 122

Etapa n.º 20:
Candasnos – Fraga (26,8 km) 126

Etapa n.º 21:
Fraga – Lleida (33 km) 130

Etapa n.º 22:
Lleida – El Palau d'Anglesola (25,7 km) 136

Etapa n.º 23:
El Palau d'Anglesola – Verdú (24,7 km) 140

Etapa n.º 24:
Verdú – Cervera (17 km) 146

Etapa n.º 25:
Cervera – Igualada (38,6 km) 150

Etapa n.º 26:
Igualada – Montserrat (27 km) 156

Etapa n.º 27:
Montserrat – Manresa (24,6 km) 162

TERCERA PARTE: GUÍA PARA EL CAMINO INTERIOR 173

Presentamos esta guía en colaboración para ofrecer a los peregrinos y peregrinas un instrumento que les ayude a avanzar en su camino. Tanto Chris Lowney como José Luis Iriberri son peregrinos ellos mismos, no solo del Camino Ignaciano sino, mucho antes, del conocido Camino de Santiago. Los dos han colaborado en la creación del Camino Ignaciano desde su origen y no solo lo conocen muy bien sino que además se han comprometido en su promoción, ofreciendo charlas y participando en congresos de Turismo Religioso y de Peregrinaciones. Chris es un conocido escritor y experto medievalista, así como formado en la tradición ignaciana por los mismos jesuitas en Estados Unidos. José Luis es jesuita y profesor en la Facultad de Turismo y Dirección Hotelera San Ignacio, de la Universidad Ramón Llull en Barcelona. Los textos se han trabajado conjuntamente y también por separado, por eso en algunas partes hay más influencia de un autor y en otras del otro.

PRIMERA PARTE
Entrando en situación

¡Bienvenido, peregrino!

En 1522, Ignacio de Loyola viajó a pie desde su casa de Loyola, en Euskadi, a Montserrat y Manresa, cerca de Barcelona. Esta peregrinación cambió su vida. Sus empresas subsiguientes cambiaron el mundo.

Esta guía te invita a recorrer andando, en bicicleta o en coche –o simplemente con la imaginación– la misma ruta que recorrió Ignacio. ¡Ponte en marcha! Emprende el Camino para dar gracias por todo lo que tienes, para conocerte mejor a ti mismo, para poner a prueba tu resistencia, para reflexionar sobre tu futuro o simplemente por diversión. La ruta es un vivo tesoro cultural e histórico: en el curso de los siglos, el imperio romano primero y el mundo islámico después, diversos reinos españoles enfrentados entre sí y devotos cristianos fueron dejando fascinantes huellas en la arquitectura, las iglesias, los lugares sagrados y los objetos que verás a lo largo del Camino. Estamos seguros de que este itinerario te fortalecerá y conmoverá; y es muy posible que, al igual que el propio Ignacio, encuentres inspiración para mejorar el mundo y te comprometas en tan loable tarea.

En 2022 se celebrará el quinto centenario de la extraordinaria peregrinación de Ignacio, y esta guía ha sido escrita para alimentar las peregrinaciones ignacianas a medida que nos aproximamos a tan importante efemérides en la historia de los jesuitas, la Iglesia y el mundo. El «Camino Ignaciano» cobrará vida plena solo con que sea recorrido por una pequeña fracción de los millones de personas que se han educado en escuelas y universidades jesuitas, han hecho los Ejercicios Espirituales o han sido inspirados por la tradición jesuita para trabajar por un mundo más justo y lleno de fe. ¡Buen Camino!

Cómo usar este libro

Esta guía se divide en tres partes. La primera es una introducción a la figura del peregrino, de las peregrinaciones y del mundo de Ignacio, que pueden ayudarte a situar tu propia peregrinación. Las otras dos partes están concebidas para ser utilizadas simultáneamente. La segunda parte es la guía práctica: ruta, distancias entre ciudades, posibles alojamientos, lugares que merece la pena visitar a lo largo del Camino. La tercera parte es la guía espiritual: las meditaciones diarias transformarán el viaje físico en un itinerario espiritual.

Si aún estás valorando si hacer o no el Camino Ignaciano o te encuentras en el proceso de planificación, acude a la página web www.caminoignaciano.org, en la que encontrarás todo lo necesario para programar bien tu experiencia. El Camino Ignaciano tiene algo que ofrecer a cada persona: ya lo hagas caminando, en bicicleta o en coche, siempre encontrarás un itinerario que se ajuste a tus intereses, solo tienes que construirlo con tu creatividad.

Y si eres un «peregrino de sillón», que quieres recorrer virtualmente el Camino Ignaciano desde casa leyendo este libro, ¡siéntete bienvenido de corazón! A medida que recorras tu Camino, día a día, con ayuda de la guía práctica y la guía espiritual, busca en la página web del Camino Ignaciano fotografías que te ayuden a visualizar los paisajes que recorrió Ignacio o recórrelo con Google Maps en la página web www.caminoignaciano.org.

1. LA PEREGRINACIÓN: un itinerario de esperanza y deseo

Los seres humanos llevamos milenios peregrinando a lugares sagrados y es probable que sigamos haciéndolo mientras caminemos sobre este planeta.

¿Por qué peregrinamos?

El impulso a peregrinar se extiende por continentes, culturas y credos. Unos trece millones de cristianos visitan anualmente Lourdes y Fátima; por su parte, millones de musulmanes visitan La Meca y millones de hindúes bajan a Benarés para bañarse en el sagrado Ganges. Muchos millones más de personas se dirigen año tras año a santuarios de todo tipo, grandes y pequeños, demasiado numerosos para ser contados, en todo continente habitado. La Organización Mundial del Turismo (OMT) calculaba el 2012 que más de 300 millones de personas se desplazaban al año exclusivamente por motivación religiosa.

A primera vista, poco tienen en común estas peregrinaciones. Los budistas visitan Bod Gaya, el lugar donde Buda experimentó la iluminación; los hindúes esperan que la visita a los char dham (cuatro lugares sagrados) de su fe les libere del ciclo de renacimientos; los peregrinos católicos que acuden a Lourdes buscan la curación para ellos mismos o para algún ser querido. ¿Qué posible relación existe entre el budista que medita serenamente bajo el árbol bodhi, el católico que impetra ser curado de un cáncer en la cueva de Bernadette y el hindú que persigue quedar liberado de la rueda de las reencarnaciones?

Bueno, la relación es bastante grande, pues, por debajo de los diversos intereses que impulsan a los peregrinos a viajar, se encuentra el lecho de roca compartido de la experiencia humana. Sean cuales sean nuestras creencias, sea cual sea la época histórica en la que hayamos nacido, los seres humanos seguimos poniéndonos en camino porque la peregrinación es una perdurable metáfora de la vida. Y existen al menos tres temas humanos que vinculan entre sí a los peregrinos de todas las tradiciones religiosas:

- **El deseo:** nos falta algo; sabemos que el mundo no es perfecto; hay algún problema que resolver o alguna necesidad que satisfacer.
- **La esperanza:** esperamos algo mejor.
- **El itinerario:** la vida humana es un periplo, y la peregrinación es la metáfora que lo representa.

El deseo: nos falta algo...

Pocos (demasiado pocos) peregrinos nos ponemos en marcha simplemente para dar gracias por todo lo que hemos recibido. Más probable es que peregrinemos por la razón opuesta: porque queremos o necesitamos algo. El enfermo busca la curación, quien se encuentra mentalmente angustiado suspira por la paz y la persona no reconciliada anhela recomponer las relaciones rotas con Dios, con su familia o con los amigos. Buscamos respuesta a enojosos dilemas, anhelamos iluminación espiritual, perseguimos una relación más profunda con el Creador, estamos exhaustos a consecuencia del ritmo de vida moderno o simplemente nos aburrimos y queremos probar algo diferente.

Nos falta algo, así que nos ponemos en camino. Después de todo, si disfrutáramos de perfecta felicidad, ¿qué razón tendríamos para ir a lugar alguno? Si ya tuviéramos todo, ¿por qué íbamos a estar buscando algo?

Los seres humanos no solo anhelamos satisfacciones nobles y santas. Una vez, durante una peregrinación, me fijé en un muchacho acompañado de una atractiva chica, que cojeaba a causa de una rodilla inflamada. Una semana y muchos kilómetros después, me sorprendió encontrarme de nuevo a aquel joven en compañía de una mujer diferente. Al parecer, el pícaro había despachado a casa en autobús a su coja compañera de camino y reemprendido su lujuriosa peregrinación. ¡Pues vaya con la caballerosidad!

Pero, con independencia de que tus apetitos se canalicen por vías sublimes o más básicas, los filósofos reconocen algo profundamente espiritual en nuestro insaciable deseo, en nuestra inextinguible sensación de que «nos falta algo». Los seres humanos estamos permanentemente inquietos, porque, en el fondo, somos más que lo que tenemos, comemos, ganamos o poseemos; la vida no se termina en el trabajo, la casa, la diversión o la cuenta bancaria, ni tampoco en las conquistas sexuales que realizamos en una ruta de peregrinación. No importa cuánto patrimonio tengamos, lo famosos que seamos, cuánto ganemos, con quién nos acostemos o qué coche conduzcamos: siempre nos sentiremos de algún modo incompletos, vagamente insatisfechos, deseosos de más.

Nuestro estado carencial, la perenne inquietud de la condición humana, puede significar que hemos sido innatamente programados para algo más de lo que es capaz de ofrecernos la vida terrena, tanto si admitimos este hecho como si nos afanamos sin cesar de un propósito a otro, tambaleándonos insatisfechos, en la vana esperanza de que con la próxima posesión llegará la satisfacción plena. San Agustín, el famoso obispo del siglo V, lo formula con las siguientes palabras: «Nuestro corazón está inquieto, Señor, hasta que descanse en ti» (*Confesiones* I, 1,1).

Ninguna cantidad de dinero, honor ni placer nos satisfará para siempre. Todo eso puede contentarnos quizá por un tiempo, pero antes o después volvemos a sentirnos desazonados. Tal y como lo veía Agustín, nuestro siempre inquieto corazón no quedará satisfecho con ningún bien finito, porque está sensibilizado para la paz, la alegría y el amor infinito que es Dios.

Y porque estamos inquietos, nunca nos sentimos completamente en casa en el mundo. En el Nuevo Testamento, la carta a los Hebreos afirma que todos somos «peregrinos y forasteros en la tierra» (Heb 11,13). El sentimiento se formula aquí sin rodeos de ningún tipo. No obstante, yo no me siento «forastero», «exiliado» en esta bella Tierra; de hecho, me alegra estar vivo y ser (por regla general) bastante feliz. Pero es cierto que tampoco me siento –y sospecho que nunca me sentiré– plenamente realizado. Así pues, los siempre inquietos seres humanos nos ponemos en camino en busca de sanación, iluminación, respuestas o experiencias que puedan completarnos. Ello nos lleva al segundo gran impulso humano para peregrinar.

Esperanza: esperamos inquebrantablemente algo mejor...

Toda peregrinación es expresión de esperanza. Esperamos alcanzar un destino y regresar a casa sanos y salvos. Pero también deseamos que la experiencia de peregrinar enriquezca nuestra vida. Anhelamos encontrar paz, reconciliación, perdón, sanación, iluminación y múltiples aspiraciones más.

En el curso de una peregrinación de una semana haciendo el Camino de Santiago, una tarde algunos desaliñados peregrinos y yo llegamos con cuentagotas a un pueblo poco habitado que luchaba por sobrevivir en un mundo moderno dominado por grandes ciudades. Un calor de 38° C había transformado la aldea en un lugar fantasma; si hubiésemos sido pistoleros esquivando plantas rodadoras, la escena callejera habría encajado a la perfección en una película del Oeste.

Cuando cayó la tarde, las campanas de la iglesia repicaron para anunciar la misa vespertina. Tres o cuatro señoras mayores salieron de sus casas con las contraventanas cerradas y se encaminaron a la fresca iglesia en la que descansábamos los peregrinos. Al final de la misa, el sacerdote pidió por la permanente seguridad de los peregrinos y, cerrando el libro de oraciones, improvisó: «Sé que los peregrinos estáis exhaustos por el calor y el cansancio, pero perseverad en vuestro camino. Si buscáis respuestas, las encontraréis. Si buscáis paz, la encontraréis. Si buscáis a Dios, él os encontrará a vosotros».

¡Justo! Eso es, ¿no? Eso es lo que hacemos los seres humanos. Peregrinamos llenos de esperanza. Esperamos paz, respuestas, una segunda oportunidad. Esperamos conseguir el trabajo perfecto y encontrar a la mujer o al hombre de nuestros sueños. Y no renunciamos a la esperanza. Esperamos inquebrantablemente, incluso contra toda esperanza. El diagnóstico de enfermedad terminal no nos disuade de esperar que algún milagro o gran avance médico pueda salvar aún a nuestro amado cónyuge o hijo. Nos aferramos a relatos extraordinariamente esperanzadores de nuestras tradiciones. Nos consuela, por ejemplo, el Jesús que visita a una niña muerta y dice: «*Talitha qum* – Chiquilla, te lo digo a ti, ¡levántate!» (Mc 5,41). E increíblemente la niña va y se levanta.

Es posible que el primer peregrino famoso de la humanidad fuera el patriarca bíblico Abrahán, quien, a instancias de Dios, se encaminó hacia la tierra prometida. La carta a los Hebreos reflexiona sobre la caravana de Abrahán, que tanto se demoró en el camino, y observa: «Pues si hubieran sentido nostalgia de la [patria] que abandonaron, podrían haber vuelto allá. Por el contrario, aspiran a una mejor, es decir, a una celestial» (Heb 11,15-16). En efecto, seguimos adelante, en nuestra peregrinación hacia Lourdes o Montserrat, al igual que en nuestra peregrinación por la vida. Esperamos algo mejor, y la esperanza tira de nosotros hacia delante.

El itinerario: nuestra vida es un periplo, y la peregrinación es la metáfora que lo representa...

Nuestras esperanzas a veces se cumplen y otras no. Sin embargo, perseveramos. Con frecuencia aprendemos algo a lo largo del camino; en este sentido, la peregrinación que uno realiza a Lourdes o a Montserrat es una apropiada metáfora de la vida misma. La mayoría de los peregrinos descubren la verdad del viejo tópico: lo importante es el trayecto, no el destino. Eso no es enteramente cierto, por supuesto: ningún viaje parecerá merecer en último término la pena si transcurre en una dirección del todo absurda (pregunta, si no, a cualquier adulto de edad avanzada que lamente una vida gastada en propósitos frívolos y vacíos).

Pero gran parte de la vida tiene que ver con el itinerario mismo: con quién nos encontramos a lo largo del camino, qué es lo que vemos y saboreamos, cómo nos comportamos y de qué manera tratamos a los demás, qué aprendemos... y mucho más que, a la postre, es lo que constituye una vida bien vivida o una peregrinación bien realizada. No ocurrirá nada mágico por el mero hecho de alcanzar un destino, como, por ejemplo, Manresa, igual que no ocurre nada mágico por el solo hecho de alcanzar la presidencia de una empresa o una cómoda jubilación. Más frecuente es que la magia acontezca a lo largo del camino, y quienes peregrinan por la vida harán bien en mantener los ojos y el corazón bien abiertos a cualesquiera descubrimientos que les aguarden a lo largo de su recorrido.

Aprender esa lección del peregrino viviendo mi experiencia personal en el Camino de Santiago me costó algún que otro sufrimiento. Caminando seis o siete horas al día durante mi peregrinación a Santiago, a diario adelantaba a otros peregrinos (o ellos me adelantaban a mí). La mayoría de nosotros nos limitábamos a intercambiar un «¡Buen Camino!», y seguíamos nuestra marcha, cada cual contento con su propia soledad. En ocasiones llevábamos idéntico ritmo y nos enfrentábamos a un delicado dilema: ¿Seguiríamos siendo silentes compañeros de camino durante las siguientes tres o cuatro horas, rumiando cada cual sus pensamientos al son de los pasos del otro? ¿O se detendría uno u otro a descansar sin necesidad, a fin de crear entre ambos la distancia literal y figurada que los dos deseábamos?

No obstante, los peregrinos a veces anhelan compañía, no soledad. Alguien a quien cavilar en silencio durante una o dos horas le resulta un tormento puede querer compartir sus ideas o angustias con otra persona. Yo me he enterado de aspectos de la vida de mis compañeros peregrinos que ni siquiera sus jefes, sus mejores amigos o sus amantes sabían. Un joven e inteligente ingeniero informático se preguntaba mientras peregrinaba si su vida y su carrera no deberían tener un horizonte más amplio que el de la ingeniería informática. Una mujer llevaba tiempo resistiéndose a los ruegos de su marido para formar una familia: se preguntaba si su renuencia a tener hijos quería decir algo acerca de sí misma o acerca de su matrimonio. Esperaba obtener algo de luz al respecto en los cientos de kilómetros que la separaban de su destino.

¿Y yo? En mi caso no había ningún móvil semejante. Me encanta caminar, me encanta viajar. Soy una persona religiosa. Estudié historia medieval en la universidad y saboreaba la oportunidad de ver las iglesias románicas y góticas españolas. Disfruto de la soledad y de la posibilidad de huir de vez en cuando del alocado redoble de reuniones, llamadas telefónicas y correos electrónicos que domina la vida moderna. ¿No era esa razón suficiente para peregrinar? No tenía ningún candente enigma que resolver ni iluminación alguna que buscar. Durante los primeros días de mi peregrinación jacobea, ignoraba con ánimo bien dispuesto el repetido mantra que regularmente se escucha: «Todo el mundo tiene algo que aprender en el Camino».

Pero es cierto que todos tenemos algo que aprender, y con mucha frecuencia lo aprendemos antes a lo largo del camino que en la meta de la peregrinación. Un peregrino alemán me escribió un correo electrónico, una vez de vuelta en su país tras una peregrinación que había emprendido a modo tan solo de larga excursión vacacional. En los primeros días de nuestros respectivos recorridos coincidimos ocasionalmente. Yo llegaba sudoroso y exhausto a un pueblo y me lo encontraba allí, relajado, disfrutando de una cerveza en la terraza de algún bar. Había llegado dos horas antes que yo y ya estaba duchado y había tendido las ropas con las que caminaba, para que se secaran al sol de la tarde.

Al cabo de algunos días, dejé de verlo. Yo seguía haciendo entre veinte y veinticuatro kilómetros al día (y me sentía agradecido de poder llevar ese ritmo), pero él había empezado a exigirse más y más, incrementando su recorrido diario, primero de veinte a veinticuatro kilómetros, luego a veintiocho e incluso más. El mencionado correo electrónico me informó de que había regresado sano y salvo a Alemania al término de su peregrinación: «Me he sentido muy bien en el camino, mi condición física no podía ser mejor –escribió–. La mayor parte de los días no me ha supuesto ningún problema caminar largas distancias. Realmente he disfrutado comprobando de lo que soy capaz, forzándome hasta el límite».

Pero, para su sorpresa, esas vacaciones habían hecho aflorar en él una idea que le cuestionó. Es cierto que le había entusiasmado estirar sus límites físicos y descubrir su fortaleza. Pero, a medida que caminaba, había caído en la cuenta de algo atormentador en relación con la vida que le esperaba al regresar a casa: «Rara vez exploto todo mi potencial. O, por decirlo con una imagen del Camino: solo camino veinte kilómetros cuando podría caminar treinta y cinco. Ahora estoy convencido de que es muy fructuoso llegar de vez en cuando hasta los propios límites. Sentir la energía que late dentro de uno. Me queda mucho por descubrir». Todo el mundo tiene algo que aprender en una peregrinación.

También a mí me vinieron ideas inesperadas durante mi peregrinación jacobea. Primero sentí una profunda solidaridad con los millones de antepasados cristianos que habían recorrido esa misma ruta antes que yo a lo largo de siglos y siglos. Pensé en particular en los miles de personas olvidadas que murieron mientras llevaban a cabo la peregrinación y fueron enterradas en tumbas improvisadas y no señalizadas a lo largo de la ruta. Este hecho puede chocar a nuestras mentes modernas. Pero muchos peregrinos medievales eran campesinos ya exhaustos, que quedaban liberados de sus obligaciones feudales para realizar el viaje de sus vidas gracias solo al hecho de que ya no se los consideraba aptos para ninguna labor productiva. En el año 1.000 d. C., si un campesino moría a quinientos kilómetros de casa, no había recursos ni tampoco predisposición para repatriar el cadáver. Comencé a verme completando metafóricamente el itinerario que ellos no pudieron llevar a término, cargando con sus esperanzas a medida que avanzaba.

Hasta que necesité que alguien cargara con las mías. Habiendo recorrido la mitad de los ochocientos kilómetros que tenía la ruta, nueve kilos más delgado que el día que eché a caminar, febril, afectado de una congestión de las vías respiratorias que requirió ser tratada con antibióticos, con una ampolla sanguinolenta en un talón y otra que tan solo resultaba dolorosa en el otro talón, estaba derrotado. Arrojé la toalla. «No más». Cambié la reserva de avión desde una cabina telefónica en un pequeño pueblo español y cogí un autobús a la ciudad más cercana. El autobús pasó por un instante junto a la senda de los peregrinos y vi a dos o tres caminantes apresurándose hacia la meta que yo ya no iba a alcanzar. Sabía que en una peregrinación de ochocientos kilómetros pueden salir mal toda clase de cosas; incluso problemas menores, como una uña que crece hacia dentro, se convierten a veces en una catástrofe. Pero en mis entrañas estaba seguro de que iba a llegar hasta el final. ¿Cómo no iba a ser capaz de ello? Estaba en forma, me había entrenado, llevaba el material adecuado e iba preparado para todo tipo de contingencias. Ese soy yo, un tipo que tiene todo bajo control, piensa por adelantado y saca las cosas adelante.

Solo que, en último término, no lo tengo todo bajo control. Todo el mundo puede aprender algo en la peregrinación, asegura el mantra. Y habiendo hecho alegremente caso omiso de ese eslogan durante varios días, por fin tuve la suficiente humildad para aprender lo que se suponía que debía aprender: el mundo no es mío, sino de Dios.

Cada par de años necesito volver a aprender esa verdad; comienzo a comportarme como si pudiera controlar mi propio destino, como si nunca fuera a caer gravemente enfermo, como si una cuenta bancaria fuera suficiente para evitarme angustias mundanas o como si los demás fueran a hacer siempre lo que conviene a mis propósitos.

1. LA PEREGRINACIÓN

UN ITINERARIO DE ESPERANZA Y DESEO

Entonces, por fortuna, una nueva sacudida me recuerda que no tengo tanto control sobre este mundo como me gusta creer.

Durante aquella peregrinación jacobea aprendí algo más: la nuda alegría de estar vivo. Caminé a principios de septiembre, contando con una rápida llegada del otoño, pero en realidad fui castigado por un tardío estallido del verano. Las temperaturas subieron hasta los 38° y 40° C a mediodía, día tras día; así que los peregrinos nos levantábamos cada vez más temprano, determinados a hacer un buen trecho de la etapa del día en el frescor de la madrugada. Una mañana salí del albergue de peregrinos a las cuatro y media, encendí la linterna que llevaba en mi frente y vi que delante de mí ya se movían a intervalos cuatro o cinco linternas del mismo tipo, cada una de ellas oscilando ligeramente según la manera de andar de cada peregrino.

La fila se estiró a medida que los caminantes más rápidos dejaban atrás a los más lentos, y yo me convertí en un solitario punto de luz bajo un océano de estrellas. Puesto que nos dirigíamos hacia el Oeste, un nublado cielo gris empezó a perseguirnos desde el Este y poco a poco reemplazó a la negrura punteada de estrellas. Rayos naranjas comenzaron a calentar mi espalda y a teñir innumerables tallos de espigas de cereal ya cortadas en un rastrojo, así como la difusa silueta de una gran colina que asomaba a lo lejos. Horas más tarde, me detuve en lo alto de esa colina mientras el fiero sol, ahora situado directamente sobre mi cabeza, iluminaba el paisaje coloreándolo. Abajo en el valle, a bastante distancia, vi el pueblo que era mi meta del día y comencé a descender por la otra falda de la colina. El tiempo transcurre de forma diferente cuando uno se mueve lentamente.

Y también puede cambiar la percepción que uno tiene de las prioridades de la vida. Conozco a un peregrino español cuyo cotidiano viaje de ida y vuelta en coche al trabajo pasaba cerca del famoso camino de peregrinos hacia Santiago. Con frecuencia veía a uno o dos peregrinos caminando mientras él circulaba plácidamente hacia el trabajo o avanzaba metro a metro en medio de un atasco. «Solía preguntarme –me contó– qué hacían esas personas y por qué lo hacían». Una vez jubilado, decidió hacer el Camino de Santiago él mismo. Cuando llevaba ya algunos días andando, se percató de que se hallaba en el mismo trecho de Camino por el cual había pasado con su coche miles de veces en sus viajes de ida y vuelta al trabajo. Se detuvo, levantó la vista hacia la autovía y contempló a ciudadanos españoles pasando a toda velocidad en sus coches, algunos de los cuales se dirigían, sin duda, al mismo distrito de oficinas donde él había trabajado en su día. «Miraba a todos aquellos coches y no tuve más remedio que reírme, ¡porque me descubrí a mí mismo preguntándome qué estaban haciendo aquellas personas en sus coches y por qué lo estarían haciendo!».

Ponte en marcha. Lleva contigo tus esperanzas e interrogantes. A medida que avances, verás algunas cosas extraordinarias. Y aprenderás algo. Al fin y al cabo, todo el mundo tiene algo que aprender en toda peregrinación.

2. IMAGINAR EL MUNDO DE IGNACIO

Recorrer el Camino Ignaciano brinda a los peregrinos la rara oportunidad de vivir en dos épocas distintas. Disfruta del momento presente y de todo lo que el itinerario te ofrece. Imagina el pasado y todo lo que este mismo viaje a pie le dio a Ignacio. Entabla un diálogo imaginario entre el pasado y el presente, tomando en consideración cómo se ha transformado el mundo, para bien y para mal, desde tiempos de Ignacio. Cuéntale a este hombre del siglo XVI qué es lo que te impresiona, entusiasma o inquieta del siglo XXI. Pero procura visualizar también su mundo: ¿qué aspecto tenía el paisaje? ¿En qué se diferenciaban la comida, las creencias, el trabajo o los hábitos de aquella época de los actuales?

¿Por qué molestarse en llevar a cabo lo que podría parecer un tonto ejercicio? Bueno, los santos son presentados con demasiada frecuencia como piadosos personajes de caricatura: ni suficientemente angelicales ni suficientemente humanos, pasan el tiempo de su vida terrena como en una nube. Ese estereotipo no hace justicia a Ignacio, quien llevó esforzadamente a cabo una agotadora peregrinación de casi setecientos kilómetros sin las modernas comodidades que nosotros damos por supuestas. En la medida en que aprecies su experiencia, trascenderás vacíos estereotipos para encontrarte de forma más plena con su humanidad y espiritualidad.

Es cierto que a nosotros hoy no nos resulta fácil imaginar la época de Ignacio. Nuestro mundo es todo aquello que el suyo no era: acelerado, mecanizado, ruidoso, médicamente sofisticado, científicamente avanzado, saturado de información, empapado por los medios de comunicación social, secularizado y densamente poblado. En la actualidad, España tiene casi cuarenta y cinco millones de habitantes. Esta cifra puede parecer muy elevada; pero, de hecho, España es uno de los países europeos con menor densidad de población. El Camino Ignaciano atraviesa comarcas –como, por ejemplo, los Monegros– en las que pueblos pequeños y dispersos puntean vastos paisajes semidesérticos.

Considera ahora que la España de Ignacio probablemente solo albergaba siete u ocho millones de personas, apenas un veinte por ciento de la actual población del país. Las ciudades tenían solo una fracción de su tamaño actual. En Zaragoza viven en la actualidad setecientas mil personas, mientras que en el año 1.500 únicamente unas veinte mil tenían allí su domicilio. Barcelona presenta un contraste aún más agudo, entre el millón seiscientos mil habitantes de hoy y los cuarenta mil que tenía cuando la conoció Ignacio. Eso no quiere decir que a él le pareciera pequeña: era una de las mayores urbes de Europa y la mayor que Ignacio había visto hasta ese momento de su vida. Tampoco España se le antojaría despoblada o vacía; era el único mundo que conocía.

De hecho, las ciudades españoles le parecerían atestadas a un Ignacio cuya casa familiar, rodeada por bosques y frutales, estaría mucho más aislada que hoy. En contraste, su peregrinación le hizo pasar por pueblos en los que la gente vivía en casas pequeñas y densamente arracimadas, sin jardines delanteros, ni paredes insonorizadas ni ninguna de las expectativas modernas de privacidad.

Mientras atravesaba esos pueblos, oiría las conversaciones familiares, así como el ruido del trabajo de algún que otro artesano. ¿Y qué más? Nosotros consideraríamos esta España bastante más tranquila que el mundo de hoy. Desconecta por un momento la máquina de «ruido blanco» de tu cerebro, el filtro que amortigua la áspera banda sonora de la vida. Date cuenta de que hasta los pueblos pequeños son cacofónicas sinfonías de motores de coches, equipos musicales y ruido de bocinas. Ignacio no oiría nada de esto. No porque para él el mundo fuera «silencioso»; no, él sencillamente oía ruidos diferentes –el viento, los pájaros, el trote de su mula, el ocasional traqueteo de algún carro tirado por équidos– mientras recorría un paisaje exento del omnipresente trajín de nuestra civilización. Camiones y coches pasan cerca de uno, los cartelones de publicidad anuncian restaurantes y las bolsas de plástico ensucian incluso las más solitarias carreteras secundarias.

Mientras caminaba al ritmo de sus pensamientos, sin ser distraído por el reproductor de música ni por el móvil, Ignacio contemplaba un paisaje desprovisto de todos estos modernos artefactos. Su sentido del tiempo difería radicalmente del nuestro. No sabía nada de «minutos» ni «segundos», y las «horas» de las que se llevaba cuenta en los pueblos por los que él pasaba no eran veinticuatro fragmentos de día de idéntica duración, sino las «horas» medievales –de menor número y de duración cambiante según la estación del año– por las que los monjes aún determinan los tiempos de oración en común, tales como la «prima», que es la hora del amanecer, o las «vísperas», la hora de la puesta de sol.

Las preocupaciones de Ignacio con el tiempo eran más básicas: necesitaba refugio para pasar la noche y, por tanto, estaba muy atento al recorrido diario del sol a fin de juzgar cuántas horas de luz le quedaban antes de dejar de caminar (ten presente que, en un mundo sin luz eléctrica, pocos viajeros se atrevían a recorrer por la noche rutas desconocidas). Ignacio no llevaba consigo ningún mapa, prácticamente no existía señalización alguna en los caminos y tampoco existía la posibilidad de llamar por teléfono para solicitar indicaciones; así que es probable que, cuando se encontrara con otros viajeros en el Camino Real, que cubría gran parte de su ruta, indagara sobre la distancia que le separaba del pueblo más cercano, sobre posibles alojamientos en el camino y sobre si más adelante acechaban bandidos. Un comentarista del siglo XVI observa, por ejemplo, que, para viajar de forma segura de Zaragoza a Barcelona, prácticamente se necesitaba escolta armada.

Así pues, a nosotros el Camino Real que recorría Ignacio no nos parecería en absoluto «real». No había ningún órgano gubernamental con competencias sobre caminos y carreteras, por lo que las calzadas de larga distancia se encontraban en terrible estado, resultaban intransitables después de copiosas lluvias y eran muy irregulares cuando no llovía. Las cabalgaduras podían elegir su propio camino por el bacheado terreno, pero los carros resultaban a menudo inútiles.

Esto no quiere decir que los pésimos caminos supusieran un inconveniente para la mayoría de los españoles: estos simplemente no viajaban. A buen seguro, algunos miembros de la relativamente pequeña comunidad de mercaderes, clérigos y nobles se movían con gran frecuencia, pero la mayoría de los europeos medievales se casaban con coterráneos suyos, nunca se desplazaban por motivos de trabajo ni para ir de vacaciones, vivían y morían en una pequeña área alrededor de su pueblo y nunca se aventuraban más allá de quince kilómetros de su casa. Algunos comerciantes se atrevían a recorrer los caminos (o, como alternativa, enviaban sus mercancías por barco siguiendo el curso del río Ebro, que corre paralelo a un largo tramo de nuestro Camino), pero el comercio no era ni mucho menos intenso. Las economías de escala y la producción en cadena son conceptos modernos. No había fábricas con cadenas de montaje que produjeran torrentes de bienes para ser distribuidos por todo el país. En lugar de ello, artesanos locales proveían a sus vecinos con lo que fabricaban en sus talleres domésticos, mientras que mercaderes itinerantes comercializaban lo que no se podía producir en el lugar: salazones de pescado del Mediterráneo, sal extraída de sus marismas o especias importadas a través de Barcelona.

A pesar del escaso volumen de la actividad comercial, los habitantes de los pueblos no tenían dificultades en amueblar sus casas, sencillamente porque era poco lo que necesitaban. Por regla general, habitaban viviendas de un solo cuarto, sin ventanas, cargadas de humo, provistas de una mesa (probablemente), un banco (quizá) y poco más, salvo, tal vez, uno o dos animales domésticos. Por la noche, algunas familias tendían un colchón; otras esparcían paja para aislar sus cuerpos del frío suelo de tierra, a veces embarrado.

Ignacio llamaba seguramente la atención cuando entraba en alguna de tales poblaciones. Es cierto que él, a menudo, transitaba los mismos caminos que quienes iban y volvían de Santiago de Compostela, así que los peregrinos de paso eran personajes poco exóticos. Con todo, Ignacio atravesaba aldeas diminutas, donde residían unas cuantas docenas de familias, o pueblos de quizá dos mil habitantes (y solo en raras ocasiones ciudades mucho mayores). Y aun cuando el aspecto de Ignacio era, sin duda, desaliñado después de demasiados días de camino y escasos baños (y los que pudiera tomar, siempre con agua fría), sus ropas cortesanas contrastarían con la tela marrón clara sin teñir que vestían los campesinos, al igual que también lo distinguirían su lenguaje y su acento.

Era un extraño que atravesaba municipios tan compactos que los españoles medievales en ocasiones se referían a su localidad natal como «mi patria». Los miembros de cualquiera de estas comunidades no recibirían a Ignacio como «compatriota español», porque ni él ni ellos se identificarían profundamente como españoles en un país que solo poco a poco iba asumiendo la identidad común surgida a raíz del matrimonio de Fernando e Isabel y las conquistas de las décadas anteriores. La identificación con el municipio, la etnia, el reino regional y el lenguaje era fuerte.

Aunque las ropas de Ignacio lo distinguirían de nómadas y vagabundos, es posible que los aldeanos tuvieran otras razones para considerarlo peligroso. Al menos en una ocasión le prohibieron la entra-

da en un pueblo, según relata él mismo en su Autobiografía, presumiblemente porque los habitantes del lugar temieron que pudiera estar infectado con la peste. La «muerte negra» o peste bubónica había diezmado la población europea en el siglo XIV, reduciéndola a la mitad, y el espectro de la peste rondaba en las mentes medievales. Solo Barcelona había sufrido media docena de estallidos de peste en el siglo XV, y su población en tiempos de Ignacio era mucho menos numerosa que dos siglos antes. Y la peste había causado estragos igualmente desoladores en ciudades y pueblos pequeños. Un sacerdote, después de celebrar unas exequias en un pueblo de menos de mil habitantes cercano a Zaragoza, escribió con amarga resignación en el registro de la parroquia: «Con este, son cuarenta y ocho los niños muertos [de peste] en lo que va de año». Es de suponer que todos los habitantes de aquel pueblo conocían personalmente a cada uno de aquellos niños.

Así, cuando algún extraño se aproximaba a tales municipios, la caridad cristiana rivalizaba con la cautela, si bien era la caridad la que solía triunfar; y los peregrinos se alojaban en modestos hospicios que, por regla general, también daban cobijo a los pobres y enfermos del pueblo. Los riesgos de aquello nos resultan hoy obvios: los viajeros enfermos podían contagiar a los nativos más vulnerables, y los viajeros sanos podían contraer infecciones y extenderlas en el curso de su viaje. Pero a la sazón los criterios de salud pública eran primitivos: en la mayoría de los pueblos medievales, los enfermos no eran hospitalizados por separado, la basura y las deposiciones humanas se apilaban a las afueras de la localidad, las aguas residuales corrían a menudo por las calles y se desconocían los beneficios de lavarse las manos antes de manipular alimentos.

El peregrino, la autobiografía de Ignacio, no describe los alojamientos ni las comidas que se le ofrecieron en estos pueblos, pero podemos imaginárnoslos. Para empezar, borra del menú patatas, tomates, maíz, chocolate, té y café: eran cultivos no autóctonos que a la sazón apenas resultaban conocidos para los europeos de a pie. Y borra también del menú la mayoría de verduras y frutas: Ignacio hizo el viaje durante febrero y marzo, demasiado pronto en el año para que las hortalizas y la fruta estuvieran maduras y demasiado pronto en la historia para que verduras refrigeradas pudieran ser enviadas desde largas distancias. Borra asimismo el azúcar y la pimienta, mercancías caras que es poco probable que sazonaran o endulzaran la comida de un peregrino.

De hecho, la palabra «menú» llama a engaño. Los viajeros no tenían posibilidad de elección; comían lo que les ponían en el plato y es muy probable que, al final del invierno, lo que les servían no variara mucho de un pueblo a otro. El trigo, la aceituna y la uva eran cultivos habituales en todas las regiones por las que pasó Ignacio; así que en la mayoría de las comidas se bebía vino y el pan no solo era un alimento de primera necesidad, sino que a veces incluso hacía de «plato» y hasta de «cubiertos» improvisados, ya que los comensales se servían con él guiso o hervido de una olla común. Aun así, es posible que Ignacio no mojara demasiado hondo en la olla: su peregrinación tuvo lugar durante la Cuaresma, tiempo litúrgico en el que los cristianos medievales ayunaban casi todos los días de la semana, absteniéndose del consumo de carne y tomando únicamente una comida a mediodía y, tal vez, un ligero refrigerio vespertino.

La dieta cuaresmal era, de hecho, uno de los innumerables modos en que la Iglesia influía en la vida diaria; y resulta imposible entender la época de Ignacio sin valorar el influjo generalizado de la Iglesia en la cultura. Considera, para empezar, el contraste visual entre el entorno de Ignacio y el nuestro, en el que los rascacielos comerciales dominan el paisaje urbano, dejando a las iglesias en la sombra tanto literal como simbólicamente. En tiempos de Ignacio, la relación era la inversa: la iglesia era invariablemente el edificio más sofisticado de cualquier pueblo y ocupaba un lugar de honor en la plaza central; junto a sus muros de sólida piedra se levantaban endebles puestos de mercaderes, sus campanas anunciaban las cambiantes horas del día y su torre con aguja solía ser visible desde lejos para proclamar la identidad del pueblo.

Las señales visuales de cada época transmiten un mensaje preciso. Los rascacielos dominan el perfil de nuestras ciudades al igual que el comercio impulsa las economías modernas; en la Edad Media, la Iglesia era una institución de poder análogo. No existían los grandes negocios. Los gobiernos locales eran diminutos, no financiaban escuelas ni hospitales públicos, ni el transporte colectivo ni la recogida de basuras ni bibliotecas ni ayudas sociales, ni muchos de los demás servicios que los habitantes de las ciudades modernas damos hoy por supuestos. La Iglesia solía ser el principal propietario de tierras del pueblo, el principal empleador, el principal proveedor de servicios caritativos y, puesto que apenas existían casas consistoriales, las reuniones de los concejos se celebraban por regla general en las iglesias.

¿Y por qué no? España estaba convirtiéndose de forma inexorable en un país homogéneamente católico. En 1492 a los judíos se les dio cuatro meses para convertirse o abandonar España para siempre; y aunque los musulmanes todavía podían practicar su fe en Aragón, cuatro años después del paso de Ignacio por aquel reino el islam también sería ilegalizado. Martín Lutero había iniciado el movimiento protestante tan solo unos años antes de la peregrinación de Ignacio, pero las ideas de los reformadores tuvieron poco arraigo en España, en parte porque los agentes de la Inquisición vigilaban con asiduidad la difusión de herejías sospechosas entre los cristianos católicos. Bueno, en realidad hacían algo más que «vigilar»: en las tres décadas anteriores al viaje a pie de Ignacio, las autoridades de la Inquisición en Zaragoza ejecutaron a unos setenta y cinco sospechosos de herejía. Y aunque fueron relativamente pocos los cristianos que sufrieron el aguijón de la Inquisición, la mayoría sentía la mirada vigilante de la Iglesia: muchos sacerdotes hacían recuento, familia por familia, de la asistencia a las celebraciones de Pascua en la parroquia.

En suma, la identidad religiosa era un asunto público, y el cristianismo católico se estaba convirtiendo rápidamente en la única identidad religiosa permitida. Al margen de la Iglesia no aguardaba la libertad para quedarse en la cama los domingos por la mañana ni para creer lo que uno quisiera, sino un exílico crepúsculo y, en raros casos, la amenaza de interrogatorios. De hecho, las autoridades de la Inquisición detuvieron a Ignacio en dos ocasiones en los años posteriores a su peregrinación, recelosas de que este laico de escasa formación compartiera sus llamados «ejercicios espirituales» con otros cristianos; lo que esencialmente hacía Ignacio era predicar sin licencia en una época muy anterior a que comenzara a tolerarse con facilidad la libre expresión de las propias opiniones religiosas.

Y a decir verdad, aunque los cristianos medievales eran, sin duda, tan santos o píos como cualquiera de nosotros, la mayoría de ellos no conocían más que los rudimentos de la fe. Los libros eran caros; y de todos modos, los europeos de la época, en su mayor parte, no pasaban por la escuela. Más o menos el ochenta por ciento de los españoles eran campesinos que ni siquiera poseían la tierra que trabajaban. Muchos sabían leer palabras sencillas, firmar con su nombre y, si eran mercaderes, entender contratos básicos; pero muy pocos eran lo suficientemente cultos como para leer un texto religioso. De hecho, los únicos libros que había en la mayoría de los pueblos por los que pasó Ignacio eran los que usaban los clérigos o los funcionarios civiles.

Así, los párrocos se concentraban en lo esencial. Los cristianos se abstenían de trabajar en domingo, pagaban el diezmo de sus magros ingresos, asistían semanalmente a las celebraciones litúrgicas y confesaban y recibían la comunión una vez al año, por regla general el día de Pascua. La mayoría se sabían el padrenuestro y el avemaría; y muchos, también el credo, los diez mandamientos y los siete pecados capitales.

El hecho de que los siete pecados capitales formaran parte del muy breve elenco de conocimientos esenciales no es ninguna sorpresa: a estos cristianos del siglo XVI el infierno se les antojaba una posibilidad

mucho más real que a nosotros, los hombres de hoy, quienes damos en gran medida por supuestos el amor y la misericordia inagotables de Dios. Uno de los ejercicios espirituales de Ignacio describe el infierno de la siguiente manera: «Oír con las orejas llantos, alaridos, voces, blasfemias contra Cristo nuestro Señor y contra todos sus santos. [...] Oler con el olfato humo, piedra azufre, sentina y cosas pútridas» (EE [67-68]). ¿Te haces una idea?

Toda vez que se trataba de una posibilidad mucho más vívida, evitar el infierno se convirtió en una preocupación más acuciante y en un motivo principal para peregrinar. A buen seguro, los peregrinos se ponían en camino por toda clase de razones. Algunos deseaban ver mundo, otros perseguían la sanación de personas enfermas de su familia o la curación de sus propias dolencias crónicas.

Después de todo, nuestros antepasados medievales tenían una nítida conciencia de la enfermedad y la muerte: hasta un tercio de los niños concebidos morían en el parto; incluso aquellos que nacían sanos tenían una esperanza media de vida de únicamente cuarenta y pocos años; y la gente veía morir a sus seres queridos en casa, no en hospitales. Nosotros, hijos de una época marcada por la ciencia, podemos preguntarnos con escepticismo si de verdad ocurrían curaciones milagrosas con tanta frecuencia como cuentan los cronistas medievales, pero es probable que los contemporáneos de Ignacio tomaran al pie de la letra hasta las historias más estrafalarias, porque creían que Dios estaba presente en su mundo de un modo más activo de lo que nosotros aceptaríamos. Ignacio creía que Dios obraba milagros y enviaba plagas como castigo, tal y como relata el Antiguo Testamento. Ignacio también creía que Dios toca el corazón humano, nos consuela y guía a las personas receptivas a tomar buenas opciones vitales. No es posible entender a Ignacio ni su visión del mundo sin apreciar cuán activa e íntimamente veía él a Dios obrar entre nosotros y dentro de nosotros.

Por supuesto, aunque Dios nos guíe, los seres humanos no siempre le hacemos caso. Esto explica otra de las motivaciones del trasiego de peregrinos: la contrición. Algunos peregrinos no decidían por sí mismos visitar este o aquel santuario; obedecían las órdenes de sus confesores. Un peregrino, por ejemplo, llegó a duras penas a Santiago de Compostela con una cadena de hierro alrededor del cuello: una cadena forjada con el hierro de un arma con la que había perpetrado un asesinato.

Ignacio parece caminar con un pie dentro de la tradición de peregrinaje de su época y otro pie fuera de ella. A lo largo de su Autobiografía se denomina a sí mismo «el peregrino», pero no aduce ninguno de los motivos que tradicionalmente movían a los peregrinos. No buscaba una cura milagrosa para su pierna deforme, aunque a menudo la tenía hinchada y le dolía. Ni tampoco hacía el viaje por orden de un confesor, aunque ciertamente se veía a sí mismo como pecador arrepentido. Al menos en igual medida que todo lo demás, Ignacio estaba pasando página e intentando convertirse en modelo de nuevos valores existenciales; por medio de su peregrinación, se estaba reinventando a sí mismo (aunque él no habría utilizado y ni siquiera pensado este concepto, anacrónicamente moderno).

Como más tarde se pondría de manifiesto, también la Iglesia católica se encontraba al borde de una reinvención, pero una humillante reinvención que, antes que ser elegida por ella misma, le vendría impuesta. Y un elemento central del abrumador drama de la Iglesia serían precisamente las peregrinaciones y los abusos a los que se prestaban.

El sacramento católico de la penitencia purifica del pecado, pero los pecadores deben aún «reparar» (de ahí que se hable de reparación) por medio de penitencias, obras de caridad y actos devocionales, tales como una peregrinación, el desorden ocasionado. Quienes no llevan a cabo suficiente reparación en la tierra (y solo Dios sabe qué es suficiente como reparación) se enfrentan a un paso purificador por el purgatorio, algo que difícilmente puede ser una perspectiva atrayente: el pintor italiano Botticelli retrata a los envidiosos en el purgatorio con sus ojos ofensores cerrados con costura de alambre, mientras que los lujuriosos son torturados por llamas de fuego. ¿Quién querría pasar una temporada en un lugar así?

Por fortuna para los cristianos reacios a atravesar las llamas del purgatorio con los ojos cosidos con alambre, a los peregrinos que se habían confesado y habían visitado a modo de penitencia determinados santuarios se les concedía una «indulgencia», que garantizaba pasar menos tiempo en el purgatorio. Pero surgieron abusos. Los santuarios, que representaban una vital fuente de ingresos para innumerables pueblos y monasterios, competían por atraer peregrinos ofreciendo indulgencias cada vez más extensas y exhibiendo reliquias, de dudoso origen en ocasiones. Los peregrinos podían, por ejemplo, venerar la cabeza de san Juan Bautista en Amiens (Francia), pero también en Constantinopla. ¡Sabe Dios!

A veces las indulgencias fueron desvinculadas incluso de la obligación de llevar a cabo la peregrinación; prelados itinerantes recorrían regiones enteras vendiendo indulgencias con vistas a recaudar dinero para nuevos edificios eclesiásticos. Además, auténticos buhoneros expendían indulgencias falsas y se agenciaban sin más las ganancias. Las indulgencias plenarias concedían remisión plena de las penas del purgatorio, de suerte que los acaudalados –sin renunciar siquiera a las comodidades de su hogar en una ardua peregrinación– podían básicamente comprar billetes exprés garantizados para eludir el purgatorio y entrar derechos al cielo.

No es de extrañar que un escandalizado Martín Lutero exigiera públicamente en 1517 la reforma de la Iglesia. Ignacio comenzó su peregrinación cinco años más tarde. Mientras Ignacio se dirigía lentamente hacia Montserrat, la Iglesia católica rodaba a toda prisa hacia la crisis. En el curso de una generación tras la salva inaugural de Lutero, el dominio que el catolicismo de Roma tenía sobre el cristianismo occidental se vino abajo, dado que un tercio de los cristianos desertaron hacia las Iglesias reformadas (esto es, protestantes).

Ignacio no podía prever que el trauma de la Reforma aguardaba a la Iglesia católica, aunque sus compañeros jesuitas se convertirían más tarde en la respuesta de primera línea de la Iglesia al desafío de los reformadores. Es posible que Ignacio supiera bien poco o ni siquiera estuviera al tanto de los problemas que estaba atizando Lutero; y lo mismo cabe decir de otros acontecimientos que estaban reconfigurado a fondo el mundo mientras él peregrinaba. Seguramente tenía noticia de que se había descubierto un nuevo mundo, pero no era consciente de que el mundo conocido por los europeos había triplicado su tamaño desde la fecha de su nacimiento, de que España estaba iniciando su «edad de oro» como potencia mundial, de que su propia Iglesia católica se hallaba profundamente amenazada y de que él iba a ser uno de los fundadores de una orden religiosa que participaría de forma importante en todos estos desarrollos transformadores del mundo.

En lugar de ello, a finales del invierno de 1522 caminó y caminó, a través del montañoso País Vasco, a lo largo del Ebro, crecido a causa de la nieve derretida, y a través de los semidesérticos Monegros, donde ráfagas de viento invernal hacían correr durante infinidad de días la tierra y el polvo a cincuenta o incluso setenta kilómetros por hora por llanuras carentes de todo lugar de refugio.

Podemos sentirnos solidarios con Ignacio en la medida en que también nosotros desafiamos vientos de cambio que soplan en contra y nos encaminamos hacia un futuro desconocido. La diferencia: él no tenía acceso a la información que le habría ayudado a apreciar la magnitud del cambio. No podía escuchar las noticias en la radio o la televisión ni leer un periódico. Probablemente sabía menos sobre el mundo más allá de Europa que un alumno actual de cuarto de primaria.

Ignacio se nos antoja pequeño y solo, atravesando con su mula el desierto paisaje invernal; incluso su mundo puede parecernos pequeño y aislado. Nunca vio un rostro asiático ni conoció a un indio ni habló con un nativo de América del Norte o del Sur.

Así y todo, estaba en vías de desarrollar una actitud llamativamente abierta frente al mundo, apertura que lo distinguiría de su época; además, fue capaz de afrontar con capacidad de adaptación no solo los desafíos de su larga caminata, sino también los de un mundo que ingresaba tambaleándose en la Edad Moderna. Envió con ilusión a sus compañeros jesuitas a las fronteras del mundo conocido por los europeos y, cuando le llegó el momento de la muerte, probablemente sabía más del mundo que la mayoría de los monarcas de la época.

Mientras recorras España, detente ocasionalmente para contemplar el mundo con los ojos de Ignacio y entablar un contacto más estrecho con este personaje del siglo XVI. Y haz tuya su actitud valiente y abierta al mundo, a fin de descubrir una fórmula para vivir en el siglo XXI.

SEGUNDA PARTE
Peregrinando con la guía a mano

1. PLANIFICA POR ADELANTADO TU CAMINO

Un peregrino o peregrina sabe con antelación que va a iniciar un camino y se prepara. No es algo improvisado. Requiere tiempo e información. El deseo o la motivación inicial pueden ser muy poco concretos, pero basta con que sean lo suficientemente fuertes como para ponerse en camino.

El peregrino sabe que no depende exclusivamente de sí mismo, pero también sabe que no puede exigir a los otros que le solucionen la vida cada vez que se encuentre con un problema. Por responsabilidad personal ha de llevar consigo la información suficiente para no ponerse en peligro y para hacer de su peregrinación un espacio de experiencia, conforme a lo que él o ella desea.

Por eso hay que consultar la página web del Camino Ignaciano (www.caminoignaciano.org) con frecuencia para estar al día de todas las posibles modificaciones o noticias que surjan respecto al Camino Ignaciano. Así mismo, esta guía te puede orientar cuando hayas de decidir sobre las etapas y las modificaciones que tú mismo o tú misma desees introducir. El Camino lo haces tú, las etapas las decides tú y las opciones las tomas tú. Solo en libertad podrás llegar a la experiencia que te ayude a crecer y avanzar en ti mismo. Así pues, plantéate todo como sugerencias de alguien que ha caminado antes por el mismo camino, pero no te sientas obligado u obligada a pisar las mismas huellas; esto sería una tontería. Incluso si quisieses pisar las mismas huellas de Ignacio, eso no sería más que una tontería historicista. El mismo Ignacio casi recibió una paliza por querer guardar en su memoria la dirección que señalaban las huellas de Jesús el día que subió al cielo delante de los apóstoles. En una peregrinación no se trata de repeticiones literales, sino de recuperar el espíritu del peregrino y materializarlo en la propia vida. Y por supuesto, no se trata de hacer kilómetros y pasarse un mes andando: la duración de la peregrinación la decides tú, según tus posibilidades y deseos. Según esta guía, las primeras etapas son cortas, para empezar con distancias asequibles y entrenarse un poco, pero si se desea algo más, las posibilidades están abiertas y se puede escoger dentro de las etapas siguientes. A cada uno su camino, pero, como Ignacio nos diría, «no hay que correr, que no el mucho andar harta y satisface el ánima, sino el gustar internamente de cada paso».

Eso sí, la peregrinación del Camino Ignaciano tiene sus «reglas» para aquellos que deseen recibir un certificado final de peregrinación. Te aconsejo que te informes en la página web sobre el tema de credenciales y certificados.

También en la página web encontrarás indicaciones sobre las temperaturas medias de cada región por las que transcurre el Camino Ignaciano, aunque la meteorología de estos últimos años está cambiando notablemente y es difícil hacer una previsión: los meses cálidos de antaño ahora lo son mucho menos y viceversa. Sea como sea, habrá que protegerse de los rayos solares en muchas partes del Camino en las que los árboles son escasos y tener mucho cuidado en las zonas montañosas de Euskadi cuando se presenten la niebla o la nieve. Hay que venir preparados para la lluvia, pero no hay que esperar que llueva precisamente en tu peregrinación. Unos peregrinos australianos lamentaban en octubre de 2013 el haber cargado a lo largo de sus 30 días de peregrinación la ropa de abrigo y lluvia que se les había recomendado... ¡que no utilizaron ni un solo día!

La preparación física es importante, pero no hay que exagerar. Hay peregrinos que no han caminado en su vida y que van adquiriendo su forma física con el paso de los días. Eso sí: hay que tomarse la peregrinación con calma, despacio y sin prisas. Una peregrina holandesa que llegó el verano de 2014 explicaba que no había caminado nunca, pero que su padre, al acabar sus estudios, le había dicho: «Ahora es el momento de vivir una experiencia» y la envió al Camino Ignaciano. Y ella sola, siguiendo las indicaciones de la página web, caminó los más de 30 días de la peregrinación, llegando a Manresa completamente feliz y orgullosa de sí misma, habiendo descubierto muchos límites que la habían ayudado a comprenderse mejor y agradecida al consejo de su padre. En una peregrinación no se trata de forma física, sino de deseo, como quien se decide a hacer los famosos Ejercicios Espirituales de san Ignacio: no se trata de saber, sino de desear.

Dicho esto, recuerda que el calzado que has de traer ha de ser flexible, adaptado a tu pie y ya un poco usado, para que pierda la dureza del calzado nuevo. Se necesita un impermeable para la lluvia y ropa de repuesto para el descanso. Te aconsejo que mires la página web del Camino en la que encontrarás más detalles, no solo sobre el calzado sino también sobre el tipo de material que es más recomendado para una peregrinación.

Es muy aconsejable descargar de la página web del Camino Ignaciano los mapas que se ofrecen allí. Cada etapa tiene su descripción y sus tracks GPS, pero varios peregrinos nos han dicho que lo mejor es llevar los Google Maps que se indican en la web. Pensando en los extranjeros, es recomendable conseguir una conexión a internet comprando una tarjeta SIM española en la primera ciudad a la que se llegue. Los precios varían, pero hasta enero de 2015 había ofertas por 15 €.

La señalización del Camino Ignaciano varía según las regiones. Normalmente las flechas naranjas irán guiando tu camino, pero llevar contigo esta guía te solucionará muchos problemas. En Euskadi el Camino Ignaciano ha sido reconocido

como la Gran Ruta o Gran Recorrido 120 (GR-120), pero no siempre lo seguimos tal y como está marcado. Lo mismo pasa en otras zonas en las que nos cruzamos con caminos que en parte coinciden con el nuestro, pero no exactamente. El trazado que sigue actualmente el Camino Ignaciano está pensado para ayudar al peregrino, considerando siempre las distancias más cortas entre poblaciones y las rutas con menos desniveles y que pasen con frecuencia por poblaciones, para el caso de necesitar ayuda.

Respecto al dinero necesario para realizar la peregrinación, hay que decir que depende mucho de las preferencias y orientación del peregrino o peregrina. Un peregrino vasco me dijo que él lo había hecho todo con 450 €, eso sí, comiendo mucho de supermercado y durmiendo a veces al raso. Otros peregrinos han invertido 3.700 € en su experiencia personal. A cada uno corresponde decidir su propio estilo. Eso sí, pensando en los peregrinos extranjeros, antes de salir del país de origen hay que informarse bien sobre las comisiones bancarias que se aplican a sus tarjetas de crédito o débito en España. Por todas partes hay cajeros automáticos, pero hay que saber lo que te van a pedir a cambio de tu dinero. En general, basta con traer en efectivo para pasar la primera semana y luego, poco a poco, ya se verá.

Por último, pero no menos importante, hay que recordar que el número de emergencias de cualquier tipo en España es el 112. En caso de que se presente cualquier problema, llama a este número y verán la mejor forma de ayudar.

Y para los peregrinos en bicicleta, nos alegra decir que hay muchas facilidades para ellos, pudiendo hacer casi todo el camino por la misma pista que los peregrinos a pie. Tan solo en alguna etapa hay que tomar desvíos por carretera porque la senda es demasiado difícil para las bicicletas. En las descripciones de cada etapa que vienen a continuación concretaré un poco más estas variantes ciclistas. Y no hay que tener miedo: en agosto de 2014 el alcalde de Verdú y su hija de 13 años hicieron el Camino completo sin tener ninguna experiencia anterior de viajes largos en bicicleta. ¿Una hazaña? No, tan solo hace falta tener un gran deseo y realizarlo con todo el esfuerzo que pida. Esa es la lección que debe aprender todo peregrino o peregrina.

2. GUÍA DIARIA PRÁCTICA: etapas, alojamientos y lugares que visitar en ruta

Aquí tienes una guía de ruta de todo el Camino Ignaciano, dividido en 27 etapas de un día cada una. Cada entrada comienza marcando el tono espiritual de la jornada con un aforismo ignaciano, recogido por Gabriel Hevenesi, un jesuita del siglo XVII, y un versículo de la Biblia que ayuda a vivir la peregrinación del día. Luego sigue una descripción breve de la etapa y, después del esquema de esta, la información logística y notas relativas a iglesias o edificios importantes. También se incluyen referencias a la Autobiografía de Ignacio, en aquellas etapas en las que nos constan, y a algún otro jesuita relevante.

Las distancias entre poblaciones son aproximadas: según un grupo de peregrinos australianos que hicieron el camino con sus propios GPS, parece ser que como mínimo son 689 km en total. A nosotros el GPS nos dio 658 km (o, más exactamente, 658,2 km), así que estos son los que recogemos en nuestra guía.

Por último, recuerda que no has de seguir necesariamente este planteamiento de etapas: tú decides tu camino. Solo te podemos decir que disfrutes al máximo y que vivas una experiencia inolvidable. Por cierto, tal vez la experiencia inolvidable empiece el primer día de tu peregrinación asistiendo a la misa oficiada en la capilla de la Conversión a las 8:30, en la casa de Ignacio. No olvides pedir una bendición especial para tu Camino personal.

2. GUÍA DIARIA PRÁCTICA

ETAPAS, ALOJAMIENTOS Y LUGARES QUE VISITAR EN RUTA

Las veintisiete etapas del Camino Ignaciano pueden ser estas:

1.ª etapa:	de Loyola a Zumarraga	(18,2 km)
2.ª etapa:	de Zumarraga a Arantzazu	(21,4 km)
3.ª etapa:	de Arantzazu a Araia	(18 km)
4.ª etapa	de Araia a Alda	(22 km)
5.ª etapa:	de Alda a Genevilla	(24 km)
6.ª etapa:	de Genevilla a Laguardia	(27,3 km)
7.ª etapa:	de Laguardia a Navarret	(19,6 km)
8.ª etapa:	de Navarrete a Logroño	(13 km)
9.ª etapa:	de Logroño a Alcanadre	(30,6 km)
10.ª etapa:	de Alcanadre a Calahorra	(21,5 km)
11.ª etapa:	de Calahorra a Alfaro	(25,6 km)
12.ª etapa:	de Alfaro a Tudela	(25,6 km)
13.ª etapa:	de Tudela a Gallur	(39,3 km)
14.ª etapa:	de Gallur a Alagón	(21,7 km)
15.ª etapa:	de Alagón a Zaragoza	(30,5 km)
16.ª etapa:	de Zaragoza a Fuentes de Ebro	(30,2 km)
17.ª etapa:	de Fuentes de Ebro a Venta de Santa Lucía	(29,6 km)
18.ª etapa:	de Venta de Santa Lucía a Bujaraloz	(21,3 km)
19.ª etapa:	de Bujaraloz a Candasnos	(21 km)
20.ª etapa:	de Candasnos a Fraga	(26,8 km)
21.ª etapa:	de Fraga a Lleida	(33 km)
22.ª etapa:	de Lleida a El Palau d'Anglesola	(25,7 km)
23.ª etapa:	de El Palau d'Anglesola a Verdú	(24,7 km)
24.ª etapa:	de Verdú a Cervera	(17 km)
25.ª etapa:	de Cervera a Igualada	(38,6 km)
26.ª etapa:	de Igualada a Montserrat	(27 km)
27.ª etapa:	de Montserrat a Manresa	(24,6 km)
	Número total de kilómetros (aproximado):	658,2 km

LOYOLA

Casa Torre Enparan y puente sobre el Urola en Azpeitia.

En este precioso santuario empieza nuestro Camino Ignaciano. Turistas y peregrinos se mezclan en el interior de la casa de los Loyola, pero, al visitar el hogar en el que nació uno de los personajes más novelescos, originales e influyentes de la historia y el ambiente en que reorientó su vida, tal vez, debajo de la curiosidad de todo turista, acabe asomando el perfil del peregrino.

Empezamos aquí nuestro peregrinar por las tierras del noreste de la Península Ibérica. En la vieja casa torre guipuzcoana, en la que Íñigo López de Loyola nació en 1491, podemos empezar a sentir la experiencia del santo peregrino y a confirmar esa verdad íntima que nos llena de gozo y que es la convicción de que nuestra vida viene de Dios y camina hacia él. Muchas cosas le pasaron aquí en 1521 a Íñigo, cuando, a sus 30 años, era todavía «un soldado desgarrado y vano», «muy dado a juegos de armas y de mujeres». Estas cosas que aquí le acontecieron empezaron a hacer de Íñigo de Loyola precisamente un peregrino: entró como soldado herido en cuerpo y corazón, después de su defensa de Pamplona, y salió convertido en peregrino hacia Dios. No hemos de tener prisa en salir a los caminos. Un tiempo de recogimiento espiritual, un tiempo de preparación interior en estas tierras entre Azpeitia y Azkoitia, nos ayudará a emprender bien el desafío de las montañas de Euskadi y a descubrir sus secretos interiores. Que san Ignacio nos prepare para el viaje que vamos a iniciar.

Azpeitia (que significa en vasco «abajo de la roca») es una ciudad pequeña y muy bonita, situada junto al río Urola, que retiene el aroma ignaciano que se desprende de las casas, calles y piedras del río que Ignacio contempló en su niñez y adolescencia. Su población es de casi 15.000 personas y se encuentra a tan solo 44 kilómetros de otra gran ciudad: Donostia / San Sebastián. El municipio

de Azpeitia es el lugar de nacimiento de Ignacio de Loyola y la casa natal se conserva perfectamente como parte del gran complejo del Santuario de Loyola, desde hace siglos una importante atracción tanto para turistas como para peregrinos. Al atractivo de la iglesia parroquial, donde fue bautizado Ignacio, se une hoy el antiguo Hospital de la Magdalena, en el que se hospedó en su viaje de vuelta a casa al finalizar sus estudios en París. En ese lugar restaurado se guarda la feliz memoria de ese paso del santo por la ciudad, que representó una verdadera revolución moral. Azpeitia se encuentra al pie del macizo del Izarraitz, que se eleva sobre la ciudad y es muy visitado por los habitantes de los pueblos cercanos.
Se puede consultar la web del ayuntamiento para visitar sus monumentos y comprender su historia (http://iraurgiberritzen.eus). La Oficina de Turismo del Urola es un excelente recurso para obtener mapas y orientaciones sobre cómo llegar a los mencionados lugares ignacianos, así como otras informaciones turísticas de la zona (info@iraurgiberritzen.net).
El alojamiento disponible puede ir desde los refugios de peregrinos, ya sea el del Santuario de Loyola (visitas@santuariodeloyola.org; albergue@santuariodeloyola.org; tel.: 943 025 000), o el de las religiosas de Jesús-María http://jesus-maria.org/loyola/, hasta los muchos hoteles y pensiones de la zona (entre ellos el Hotel Arrupe,

Escultura en bronce de Íñigo volviendo a casa herido.

a cargo de la Compañía de Jesús, http://www.hotelarrupe.org/; tel.: 943 025 026).
Los jesuitas acogen a todos los peregrinos con amabilidad y se ofrecen a escucharles, siempre en la medida de sus posibilidades, limitadas por las múltiples ocupaciones propias. Tanto en el Santuario como en el Hotel Arrupe sellan las credenciales el día de salida.

Casa Torre de los Loyola.

Loyola – Zumarraga

(18,2 km)

«El hombre que empieza por querer hacer mejores a los demás pierde el tiempo, a menos que empiece con él mismo».

«Que el Señor, tu Dios, nos indique el camino que debemos seguir y lo que debemos hacer» (Jr 42,3).

Iglesia de Aizpurutxo.

El Camino Ignaciano en Guipúzcoa coincide en algunos tramos con el GR-120. En Loyola encontramos este GR-120 señalizado con las típicas marcas en rojo y blanco, apuntando en la misma dirección que nos lleva a Arantzazu. El peregrino ha de escoger si prefiere tomar el camino del río Urola o el camino de las montañas, siguiendo el GR-120. Si opta por seguir el GR-120 desde aquí hasta Zumarraga, ha de tener en cuenta el desnivel de 700 m de subida que va a encontrar y otros 300 m de bajada hasta Zumarraga. En compensación, el tramo es más corto, quedando la etapa en 15.5 km y pasando por la preciosa ermita de Santa María de Zumarraga o La Antigua.

Para caminar por el GR-120 hay que seguir las típicas señales rojas y blancas marcadas en las farolas, árboles y piedras de los senderos. Para caminar por la ruta del río Urola tan solo hay que seguir el antiguo trazado del tren, que se ha convertido en una magnífica pista, por la que los habitantes locales caminan con mucha frecuencia.

Nos guían flechas naranjas y señales GR120 de la variante de Azcoitia. Nosotros hemos tomado esta ruta y por eso, a partir de la basílica de Loyola, vamos a buscar el río y seguimos siempre en paralelo a él en dirección a Azkoitia. Por un camino muy bien trazado y acogidos por la sombra de los árboles, vamos a llegar en poco tiempo a Azkoitia. Entramos en la ciudad siempre junto al río y saldremos de ella también junto al Urola. El río es nuestra guía en todo momento, llevándolo a nuestra derecha. Junto al río, una agradable fuente de 1831 con dos caños de agua fresca nos acerca a la entrada de la iglesia. En su interior podemos recibir un sello para nuestra credencial y también admirar la simpática composición escultórica de san Francisco de Asís rodeado de jesuitas.

Salimos de Azkoitia y retomamos el camino o *bidagorri* de las vías del antiguo tren. Pasamos por los antiguos túneles y puentes del tren, que han sido muy bien restaurados. Vamos siguiendo un precioso camino con una ligera pendiente, muy fácil de recorrer.

Atención a los ciclistas, sobre todo al cruzarnos en los túneles, aunque no sean oscuros porque están iluminados. Siempre arropados por los árboles y el verde de los campos, dejamos a nuestra derecha la iglesia y las casas de Aizpurucho, que nos indica que estamos ya a tan solo 6 km de Zumarraga. Después de unos cuantos túneles más, llegamos primero a la población de Urretxu, entrando paralelos a la carretera. El mismo camino que tomamos en Loyola no nos ha dejado hasta llegar aquí. Más fácil no puede ser. Entramos en Zumarraga al cruzar el río Urola, que separa a una población de la

otra. Si preguntamos por el ayuntamiento, la policía local tiene un sello especial para los peregrinos del Camino Ignaciano. Y si tenemos tiempo y fuerzas, es muy recomendable caminar los 2 km que nos llevan montaña arriba hasta la ermita de Nuestra Señora de La Antigua, o tal vez mejor llamar un taxi. Se puede pedir información en el pueblo.

■ Pista ignaciana

Ignacio ha experimentado una gran transformación interior en Loyola y su familia se ha percatado de ello: el Ignacio que llegó de Pamplona ha sanado exteriormente y por la gracia de Dios también le ha alcanzado una sanación interior inesperada que Ignacio no puede ocultar. Recuperado físicamente, llega el momento de salir, de alejarse de su casa natal y de iniciar una nueva vida.

«... hallándose ya con algunas fuerzas, le pareció que era tiempo de partirse, y dijo a su hermano: "Señor, el duque de Nájera, como sabéis, ya sabe que estoy bueno. Será bueno que vaya a Navarrete" (estaba entonces allí el duque). El hermano le llevó a una cámera y después a otra, y con muchas admiraciones le empieza a rogar que no se eche a perder; y que mire quánta esperanza tiene dél la gente, y quánto puede valer, y otras palabras semejantes, todas a intento de apartarle del buen deseo que tenía. Mas la respuesta fue de manera que, sin apartarse de la verdad, porque dello tenía ya grande escrúpulo, se descabulló del hermano. Sospechaba el hermano y algunos de casa que él quería hacer alguna gran mutación».

Una gran mutación estaba en proceso y ese cambio, aunque desconocido aún para el mismo Ignacio, era la fuerza que lo impulsaba

a salir de su «zona de confort» y aventurarse hacia lo inexplorado. Ignacio deja el pasado y se abre a la novedad incierta que Dios le ofrece. Hay mucha generosidad, mucha libertad comprometida con la esperanza de la Vida en Dios. Jerusalén es el próximo objetivo. Aprovechemos nosotros para buscar también esa libertad y gran generosidad que nos puede ayudar a salir de nuestras zonas conocidas, ambientes ya consolidados y tal vez demasiado estrechos para un corazón que deseamos no deje de engrandecerse. Todo peregrino lleva en su interior a todos los que ama; Ignacio sale de su casa, pero lleva en su corazón henchido a toda su familia, con todas sus penas y glorias. Nosotros también somos portadores de los que amamos y con ellos hacemos camino.

ETAPA N.º 1
LOYOLA - ZUMARRAGA

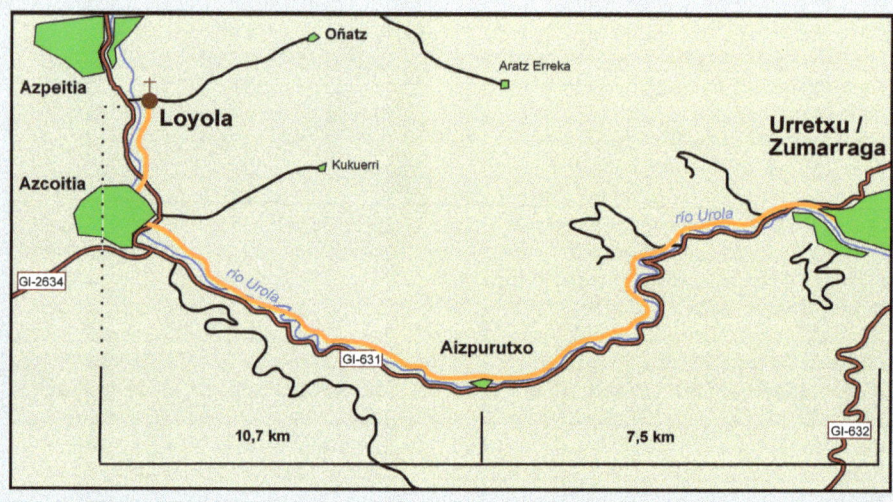

Desnivel acumulado subiendo: 306 m. Desnivel acumulado bajando: 13 m. Bicicletas: fácil.

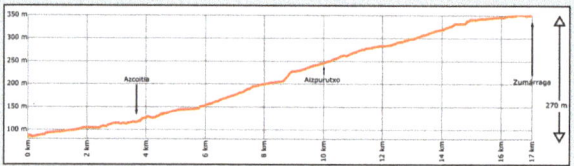

Loyola:	km 0.
Azkoitia:	km 3,5.
Aizpurutxo:	km 10,7.
Zumarraga:	km 18,2.

■ Descripción: el Camino del Urola

Dejamos atrás el Santuario y la casa de san Ignacio, por el camino asfaltado que se inicia junto al aparcamiento del santuario y que va paralelo al río Urola, en dirección a Azkoitia. Bordeamos el muro de los jardines del Santuario, que quedan a nuestra izquierda. Siempre de frente, llegamos a Azkoitia y entramos hacia la Alameda del Ferrocarril, en dirección al río.

Al llegar al río Urola no lo cruzamos, sino que lo seguimos en paralelo, dejándolo a nuestra derecha. Siempre de frente, la calle se encuentra con un carril bici que lleva de nuevo a la proximidad del río. Seguimos con el río a nuestra derecha hasta llegar a una gasolinera y unas fábricas. Al frente, vemos un puente: lo pasamos por debajo y seguimos recto. Una vez pasado el puente, un camino empieza a nuestra izquierda. Lo tomamos y así pasamos la fábrica IBARMIA que queda a nuestra derecha.

Vamos siempre de frente por el mismo camino. El camino hace una curva a nuestra derecha en ángulo de 90 grados, pero nosotros seguimos todo recto por una pista secundaria, que pasa por debajo de un puente. El camino nos lleva a cruzar al mismo tiempo el río y la carretera GI-631 por un puente. Seguimos siempre de frente y en 800 m vamos a volver a cruzar la carretera. Encontramos los primeros túneles ¡y vamos a encontrar muchos más!

Siempre de frente por el mismo camino asfaltado, en paralelo a la carretera, llegamos a un nuevo

puente que la cruza dos veces. Unos metros más allá, un nuevo puente sobre la GI-631. Seguimos siempre en el mismo camino, que vuelve a cruzar la carretera. Pasamos el pueblecito de Aizpurutxo, que queda a nuestra derecha. Siempre de frente, nuestro camino se encuentra con otro que sube desde la carretera. Nosotros seguimos de frente, buscando los caminos que siguen en paralelo a la carretera y un poco elevados sobre ella y el río. Más puentes y otro túnel nos esperan más adelante. Seguimos de frente y dejamos una cantera a nuestra derecha. El camino se bifurca y vamos por la derecha, para ir paralelos a la carretera y al río Urola. Un nuevo túnel y nos acercamos a unas casas que quedan a nuestra izquierda. Otro túnel y nuestro camino desemboca finalmente en la carretera GI-631, que tomamos a nuestra izquierda (senda paralela), para acercarnos a la población de Urretxu. Siempre junto a la carretera, pasamos una depuradora de aguas y siguiendo siempre por el camino paralelo a la carretera, entramos en Urretxu y Zumarraga, después de cruzar el río. Estas dos poblaciones están separadas únicamente por el río Urola.

■ Datos de interés

AZKOITIA: Población de más de 11.000 habitantes. Cerca de la plaza del Ayuntamiento se encuentra la impresionante iglesia de Santa María la Real. También se encuentran algunas casas-torre medievales, como la de la familia de Ignacio. La torre de Idiakez o Etxe Beltza presenta un aspecto negruzco como consecuencia de un incendio sufrido en la Segunda Guerra Carlista. Esta población recibe el nombre de «cuna de la pelota vasca» porque aquí está muy arraigada la tradición de este famoso deporte autóctono.

AIZPURUTXO: Pequeña población de casas diseminadas en las laderas de las montañas. Junto a la carretera hay un bar.

URRETXU: Población de unos 6.800 habitantes. En la calle Iparraguirre encontramos casas solariegas del siglo XVI bien conservadas y que conservan semejanzas en cuanto a su estructura y los materiales utilizados (sillares de piedra). Es digna de mención la iglesia de San Martín de Tours, edificio austero de piedra y madera que mezcla en su interior elementos renacentistas, góticos y barrocos. El ayuntamiento está ubicado en una antigua casa-palacio del siglo XVII. Urretxu ha sido declarado zona arqueológica protegida; su Museo de Minerales y Fósiles contiene más de 1.000 minerales catalogados y clasificados, así como numerosos fósiles procedentes de los cinco continentes. Encontramos restaurantes, farmacias, supermercados y bancos.

ZUMARRAGA: Población de más de 10.000 habitantes. Tan solo en 1660 logró el título de villa, empezando a ser independiente. La magnífica iglesia de Nuestra Señora de la Asunción se empieza a construir en el siglo XVI. Es un edificio de estilo gótico vasco con portadas, torre y retablo mayor barrocos. En la plaza de Euskadi, en cuyo centro se halla la estatua del colonizador de Filipinas, Miguel López de Legazpi, se encuentra el edificio del ayuntamiento, con el Urola a sus espaldas. No hay que perderse la enorme piedra que los hombres y mujeres arrastran en sus competiciones de fuerza. Como ya hemos dicho, una visita interesante para los peregrinos ignacianos es la *ermita de La Antigua*. Esta pintoresca capilla se encuentra en una colina a las afueras del pueblo, tras una empinada subida de dos kilómetros. ¿Rezaría aquí Ignacio al comienzo de su peregrinación? No lo sabemos. La ermita tiene una portada románica del siglo XIV, una talla gótica de la Virgen y un Calvario del siglo XV, realizado durante una ampliación de la iglesia que se llevó a cabo en ese siglo; de ahí que resulte fácil imaginarse a Ignacio en este lugar. La impresionante carpintería del interior y del techo incluye vigas, pretiles y dibujos geométricos tallados. En el pueblo hay restaurantes, farmacias, supermercados y bancos.

■ TAXIS
Azpeitia
Jesús María Nazábal Eizmendi   943 811 384
Vallina Taxis   943 393 848

Zumarraga
Taxis   943 720 307
Ivan Molina   620 511 533
Taxi Gaztañaga   679 443 483

■ ALOJAMIENTO
AZCOITIA: Albergue Peregrinos Abaraxka (50 camas), Altamira 5. Tel.: 679 464 473.

URRETXU: Pensión Juana Elgarresta, c/ Ipeñarrieta, 2-6, B. Tel.: 943 722 250. Ayuntamiento. Tel.: 943 038 080.
A poco más de 4 kilómetros de la población, subiendo a la ladera de la montaña, junto a la ermita de Santa Bárbara, se encuentra el Albergue de Urretxu con una capacidad de 56 camas y precios módicos. Tel.: 943 723 387.

ZUMARRAGA: Hotel Etxeberri, c/ Etxeberri, s/n (justo a la entrada del pueblo). Tel.: 943 721 211.
Pensión Balentiña, c/ Urola, 6-8. Tel.: 943 725 041.
Pensión Urola, c/ Antonino Oraá, 2. Tel.: 943 533 008 / 679 525 259.
Pensión Zelai, c/ Legazpi, 5. Tel.: 670 264 922.
Ayuntamiento. Tel.: 943 729 022.

Casa Torre de Idiakez, Azkoitia.

Zumarraga – Arantzazu

(21,4 km)

> «Debemos esforzarnos mucho más en disciplinar al hombre interior que al exterior; cuesta más el espíritu que los huesos».

> «¿Quién puede subir al monte del Señor?, ¿quién podrá estar en el recinto sacro? El de manos inocentes y puro corazón, el que no acude a los ídolos ni jura en falso» (Sal 24,3-4).

Embalse de Barrendiola.

Nos levantamos con ganas de subir montañas. Un fuerte ascenso de 900 m hacia Biozkornia hace de esta etapa un reto que superar con mucha constancia y buen espíritu. No hay que desanimarse sino tomarlo con mucha calma y disfrutar del maravilloso paisaje que se va abriendo progresivamente a nuestra mirada. En invierno hay que tener mucho cuidado con la nieve y el frío intenso, así como con la niebla que nos dificultará el camino. Salimos de Zumarraga-Urretxu siguiendo las vías del tren, dejándolas a nuestra izquierda. El largo camino asfaltado irá siempre paralelo a las vías del tren y en dirección a las montañas que asoman empinadas delante de nosotros. Primero hemos de pasar por la zona industrial, con factorías por todas partes; pero luego llegaremos a los prados verdes y las laderas llenas de ganado.

Nuestro camino no tiene pérdida y nos mantiene junto al río Urbia. Carteles informativos nos hablan de las ferrerías del lugar y de las presas que se construyeron para llevar el agua a las factorías. Nos cruzamos con numerosos caminantes: sin ningún lugar a duda, las gentes de estos pueblos cuidan bien su forma física. Al cruzarnos, será frecuente el saludarse con un «kaixo» (hola) o «egun on» (buenos días) en euskera.

Entramos en Legazpi acompañados de los golpes acompasados de las grandes metalurgias. Hasta aquí nuestro camino transcurre por terreno llano y bien señalizado. En Legazpi nos sellan la credencial en el ayuntamiento o en algún otro local cuyo sello nos sirva como indicación de paso y seguimos el camino. Avanzamos por una calle paralela al río Urbia. En el río, a nuestra derecha, truchas y patos comparten el entorno.

Tierra del hierro, las ferrerías son antiguas y fueron muy abundantes en otro tiempo. Llegamos al parque de Mirandaola, donde dice la tradición que en 1580 a los trabajadores se les fundió el hierro por accidente y se convirtió en una cruz, hecho que se conmemora el 3 de mayo, día de la Santa Cruz. Objetos antiguos de la fundición y un frontón de hierro decoran el lugar con mucho gusto. Postes indicadores nos muestran el camino que nos ha de llevar a Telleriarte. Atravesamos el pueblo sin dejar la ruta y en unos metros nos encontramos con el Palacio Elorregi. La ferrería que queda a nuestra derecha, detrás de la capilla, data de 1384. Seguimos sin pérdida posible y manteniendo un nivel bastante llano a lo largo de todo el camino hasta Brinkola. A su entrada, nos sorprende por su altura un puente sobre el río, que lleva a la estación de tren. Al final del pueblo, un poste nos indica la dirección al embalse de Barrendiola y también se nos señala el camino de gran recorrido GR-120, que nos lleva primero al collado de Biozkornia y luego hasta Arantzazu. Todo el recorrido hasta el santuario está muy bien señalizado con el rojo y blanco del GR-120.

Aquí empieza la primera subida, siempre por carretera, hasta llegar al embalse. Una fuente de agua fresca nos espera antes de llegar arriba. El embalse nos impresiona por su magnitud y nos ofrece magníficos reflejos en el agua de las montañas. Cruzamos al otro lado del embalse y lo bordeamos por un camino bastante llano. Seguimos las señales del GR y empezamos a subir hacia el Biozkornia. El camino es ancho pero muy empinado. Postes del parque natural nos indican la dirección. El paisaje entre árboles es impresionante. Pasamos corrales de ganado y se acaban los árboles, para dejar paso a los pastos y las piedras. La subida se hace muy pendiente. Hay que parar y respirar. El paisaje es precioso y ofrece una vista asombrosa del valle de Zumarraga que vamos dejando a nuestras espaldas.

Llegados al puerto de Biozkornia, el poste nos indica la dirección hacia Arantzazu. Siempre seguimos el rojo y blanco del GR-120. Un nuevo valle aparece a nuestra vista y descendemos hacia Arantzazu. Cuidado aquí: las botas han de ir bien atadas para evitar problemas en los pies. En días de lluvia podemos resbalar fácilmente en algunos puntos porque hay mucho barro. La bajada es tan fuerte como la subida: atención a las rodillas. No hay que tener prisa.

Pasamos por un bosque de abetos impresionante. Se recomienda adentrarse en el bosque por unos instantes y hacer silencio. Los árboles son las columnas de una inmensa catedral. Aquí podemos sentir lo que el arquitecto Gaudí pensó construir en su famosa basílica de la Sagrada Familia: la arquitectura de la naturaleza no puede ser más perfecta.

Por fin llegamos al santuario de Arantzazu. La primera casona que encontramos a nuestra derecha es una antigua posada que data del 1500. Dice la tradición que en esa posada estuvo san Ignacio en su visita a la Virgen de Arantzazu, o al menos su caballo, puesto que él pasó la noche en vigilia de oración delante de la Virgen.

■ Pista ignaciana

Ignacio no desea hacer daño a su familia, que se preocupa por su futuro, pero él debe iniciar su nueva vida y eso se revela ya en esta primera parada en la ermita de Arantzazu.

«Y así, cabalgando en una mula, otro hermano suyo quiso ir con él hasta Oñate, al cual persuadió en el camino que quisiesen tener una vigilia en nuestra Señora de Aránzazu. En la cual haciendo oración aquella noche para cobrar nuevas fuerzas para su camino, dejó el hermano en Oñate en casa de una hermana que iba a visitar, y él se fue a Navarrete».

¿Qué pensaría su hermano al separarse de Ignacio en Oñate? ¿De qué habló Ignacio con nuestra Señora de Arantzazu en esa noche de oración? Un nuevo camino se abría delante de él, guiado tan solo por su deseo de mayor servicio a nuestro Señor. Aprovechemos nosotros para pedir también una guía segura para nuestro Camino y la protección que nos ha de ayudar a ir descubriendo la presencia de Dios peregrinando con nosotros. Pidamos protección para todos los que amamos, así como seguramente hizo Ignacio, encomendando a la Virgen a toda su familia.

ETAPA N.º 2
ZUMARRAGA – ARANTZAZU

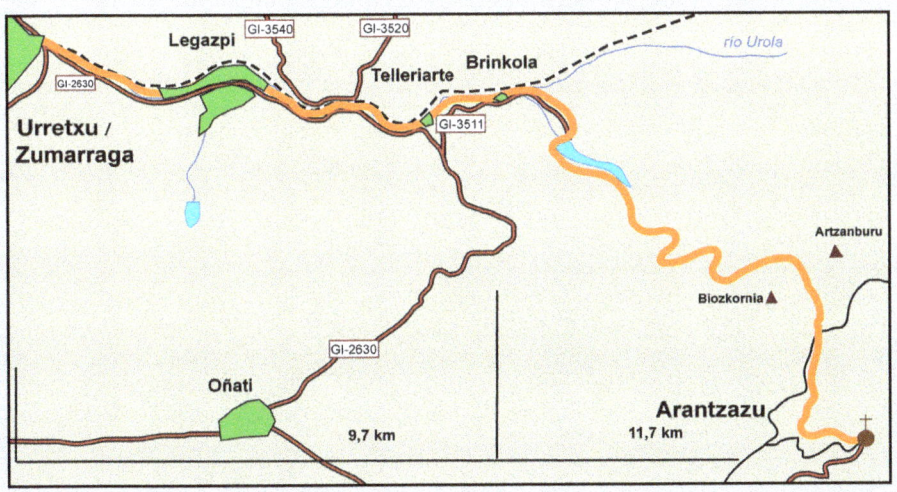

Desnivel acumulado subiendo: 896 m. Desnivel acumulado bajando: 555 m.
Bicicletas: con dificultad extrema. La subida es muy empinada y hay que empujar la bicicleta casi todo el rato. Tal vez sea mejor llegar a Arantzazu por la carretera de Oñate: es más largo en kilómetros, pero se sube más fácilmente. Además, no queda claro que haya permiso para pasar por el Parque Natural, donde los vehículos a motor no están autorizados. Para los de a pie, en invierno hay que tomar muchas precauciones y no es aconsejable ir con nieve.

Zumarraga:	km 0.
Iglesia de Legazpi:	km 5,1.
Telleriarte:	km 8,3.
Brinkola:	km 9,7.
Embalse:	km 11,2.
Puerto de Biozkornia:	km 16,6.
Arantzazu:	km 24,1.

■ Descripción

Salimos a desde la estación del tren. Mirando a la fachada principal del edificio, nos dirigimos a la derecha para buscar la carretera GI-3771 o calle de Ipeñarrieta. Vamos siguiendo esta calle hasta la salida del pueblo. Pasamos por debajo del puente que cruza por encima de las vías del tren. Nosotros continuamos siempre en paralelo a las vías del tren, que quedan a nuestra izquierda.
Pasamos un puente sobre el río Urola. Seguimos junto a las vías del tren. En 1,5 km nuestro camino asfaltado se corta y seguimos a nuestra derecha, en ángulo recto, para acercarnos a la carretera GI-2630. Al llegar a ella, giramos a la izquierda para entrar en la villa de Legazpi. Seguimos siempre por la misma calle, llena de fábricas y, más adelante, de casas con jardines. Llegamos a una bifurcación, en la que tomamos el camino de la derecha, por la calle Nagusia y en dirección a la iglesia parroquial de Legazpi.
Seguimos todo de frente por la calle Aizkorri y salimos del pueblo.

Arantzazu.

ETAPA N.º 2
ZUMARRAGA – ARANTZAZU

Casa Torre «Palacio Elorregi».

Encontramos el campo de fútbol y pistas deportivas a nuestra derecha. Llegamos a una rotonda, que cruzamos, y tomamos el camino asfaltado que sigue paralelo a las vías, teniendo estas siempre a nuestra izquierda. Nuestro camino va entre el río y las vías del tren. Vamos pasando fábricas y casas. Siempre de frente, sin cruzar el río en los puentes que encontramos. Siempre de frente.

Llegamos a una zona deportiva con un frontón de hierro. Estamos en el parque de Mirandaola. Un poste nos indica el camino a Telleriarte, a nuestra izquierda. El camino nos lleva hasta la carretera GI-2630, pero no la tomamos, sino que seguimos el camino asfaltado que empieza a nuestra izquierda y nos dirige al interior de la pequeña población de Telleriarte.

Siempre de frente, vamos siguiendo la carretera asfaltada que va paralela a las vías del tren y que nos lleva a Brinkola. Pasamos por debajo del puente que lleva a la estación de tren. Seguimos de frente y atravesamos la población por la misma calle, hasta desembocar en la carretera GI-3511. Un poste GR-120 nos indica el camino para subir hasta el embalse de Barrendiola (Barrendiola – Aizkorri). Una vez llegados al embalse, lo cruzamos. Al otro lado empieza un camino de tierra que va bordeando el embalse y que seguimos. El camino está marcado por las señales blancas y rojas del GR-120. Llegamos a una bifurcación y tomamos el camino de la derecha, que nos hace subir hacia los árboles del bosque. Seguimos siempre las señales del GR-120. Alcanzamos unas cuadras de ovejas, que dejamos a nuestra derecha. Seguimos subiendo, siguiendo las señales, que nos llevan a hacer zigzag para superar la cuesta. Los árboles ya se han acabado y en invierno la nieve nos acompañará con toda seguridad.

Llegamos al puerto de Biozkornia y al monte Arriurdin (1.273 m). Un poste nos indica la dirección de Arantzazu. Seguimos siempre las señales, que en invierno y con la nieve pueden ser un poco difíciles de encontrar. El camino está desdibujado, como es habitual en la alta montaña. Pasado el puerto, nos encontramos con un refugio de montaña.

Descendemos. Si seguimos el camino de tierra a partir del refugio, llegaremos a Arantzazu. De todas formas, si deseamos ir un poco más rápido y no dar un rodeo bastante largo, al llegar a una curva de 90 grados a nuestra derecha, seguimos recto y tomamos el sendero (señales GR) que sale en dirección a una arboleda y a unas pocas casas detrás de ella. Al llegar a las casas seguimos a la derecha, para acercarnos a otras casas que están a unos 150 metros y una vez allí, tomamos los caminos que nos van saliendo a nuestra izquierda. Vamos bajando hacia Arantzazu, a tan solo 1 km de distancia. Seguimos las señales del GR-120.

Datos de interés

LEGAZPI: Población de más de 8.700 habitantes. Su vida gira alrededor del hierro y su transformación. Posee un Museo del Hierro. Próximo a este se encuentra la bonita iglesia de Nuestra Señora de la Asunción, del siglo XIV, así como el palacio Bikuña, edificado en el siglo XVI. Hay restaurantes, supermercados, farmacias y bancos.

TELLERIARTE: Pequeña población de casas diseminadas. Pasado el pueblo, junto al río Urola nos encontramos la casa-torre «Palacio Elorregi». La ermita y el palacio datan del siglo XVI, pero la herrería se remonta a 1384.

BRINKOLA: Pequeña población de casas diseminadas. No ofrece servicios a los peregrinos.

ARANTZAZU: Santuario mayor de Guipúzcoa, en el que encontraremos fácilmente alojamiento y restauración. Este centro espiritual nuclear de Euskadi es referencia obligada para nuestra peregrinación ignaciana. Los religiosos franciscanos han guardado durante siglos la tradición según la cual la Virgen se apareció a un pastor en este lugar. La Virgen estaba sobre un espino, lo que extrañó al pastor, que dijo: «Arantzan zu?» («¿Tú en un espino?»). A partir de esa experiencia, el lugar se convirtió en un centro de devoción mariana y de peregrinación, como Ignacio de Loyola recoge en su autobiografía. Entre los siglos XVI y XIX el santuario fue reconstruido tres veces, debido a múltiples incendios. En 1959 se decidió construir una basílica nueva. Las puertas de hierro son del escultor Eduardo Chillida.
La posada Goiko Benta Ostatua ya era una posada en tiempo de san Ignacio (el edificio es del 1500) y cuentan los ancianos que fue en esa posada en la que Ignacio se alojó en su visita a Arantzazu. En un momento posterior de su vida, Ignacio mencionó Arantzazu en una carta conmovedora. Un incendio había dañado el santuario, y a Ignacio le pidieron que intercediera ante el papa para que al santuario le fuera concedida autorización para la celebración de jubileos, ya que ello atraería peregrinos, permitiendo así que el santuario recaudara fondos extra para las tan necesarias reparaciones. Ignacio respondió que no podía prestar ninguna ayuda activa, porque «*sabed, carísimo hermano, que de dos meses a esta parte por mis enfermedades, de las veinticuatro horas del día, apenas cuatro estoy fuera de la cama*». Pero rememora el santuario con cariño, acordándose de «*la devoción de aquel lugar y de lo mucho que en él sea servido Dios*». Y señala la importancia del santuario en su propio itinerario espiritual: «*Cuando Dios nuestro Señor me hizo merced para que yo hiciese alguna mutación de mi vida, me acuerdo haber recibido algún provecho en mi ánima velando en el cuerpo de aquella iglesia de noche*».

■ TAXIS
Legazpi
Parada de taxis   943 730 021

Arantzazu
Taxi (Arantzazu)   931 780 030
Parada de taxis de Igorre   946 315 572

■ ALOJAMIENTO
LEGAZPI: Hotel Mauleon, c/ Nafarroa, 16. Tel.: 943 730 870. Oficina de Turismo del Alto Urola (Lenbur). Tel.: 943 730 428. Ayuntamiento. Tel.: 943 730 428. La Iglesia Parroquial puede ofrecer acogida, Tel.: 636 767 674

TELLERIARTE: Casa rural Pastain. Tel.: 943 730 672.

ARANTZAZU: Hotel Santuario de Arantzazu. Tel.: 943 781 313. Hostal Goiko Benta Ostatua. Tel.: 943 781 305. Hotel Sindika. Tel.: 943 781 303. Albergue de peregrinos (56 camas). Tel.: 943 780 500 / 656 743 148 Oficina de Turismo: 943 718 911 / 943 796 463.
turismo@debagoiena.eus
www.turismodebagoiena.com

Arantzazuko Amaren, Virgen de Aránzazu.

Arantzazu – Araia
(18 km)

«El que vive con intensidad en unos momentos se eleva con velocidad sorprendente a un grado tal de virtud que el perezoso no alcanza después de muchos años».

«Porque yo, el Señor, tu Dios, te agarro de la diestra y te digo: "No temas, yo mismo te auxilio"» (Is 41,13).

Prados de Urbia.

Otra etapa hermosa pero retadora, en las montañas, con un fuerte ascenso hasta llegar al refugio de Urbia, seguido de un largo descenso hasta Araia. Gran parte de esta etapa pasa por el Parque Nacional de Aizkorri-Artz, donde se alzan los más altos picos de la divisoria de aguas entre el Cantábrico y el Mediterráneo (Aitxuri: 1551 m).

A partir del santuario empezamos a subir en dirección a Urbia. La subida es fuerte, pero muy agradecida: el bosque de hayas y pinos nos acoge en apacible sombra y avanzamos sintiendo la frescura del verde que nos rodea. Vamos siempre siguiendo las señales rojas y blancas del GR.
El camino es amplio y bien trazado. No hay pérdida. Llegamos a la fuente de Erroiti, donde, según la tradición, se apareció la Virgen de Arantzazu en 1468 al pastor Rodrigo de Baltzategi. Seguimos subiendo y, después de una hora larga de camino, llegamos a un precioso conjunto de montañas, prados, árboles, casas de pastores y ganado, un paraíso llamado Urbia.

Por un precioso pasillo de árboles llegamos a la ermita de Urbia (1924) y nos paramos un instante en la posada, que está unos metros más allá. Durante el verano acogen visitantes y es un buen sitio para un primer desayuno, después de la subida. Seguimos siempre por el camino de tierra que llevamos: este mismo camino conduce directamente a la carretera que se dirige a Araia, así que, en caso de dificultad, mejor no dejar este camino bien trazado. Disfrutamos de los prados inmensos y las rocas blancas que salpican el verde del campo. Caballos, vacas y ovejas lanudas comparten el lugar, ideal para quedarse un tiempo descansando y contemplando las montañas que nos rodean. El camino nos lleva al final de los prados y comienza la bajada. Delante de nosotros, todo el valle se muestra espléndido y vemos unas poblaciones a lo lejos. Bajamos con pendiente pronunciada: mucha atención a las rodillas si vamos cargados. Podemos seguir todo el tiempo por el camino ancho de tierra o bien ir tomando atajos, siguiendo las señales del GR: todo lleva al mismo punto.

Aquí el peregrino ha de tomar una decisión: hay una senda que se adentra por el bosque acortando un poco la etapa. Si hay nieve o niebla, mejor tomar la carretera ancha. La señalización es escasa y el terreno muy húmedo y embarrado, por lo que habrá que tener mucho cuidado si se sigue por el bosque. La recomendación es seguir por la carretera, que no tiene pérdida. Seguimos por un lado o por el otro.

De repente nos sorprenden las flechas amarillas del Camino de Santiago Vasco: hemos entrado en el camino que viene del túnel de San Adrián, un poco más arriba. Una antigua vía romana que conserva aún las trazas de las ruedas de carro en las piedras hundidas. Aunque los peregrinos ignacianos caminamos, por así decir, bajo la inspiración de san Ignacio, también nos sentimos afines a Santiago, estrechamente asociado tanto con España como con la tradición de las peregrinaciones. En algunas iglesias a lo largo del Camino Ignaciano veremos tallas de Santiago peregrino. ¡Tal vez sea bueno pedir también la intercesión de Santiago!

Iglesia de Araia.

Seguimos las flechas y nos encontramos con una carretera asfaltada, que tomamos a nuestra derecha. Esta carretera nos lleva ya directamente a Araia, siguiendo las indicaciones. No hemos de tomar un camino marcado PRA 3012 que aparece pronto a nuestra izquierda, ni el GR-25 más adelante: también va a Araia, pero da mucha vuelta, subiendo y bajando todo el tiempo.

Una bonita etapa, que recordaremos con toda seguridad, de contemplación pura de la naturaleza.

ETAPA N.º 3

ARANTZAZU – ARAIA

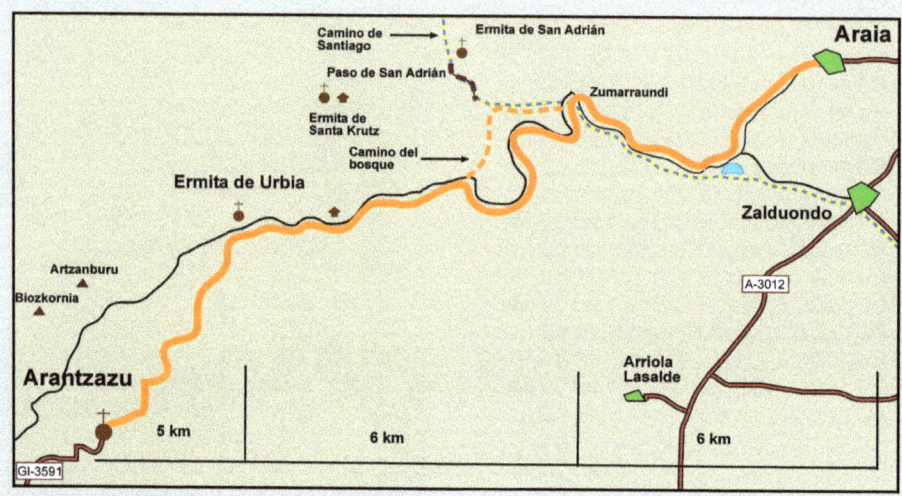

Desnivel acumulado subiendo: 664 m. Desnivel acumulado bajando: 743 m.
Bicicletas: con dificultad, hay que empujar la bicicleta en la subida. Para los de a pie, en invierno hay que tomar muchas precauciones y no es aconsejado ir con nieve.
Hoy hay dos opciones, como indicamos en la descripción:

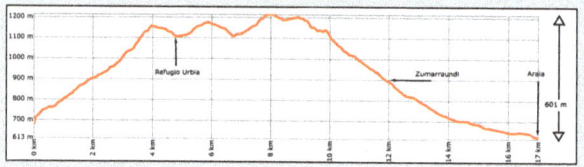

Arantzazu:	km 0.
Refugio de Urbia:	km 5.
Araia:	km 17
(por el camino del bosque).	
Arantzazu:	Km 0.
Refugio de Urbia:	km 5.
Llano de Zumarraundi:	km 12.
Araia:	km 18
(por el camino ancho).	

■ Descripción

Salimos siguiendo las señales rojas y blancas hacia Urbia. El santuario queda a nuestra derecha y nos alejamos de él por la carretera que sube hacia las últimas casas. Seguimos subiendo siempre, de frente. Llegamos a una confluencia de tres caminos, cerca de una fuente. Tomamos el camino del centro (siguiendo la señal que marca hacia Urbia). Más adelante, después de unos cuantos minutos de pista ancha y sombreada, llegamos a la fuente de Erroiti, situada a nuestra izquierda.

El camino va haciendo zigzag y subiendo hacia el collado de Elorrola, siempre siguiendo las señales rojas y blancas del GR. Llegados al puerto, seguimos por el mismo camino y llegamos a la ermita de nuestra Señora de Urbia (1924), que dejaremos a nuestra izquierda para seguir por el camino de tierra y llegar hasta el refugio de Urbia. Sin desviarnos, seguimos el camino de tierra ancha que está claramente marcado. Más adelante pasamos entre algunas cabañas de pastores junto al camino. Aquí podemos seguir las flechas naranjas que salen de la carretera principal que va dentro del bosque a nuestra derecha o simplemente continuar en el camino de tierra. El camino de hierba camina en paralelo a la carretera, pero manteniendo el mismo nivel, mientras que el camino de tierra desciende abruptamente antes de que ascienda una vez más para alcanzar el mismo sendero en el bosque dos kilómetros por delante. Ambas opciones son hermosas, pero el

camino del bosque es más fácil. Pasamos cerca del monolito de Zorrotzari y del cercano refugio de montaña de Perusaroi. El sendero y el camino de tierra se reúnen otra vez y seguimos las flechas naranja y las señales GR a nuestra izquierda. Después de un tiempo llegamos a al camino de tierra y un poco más adelante tenemos dos opciones: podemos seguir el camino de tierra ancha y continuar hasta Araia o ir a la izquierda, siguiendo el sendero que está marcado con señales GR.
El **camino del bosque** es bueno para los peregrinos a pie, aunque pueda ser un poco desorientador. Primero nos lleva hacia los tendidos eléctricos y después, atravesando bosques, nos enlaza con el Camino de Santiago desde San Adrián. Poco después enlaza con la carretera, siguiendo las flechas amarillas de Santiago. Si seguimos siempre por **el camino ancho** de tierra, también nos encontramos con las señales amarillas del Camino de Santiago, pero no nos llevan a Araia sino a Zalduondo, así que habrá que dejarlas al cabo de unos kilómetros y seguir siempre por la carretera.

Sin duda, el camino ancho es el mejor para bicicletas. Llegamos al borde de un claro de bosque llamado Zumarraundi. A nuestra derecha empieza una carretera asfaltada que nos conduce a Araia. Vamos descendiendo siempre por la carretera y llegamos a una bifurcación que tomamos a nuestra izquierda; bien señalado: dirección Araia. Seguimos caminando y dejamos a nuestra derecha el caserío Gartzabal. Siguiendo siempre por la carretera asfaltada, entramos en Araia, después de pasar por el complejo de piscinas.

◼ Datos de interés

ARAIA: Es la población principal del municipio de Asparrena, que agrupa a 10 localidades cercanas entre sí. Con más de 1.500 habitantes, Araia es un centro de servicios para el municipio. El ayuntamiento es de estilo barroco, con el escudo de la Hermandad de Asparrena. La iglesia de San Pedro es del siglo XV y tiene un retablo neoclásico en su interior. Hay restaurante, supermercado, farmacia y banco.
Atención: en Alda, final de la próxima etapa, no hay tiendas ni restaurantes, así que hay que pensar en llevar algo para comer el día siguiente.

◼ TAXIS
Araia
Taxi Elizondo (Agurain) 608 871 820
Juan Francisco
González Flores (Agurain) 945 301 113
Taxi Berasategui 699 445 403

◼ ALOJAMIENTO
Las casas rurales oscilan entre los 25 y los 55 € por noche y su capacidad es restringida, así que es mejor llamar y asegurarse antes una cama. La próxima etapa no tiene asegurada una buena noche, de modo que mejor conseguirla en esta.

ALBEIZ: (en la etapa siguiente) Casa de la Iglesia, Tel.: 945 261 676.

ARAIA: En Araia existe un frontón que el ayuntamiento podría ceder para pasar una noche. Ayuntamiento. Tel.: 945 304 006 / 945 314 566.

SAN ROMÁN: (en la etapa siguiente, fuera del camino) Hotel Andamur, Polígono Okiturri, Carretera N-I. Tel.: 945 314 783. Pensión El Ventorro: 945 30 43 72 (junto a gasolinera Andamur).

EGUINO: (fuera del Camino, a unos 5 km de Araia) Casa de Oración Haiztur, c/ San Esteban, 1. Tel.: 945 314 637. E-mail: mercedariase@yahoo.es

IBARGUREN: (fuera del Camino, pero no lejos) Casa Rural Legaire Etxea, c/ San Martín, 2. Tel.: 626 895 798.

ZALDUONDO: (fuera del Camino, pero no lejos) Casa rural Aizkomendi, c/ Errotalde, 5. Tel.: 679 908 531. Casa rural Eikolara Landaetxea, barrio Arbinatea, 30. Tel.: 945 386 898.

Araia – Alda

(22 km)

«Nada se resiste a la verdad por mucho tiempo: podremos ser atacados, pero nunca superados».

«Conduciré a los ciegos por un camino que desconocen, los guiaré por senderos que ignoran. Ante ellos convertiré las tinieblas en luz, lo escabroso en llano. Esto es lo que pienso hacer, y no dejaré de hacerlo» (Is 42,16).

Ullibarri, en el valle de Arana.

La salida desde Araia la hacemos por una calle de tierra, que nos aleja en dirección a Albeiz y nos conduce a la estación del tren Madrid - Irun. Atravesamos las vías y por un puente sobre la autovía A-1 llegamos al pueblo de San Román, con una impresionante iglesia. Seguimos y, al final del pueblo, encontraremos una fuente de agua no potable. Giramos a la izquierda unos metros y luego a la derecha para empezar nuestra subida hacia Bikuña y el puerto de Opakua, siguiendo al principio el GR-25.

La subida hasta la cresta de la sierra hay que hacerla lentamente, en parte por la pendiente pronunciada y en parte porque casi siempre hay mucho barro. Pero el camino no tiene pérdida: siempre por el más ancho y bien marcado, siempre de frente. En unos metros dejaremos el GR-25, que se separa de nuestro camino. Nosotros seguimos guiados por flechas naranja, y por las marcas rojas y blancas del GR 120. Vamos subiendo siempre por el mismo camino, que a veces se hace difícil de transitar por el barro. Atención a no resbalar. Si ha llovido recientemente, el barro atrapará nuestras botas. Mucha paciencia.

Casi llegando al punto más alto nos encontramos con un poste indicador del GR-282 y GR-120. Lo vamos a seguir hacia nuestra derecha: atención, porque si lo seguimos a la izquierda ¡nos va a llevar de nuevo al punto de salida! Más adelante las marcas rojas y blancas en las piedras y en los árboles nos han de ir guiando con seguridad, pero hemos de estar atentos: caminamos cerca del barranco y hemos de mirar bien dónde ponemos los pies. El paisaje es precioso, impresionante, y la vista se pierde en el horizonte de montañas. Los árboles nos dan cobijo frente al sol.

Llegados al prado de Zezama, el camino desaparece y hemos de guiarnos por las casas de pastores: pasaremos entre ellas, avanzando por el prado hasta encontrar un nuevo camino de tierra que nos guiará hacia la carretera. Aquí hay que ir con mucho cuidado para no perderse siguiendo las señales GR 120 rojas y blancas.

Llegados a la carretera, nos dirigimos al puerto de Iturrieta. Hemos de encontrar los postes del GR 120. Hay un camino muy poco trazado que atraviesa el bosque y nos conduce hasta Iturrieta. Hay algunas flechas naranja que indican, pero hay que ir con cuidado. Una vez llegados al alto de Iturrieta, giramos a la izquierda por el camino que nos dirige a Puerto Nuevo. Atención aquí de nuevo: la señalización es escasa y hay que estar atentos a girar a nuestra derecha, saliéndonos de la carretera, justo en un punto en el que la carretera gira 90 grados a la izquierda y se dirige a unas antenas de comunicación. Hecho el giro, saliendo de la carretera,

descendemos por un camino de tierra en dirección a Ullibarri y después Alda. Atención al sol y a la deshidratación: la fuerte subida y lo largo de esta etapa pueden obligarnos a estar caminando aún a las 16 h, lo cual puede ser bastante duro. Para los caminantes, insistimos en que en invierno hay que tomar muchas precauciones y no es aconsejable ir con nieve.

Ullibarri.

ETAPA N.º 4

ARAIA – ALDA

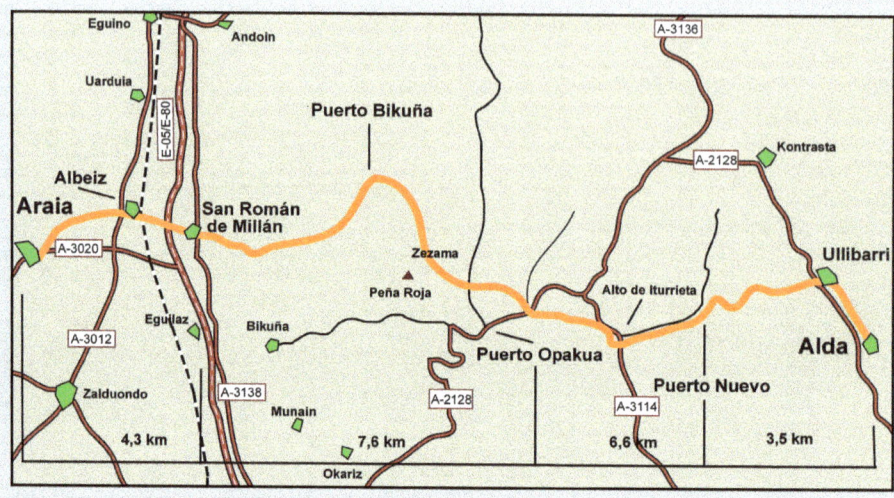

Desnivel acumulado subiendo: 723 m. Desnivel acumulado bajando: 515 m.
Bicicletas: extrema dificultad. La pendiente de subida es fuerte, pero es peor el barro que se forma en la parte alta del camino. Circular por los senderos hasta Puerto Opakua no es posible: hay que andar con la bicicleta al lado y a veces encontrar alternativas no marcadas. Es mejor tomar un camino alternativo que vaya por la carretera hacia el alto de Opakua y luego al alto de Iturralde: primero seguir por la A-3138 y luego subir por la A-2128 hasta Opakua y continuar a Iturralde. La bajada desde Puerto Nuevo puede ser un poco difícil para la bicicleta, pero o bien se camina con ella al lado o bien se opta por bajar hacia Kontrasta por la carretera y de allí a Ullibarri.

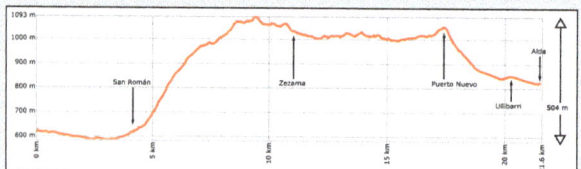

Araia:	km 0.
Albeiz:	km 2,2.
San Román:	km 4,3.
Puerto de Entzia (Bikuña):	km 11,9.
Puerto Nuevo:	km 18,5.
Ullibarri:	km 20,5.
Alda:	km 22.

■ Descripción

Salimos de Araia por la calle Presalde y, al encontrarnos con la calle Santsarreka, tomamos una calle que sale por nuestra izquierda en dirección a la escuela y la casa de cultura del pueblo. Llegamos a un cruce de caminos y tomamos el de la derecha. Seguimos siempre el camino de tierra bien trazado y en el siguiente cruce tomamos a nuestra izquierda. Otro cruce: giramos a nuestra derecha y nos dirigimos a Albeiz. El pueblo se ve delante de nosotros y llegamos a él sin pérdida. Atravesamos la carretera y pasamos por la iglesia. Nos dirigimos a la estación de tren, al otro lado del pueblo y a nuestra izquierda. La estación está a 500 m del pueblo de Albeiz. Atravesamos las vías del tren y giramos a la derecha para encontrar un camino asfaltado que nos conduce a un puente sobre la autovía E-5. Lo cruzamos y nos dirigimos al pueblo de San Román. Entramos en San Román y lo atravesamos siguiendo la calle Mayor hasta encontrar una fuente al final del pueblo. En este punto giramos a nuestra izquierda y después de unos 70 m volvemos a girar, pero a la derecha, para dirigirnos a una puerta de ganado con unos postes indicadores del GR-25, que marcan la dirección a Bikuña y también del GR-120, que nos va a guiar durante toda la jornada. A partir de aquí, el camino se nos va a bifurcar dos veces: la primera a unos 250 m, en la que tomaremos el camino de la izquierda; la segunda, 150 m después, donde también seguiremos el de la izquierda. En este punto dejamos de seguir las marcas del GR-25 y tomamos el camino que va subiendo hacia Puerto Bikuña. Seguimos siempre por el mismo camino, que a veces se hace difícil de transitar por el mucho barro acumulado.

Cruzamos una puerta de ganado, que dejamos abierta o cerrada según la hayamos encontrado. Seguimos subiendo. Llegamos a un cruce de caminos y vemos un poste indicador GR-282 y GR-120 delante de nosotros. Tomamos a la derecha y dejamos de subir. Vamos siguiendo el GR-282 y GR-120. Pasamos otra puerta de ganado, con una cadena que dejamos abierta o cerrada según la hayamos encontrado.

Un poste indicador señala «San Vicente de Arana. 17 km». Seguimos sus señales rojas y blancas, caminando con cuidado siempre cerca del precipicio. Hay que tener cuidado los días de niebla. Buscamos las marcas GR. Ya no hay camino, sino una senda en el bosque. Vigilamos las señales en los árboles y en las piedras. Llegamos a la llanura de Zezama. Aquí dejamos de seguir el GR-282 y hacemos un giro de 90 grados a nuestra izquierda para ir a pasar junto a un establo de ganado con valla de madera, que dejamos a nuestra izquierda. Intentamos no perder el GR-120: hay que prestar antención porque las flechas naranjas son escasas. Seguimos las

trazas de huellas de tractor. Atravesamos el prado de Zezama y nos dirigimos a un corral de ovejas que tiene un pequeño muro junto a la puerta y que aparece detrás de unos árboles. Pasado este corral tomamos a la derecha y a 150 m, subiendo un poco, vemos un camino de tierra blanca en buen estado, que vamos a tomar.

Por él llegamos hasta un cruce con una carretera asfaltada. Delante de nosotros sale, de unos corrales, un camino estrecho. Estamos en la Parzonería de Entzia y de Iturrieta. Seguimos siempre de frente, sobre las huellas de los tractores. El camino se pierde finalmente en un prado, en el que se puede adivinar como si hubiese una bifurcación. Aquí hemos de tomar a la derecha, subiendo hasta llegar a un camino de tierra blanca por el que hemos de seguir a nuestra derecha. Por él llegamos a la carretera asfaltada A-2128 del puerto de Opakua. La tomamos a nuestra izquierda y en 50 m, junto a una estación meteorológica, tomamos el camino que empieza a la derecha. Avanzamos por

senderos poco trazados e intentamos mantener la misma dirección. Al cabo de 1 km llegamos a un pequeño prado dentro del bosque en el que giramos a nuestra izquierda unos 90 grados y así nos dirigimos por un camino bien trazado hacia la carretera del alto de Iturrieta. Llegados a la carretera A-3114, la tomamos a nuestra derecha 500 m para subir hasta el alto de Iturrieta y allí tomamos el camino de tierra que se inicia a nuestra izquierda. Por él nos alejamos de la carretera y siempre de frente, y en algo menos de dos kilómetros, llegamos a Puerto Nuevo. Estamos a casi 18 kilómetros del comienzo de esta cuarta etapa, y a unos cuatro de la llegada a Alda.

Llegados a Puerto Nuevo, hay que estar bien atentos: no hay señal ni indicación.

ETAPA N.º 4
ARAIA – ALDA

Alda.

Hemos de fijarnos en que el camino da una vuelta muy cerrada a la izquierda. Aquí salimos de la carretera a nuestra derecha, directos hacia el valle de Arana, por un camino que baja justo delante de nosotros. Una puerta para el ganado y señales blancas y amarillas nos ayudan a identificar el lugar. En 1,2 kilómetros llegamos a unos campos de cultivo y a un embalse que dejamos a nuestra derecha. Siempre de frente, ignorando todos los caminos laterales, llegamos a la población de Ullibarri. A la entrada del pueblo, a nuestra izquierda, vemos la ermita de Santa María. Atravesamos el pueblo, pasando junto a la iglesia, a nuestra derecha. Al final de la calle Mayor está la ermita de San Cristóbal. Aquí la calle se bifurca, y nosotros seguimos la derecha para encaminarnos directamente a Alda.

■ Datos de interés

Atravesamos el valle que comunica Vitoria con Pamplona, y ascendemos a la sierra de Entzia, la parte más occidental de los macizos de Urbina y de Andia. A partir del puerto de Entzia, la etapa va descendiendo hacia el valle de Arana, de una espectacular belleza. Seguimos con dificultades de alojamiento, y habrá que pensar en pasar la noche bajo las estrellas o acogidos en un frontón.

ULLIBARRI: Población pequeña, con un frontón cubierto y un bar.

ALDA: Población aún más pequeña. No hay tiendas, restaurantes o bares, así que hay que pensar en traerse algo para cenar y desayunar, o bien buscar un taxi que nos acerque a San Vicente de Arana (etapa siguiente), pueblo en el que sí hay tienda y restaurante y donde tienen un pequeño refugio para peregrinos.

■ TAXIS
San Vicente de Arana
Juan Pérez   686 391 355 / 659 641 183

■ ALOJAMIENTO
ALDA: Casa Rural Biltegi Etxea, c/ Carretera, 3. Tel.: 945 406 006 / 656 762 793.
Hay que llamar previamente para informarse de si hay camas libres.
Ayuntamiento.
Tel.: 945 406 006.
Otra opción es acercarse a San Vicente de Arana, donde han abierto recientemente un refugio para peregrinos (ver etapa siguiente). O bien, desde allí, tomar un taxi que nos lleve a Santa Cruz de Campezo. Otra opción, obviamente, es decidir dormir bajo las estrellas. Cada peregrino se conoce y sabe de sus posibilidades.

Alda – Genevilla
(24 km)

«Es peligroso hacer que todo el mundo siga adelante por el mismo camino; y peor medir a los demás por uno mismo».

«Señor, tú me sondeas y me conoces. Me conoces cuando me siento o me levanto, de lejos percibes mis pensamientos. Disciernes mi camino y mi descanso, todas mis sendas te son familiares» (Sal 139,1-3).

San Vicente de Arana.

Esta es una etapa para disfrutar con calma. Salimos de Alda tomando un camino de tierra que está por detrás del ayuntamiento y que va paralelo a la carretera, en dirección a San Vicente de Arana. Por primera vez con el sol a nuestra espalda, caminamos sobre nuestra propia sombra. Antes de llegar a San Vicente, justo al lado de unas antenas, un poste de madera bien alto nos sorprende: tiene unas tijeras y una veleta en lo alto. Es el «mayo de San Vicente». Se trata de una especie de amuleto protector de los campos que erigen en el pueblo cada año, entre mayo y septiembre. Si tenemos oportunidad, preguntamos por don Vicente, el sacristán de la iglesia desde hace 70 años y cuidador de la misma. Él explica la oración que se hace de mayo a septiembre todas las mañanas a las 12:30, mientras tocan las campanas: «Tente, tin, tente, nublo, no te caigas sobre mí. Guarda el pan, guarda el vino, guarda el campo, que está florido». Aseguran que en los últimos 70 años nunca ha caído granizo en esta población. La oración de las campanas los protege. La salida del pueblo la hacemos por una calle en la que está marcado el rojo y blanco del GR-120, pero en este punto se pueden escoger dos alternativas igualmente buenas: seguir el trazado oficial del GR o bien seguir recto buscando un camino de bicicletas de montaña (BTT-13) que lleva a la población de Orbiso. Los dos caminos son bonitos y pasan por pueblos preciosos, aunque si hay cansancio en las piernas, tal vez sea mejor tomar el camino BTT que pasa por Orbiso; como en muchas otras cosas, aquí la libertad del peregrino ha de escoger.

Si caminamos hacia Oteo y Antoñana, el camino no es recomendable para los ciclistas, porque hay mucha senda en el primer tramo, aunque a partir de Oteo es un ancho camino de tierra, también fácil de caminar. Antoñana es un pueblo precioso al que llegamos después de superar un desnivel un poco pronunciado.

ETAPA N.º 5
ALDA – GENEVILLA

Orbiso.

Desde Antoñana vamos siguiendo la antigua vía del tren, ahora preparada para el caminante.

Si caminamos por el camino de tierra que lleva directamente a Orbiso, tendremos un paseo bonito, con árboles que sombrean el camino y la recompensa de la abundante fuente de tres caños a la entrada del pueblo. Desde allí hasta Santa Cruz se sigue por carreteras secundarias sin problema. Llegamos al bonito pueblo de Santa Cruz de Campezo y tal vez tengamos oportunidad de pasear por el mercadillo, o al menos de tomar un café en la plaza. Santa Cruz es el mayor de los pueblos de la zona y tal vez sea bueno comprar aquí comida para nuestra estancia en Genevilla, donde no hay posibilidades de proveerse. Salimos por detrás del pueblo, buscando una ruta llamada «Senda de la Torca», que nos enlaza con el GR-1 y GR-120, el cual nos lleva por un bonito y sombreado camino de robles y encinas hasta el pueblo de Genevilla.

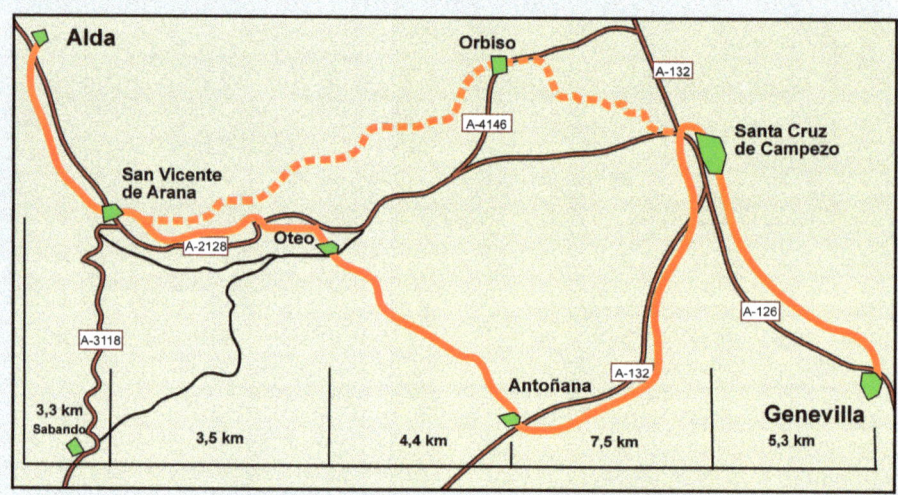

Desnivel acumulado subiendo: 303 m. Desnivel acumulado bajando: 437 m (opción Oteo – Antoñana)
Bicicletas: fácil.
Hoy hay dos opciones, como indicamos en la descripción:

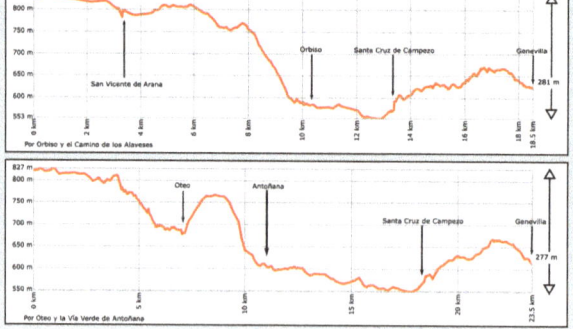

Alda:	km 0.
San Vicente de Arana:	km 3,3.
Oteo:	km 6,8.
Antoñana:	km 11,2.
Santa Cruz de Campezo:	km 18,7.
Genevilla:	km 24.

Alda:	km 0.
San Vicente de Arana:	km 3,3.
Orbiso:	km 10,4.
Santa Cruz de Campezo:	km 13,5.
Genevilla:	km 18,8.

Descripción

Tomamos el camino de tierra por detrás de las casas junto al ayuntamiento. En el primer cruce giramos a la izquierda y seguimos siempre recto hasta llegar a San Vicente. Nos dirigimos a la fuente del pueblo y a la iglesia, de finales del siglo XVI. Salimos del pueblo por la calle Uriondo, justo detrás de la iglesia, tomando a la derecha, siguiendo las marcas rojas y blancas del GR-282 y GR-120.

Aquí se separan las dos opciones de hoy: el peregrino ha de elegir la mejor para sí mismo. Una nos lleva a Santa Cruz pasando por los pueblos de Oteo y Antoñana; la otra nos hace pasar por Orbiso. El destino final es el mismo. Para ir por Antoñana seguimos la calle Uriondo y tomamos el primer camino a la derecha, justo al acabar las casas del pueblo. La otra opción sigue recto por la misma calle Uriondo y la explicaremos más adelante.

El camino de Oteo y Antoñana está poco trazado, pero está bien marcado por ser el GR-282 y GR-120. Seguimos las señales rojas y blancas. Vamos pasando a través de los campos hasta encontrar un camino de tierra un poco más claro. Subimos hacia nuestra derecha hasta encontrarnos con la carretera A-2128, que queda por debajo de nosotros. Seguimos siempre por el mismo camino, en paralelo a la carretera. Llegamos a un punto de bajada que nos conduce a la carretera asfaltada, la cual atravesamos. Seguimos las indicaciones del GR hacia Oteo.

El camino sigue paralelo a la carretera, pero por debajo de ella y dejándola a la izquierda. A la vista del pueblo de Oteo cruzamos al otro lado para encaminarnos directamente al pueblo. Atravesamos Oteo por la calle de Abajo y salimos por un camino de tierra que se eleva en el horizonte. Seguimos las marcas rojas y blancas del GR.

Pronto encontramos una primera bifurcación, en la que tomamos la ruta de nuestra derecha, continuando el camino que llevamos. Un camino se une al nuestro por la derecha, pero nosotros seguimos siempre recto. Nuestro camino está bien trazado y no tomamos ninguna desviación hasta que llegamos a la vista de Antoñana. En ese momento, tomamos una desviación a la derecha que nos lleva al centro del pueblo. Pasamos por detrás de la iglesia y giramos a la derecha para acercarnos a la carretera A-132. Llegados a la carretera, hemos de girar a la derecha para subir al puente peatonal que nos lleva hasta la antigua estación del tren vasco-navarro, restaurada hace poco. Unos vagones nos recuerdan que, hasta llegar a Santa Cruz de Campezo, iremos por el trazado del antiguo

Oteo.

tren. Pasada la estación ferroviaria, que dejamos a nuestra derecha, nos dirigimos a la carretera asfaltada A-3136, que tomamos hacia nuestra izquierda. Seguimos siempre de frente y a 500 m tomamos un camino de tierra a nuestra izquierda que lleva a un pequeño puente. Está señalizado, pero en dirección contraria a la nuestra. Por ese camino llegaremos a Santa Cruz de Campezo.

Siempre recto por el mismo camino, llegamos a un puente que cruza la carretera A-132. Seguimos de frente, ahora con la carretera a nuestra derecha. Llegamos a un cruce de carreteras: aquí coincidimos con los peregrinos que tomaron la opción de ir por Orbiso. Entraremos juntos a Santa Cruz por la calle del Arrabal.

El camino que va por Orbiso, también llamado Camino de los Alaveses, sigue recto por la carretera asfaltada que sale de San Vicente de Arana. Esta alternativa está marcada por flechas naranjas y señales de cicloturismo BTT. Un camino se une por

la izquierda, pero nosotros seguimos de frente en dirección a los campos. Dejamos una granja agrícola a nuestra izquierda y vamos subiendo por el camino bien trazado.
El camino acaba y tomamos otro que empieza a nuestra izquierda y que se adentra en el bosque. Seguimos las marcas de un circuito de biciletas de montaña (BTT-13, www.paisvascoturismo.net) que se dirige a Orbiso. Seguimos nuestro camino siempre de frente, sin tomar otros que lo cruzan. Avanzamos directos hasta Orbiso. Atravesamos el pueblo por la calle Mayor y, al final, giramos a nuestra derecha y luego a la izquierda para tomar la carretera de salida hacia Santa Cruz de Campezo. A 200 m del pueblo, dejamos la carretera para tomar un camino asfaltado que empieza a nuestra derecha. En la primera bifurcación vamos por la izquierda. Dejamos una granja agrícola a nuestra derecha y seguimos de frente, siempre por el mismo camino. Después de unas casas, nos acercamos a la carretera A-2128. La tomamos hacia la izquierda y nos dirigimos a la rotonda de entrada a Santa Cruz. Aquí nos encontramos con los peregrinos que vienen de Antoñana.
Entramos en Santa Cruz de Campezo por la calle Arrabal, que nos lleva a la plaza Mayor, cerca de la iglesia de la Asunción y de la calle Yoar. Por allí debemos preguntar por la Senda de la Torca, un camino de tierra que tomaremos hacia Genevilla. Un poste indicador GR y las típicas señales rojas y blancas nos indican la dirección que debemos tomar. A unos doscientos metros de Santa Cruz abandonamos este camino ancho, y entramos en otro que empieza a nuestra derecha. Seguimos las señales GR sin pérdida, pasando por el bosque. A unos cuatro kilómetros y medio y hacia la derecha, nos incorporamos a la carretera NA-743, que nos llevará hasta Genevilla.

■ Datos de interés

SAN VICENTE DE ARANA: Pequeña población. Desde el 3 de mayo y hasta septiembre, en el parque a la entrada del pueblo se erige un «árbol protector» de los campos. Bajado de lo alto de la montaña, los hombres del pueblo cumplen con el ritual de poner una veleta que dirige los vientos y unas tijeras clavadas en el tronco, que desafían a las nubes que quieran descargar el granizo o las tormentas sobre los campos. Una cruz de cera incrustada simboliza el esfuerzo y el trabajo de la gente del pueblo, que lucha por sus cosechas. Para aumentar el poder protector del árbol simbólico, se ata el corporal que se usó en la celebración del anterior Jueves Santo. El encargado de dirigir todo el ritual, don Vicente, asegura que en los últimos 70 años nunca ha habido desgracias debidas al tiempo adverso. La iglesia contiene un impresionante retablo renacentista. El pueblo ofrece bar-restaurante y tienda.

ANTOÑANA: Pequeño pueblo que pertenece al municipio de Campezo. En sus bosques se recoge y cultiva la trufa. Fue fundado en 1182 por el rey Sancho el Sabio de Navarra como villa fortificada. Su estructura urbana mantiene la presencia histórica de palacios en piedra, como la Casa-Torre en la calle Arquillos de Abajo, adosada a la antigua muralla, y que data del siglo XIII. La iglesia parroquial de San Vicente Mártir se construyó en sustitución de otra iglesia-fortaleza anterior. El pórtico y la portada son del siglo XVIII y la torre es de estilo neoclásico. A la salida del pueblo se encuentra el Museo del Tren Vasco-navarro, que unía la villa de Estella con Vitoria. Hoy es una vía verde de cerca de 25 km, muy transitada por los ciclistas.

ORBISO: Pueblo pequeño con una época de esplendor en el siglo XVI. Junto a la iglesia hay una casa-palacio con el escudo de armas de los Ochoa de Alda (1790). A la entrada, un precioso lavadero público de 1806 con una buena fuente de agua potable. Su iglesia parroquial es en honor a san Andrés y posee una bonita torre barroca, de dos cuerpos, rematada por cúpula ovoide y linterna cilíndrica, que procede de la segunda mitad del siglo XVIII. El templo, de planta cuadrada, fue realizado en el siglo XVI, y posee en su interior un retablo dedicado a Santiago, lo que nos puede indicar el paso de peregrinos que comunicasen su devoción. Orbiso cuenta con pocos servicios para los peregrinos, aunque sí hay alojamiento.

SANTA CRUZ DE CAMPEZO: Cabeza de municipio que agrupa a cinco poblaciones. Las tierras de Campezo ya estaban habitadas en el año 18 a. C. por la tribu de los várdulos. En el año 823 el general árabe Abd-Al-Karin arrasó el valle de Campezo, destruyó las aldeas y quemó las cosechas. El valle fue recuperado durante el reinado de Alfonso VI de Castilla. En el siglo XII, Santa Cruz de Campezo era una fortaleza amurallada. Por su situación estratégica, la villa fue muy disputada por los reyes de Navarra y de Castilla. Estuvo bajo dominio de la corona de Navarra hasta el año 1200, en el que fue conquistada por Alfonso VII para el reino de Castilla. En 1368 fue devuelta al reino de Navarra, pero nueve años después, en 1377, volvió a Castilla. Algunos restos de sus fortificaciones quedan aún en la plaza Mayor, pero todo fue derruido durante las guerras de la independencia y carlistas. Como monumento digno de ser visitado destaca la iglesia de la Asunción de nuestra Señora, declarada Monumento Histórico de Euskadi. El templo es gótico, del siglo XVII, pero su primera construcción data del siglo XIII, época a la que pertenece la portada con relieves de la Piedad. La puerta principal es del siglo XVI y recoge en sus capiteles los relieves de san Juan y la Virgen María en la sepultura de Jesús. El coro de la iglesia es gótico-renacentista, también del siglo XVI. El pueblo nos ofrece importantes servicios de restaurantes, supermercado, banco y centro de salud.

GENEVILLA: Pueblo pequeño, con una bonita iglesia dedicada a san Esteban. La iglesia fue construida en el siglo XII y modificada posteriormente, en el siglo XVI, con elementos arquitectónicos propios del gótico-renacentista. En su interior alberga un magnífico retablo mayor, considerado como uno de los mejores retablos de Navarra en este estilo. Fue el duque de Nájera quien concedió el dinero en 1549 para poder construir este magnífico retablo y probablemente otros, como el de Lapoblación. Con un poco de suerte, tal vez en Genevilla podremos disfrutar de unas exquisitas alubias blancas, plato típico de esta villa, preparado por sus vecinos de una forma tradicional. Así y todo, atención, porque en el pueblo no hay bar-restaurante ni tienda, por lo que hay que llevarse la comida – cena – desayuno desde Santa Cruz o bien contar con acercarse a Santa Cruz con un taxi.

■ TAXIS
San Vicente de Arana
Juan Pérez   686 391 355 / 659 641 183
Santa Cruz de Campezo
Taxis   661 830 677
Genevilla
Taxi Genevilla   931 780 030

■ ALOJAMIENTO
Los alojamientos, en general, son escasos. Sigue siendo conveniente concertar plaza con anterioridad.

SAN VICENTE DE ARANA: Ayuntamiento. Tel.: 945 406 065. Han abierto recientemente un refugio para peregrinos.

ORBISO: Agroturismo Mariví, c/ Herrería, 7-9. Tel.: 945 415 030.

SANTA CRUZ DE CAMPEZO: En la ermita de Nuestra Señora de Ibernalo (a 1,5 km del pueblo) se encuentra la casa rural Ibernalo, pero no tiene restaurante abierto todo el tiempo, así que hay que subirse la cena y el desayuno. Ctra. Ermita de Ibernalo, s/n. Tel.: 945 102 271 / 647 911 484. Hay otra casa rural, pero solo se alquila completa. Ayuntamiento. Tel.: 945 405 443.

GENEVILLA: Casa Rural Usategieta (disponen de 4 camas extra para peregrinos, que tienen un 10 % de descuento). Tel.: 649 851 602 / 948 378 926. Casa Rural El Encinedo, c/ Norte, 2. Tel.: 948 444 016. Ayuntamiento. Tel.: 948 444 130.

Genevilla – Laguardia

(27,3 km)

«Si quieres ser de utilidad a los demás, empieza a aceptarte a ti mismo; el fuego que se enciende para los demás ha de estar ya encendido en casa».

«Indícame, Señor, tu camino, guíame por un sendero» (Sal 27,11).

Iglesia de San Roque, Lapoblación.

Nos levantamos con la conciencia de que estamos llegando ya al final de las etapas más duras de nuestro Camino Ignaciano, al menos en lo que se refiere a las montañas. Salimos en dirección a Cabredo por el camino de tierra que nos lleva directamente, siguiendo el GR-1, con sus marcas rojas y blancas. Nuestro camino de tierra va paralelo a la carretera asfaltada. Llegados a Cabredo y atravesado el pueblo, hemos de ir con cuidado para no equivocarnos: vamos a seguir un tiempo largo el GR-1, que nos dirige a Marañón, pero, ya a la vista del pueblo, vamos a girar fuertemente a nuestra izquierda para tomar un camino que nos sube hasta el alto de Lapoblación, y ya no seguiremos más el GR-1. La subida no es difícil, aunque al final la senda se hace estrecha y empinada. Si se sube en bicicleta, ¡hay que empujar seguro!

Llegados a la carretera, en unos metros tomamos un camino que sube a nuestra derecha y que nos hace llegar a Lapoblación directamente sin ir por la carretera. Unos impresionantes molinos de viento nos sirven de referencia, quedando a nuestra izquierda. En el pueblo de Lapoblación, si tenemos suerte, podremos contemplar un magnífico retablo muy bien conservado, una preciosidad. Nos sorprende agradablemente ver grabadas en las piedras del portal de una vieja casa los símbolos de los peregrinos: el bordón, la concha, la cantimplora… ¿Tal vez un antiguo hospital de peregrinos de un

antiguo camino medieval que pasaba por allí? Parece que por ahí van las teorías. Se cree que este camino secundario de peregrinación dejó de ser usado por los peregrinos dado lo peligroso de la sierra: bandidos y ladrones tomaban como presa fácil a los peregrinos, que acababan dejando incluso la vida. En tiempos de Ignacio no sería tan peligroso, pero aún habría que vigilar bien los caminos.
Desde este alto se abre todo el valle de La Rioja y de Álava. A lo lejos se divisa incluso la gran ciudad de Logroño. Pero antes se ve la villa de Laguardia, subida en lo alto, aunque mucho más abajo que nosotros. Atravesamos el pueblo y nos dirigimos por la carretera a Meano. Tomamos un camino de tierra justo antes de llegar al pueblo, para poder bordearlo desde arriba.
Bordeado el pueblo, tomamos un camino de tierra que sube a nuestra derecha, muy bien trazado, incluso con bancos de piedra para sentarse y descansar. Siempre por el mismo camino, pasamos por un precioso bosque de encinas y alcornoques, ¡muy diferentes a los que vimos en Arantzazu! Subiendo y bajando, sobre todo bajando, el camino nos lleva a Kripan, caminando junto a los campos de trigo en nuestra aproximación al pueblo. A nuestra derecha, una gran roca nos recuerda la cabeza de una gran serpiente dormida. Entramos a Kripan, donde podemos saciar nuestra sed en las fuentes y tomar fuerzas para la segunda parte de esta larga etapa. Detrás de la iglesia, una carretera asfaltada sale perpendicularmente del pueblo y desciende con fuerza. Tras pasar

unos huertos y en una fuerte curva hacia la izquierda, nos salimos de la carretera y empieza la aventura: tomamos un antiguo camino muy abandonado, que casi no podemos percibir. Sube y luego baja hasta unos campos que hemos de cruzar para llegar hasta la carretera que está delante de nosotros, hacia la derecha. Estamos buscando el dolmen prehistórico de Los Llanos. Hay que hacer un poco de «pioneros», porque el camino está muy perdido en este punto.
Llegados a Los Llanos, seguimos por el mismo camino hasta el primer cruce. Tomamos a la izquierda y luego a la derecha para dirigirnos al «Parque de Unueva», que a veces tiene agua fresca en la fuente y sombra en sus escasos árboles. Aún estamos lejos. A partir de aquí comienza un largo camino de aproximación a Laguardia: pasamos por caminos agrarios que parecen no acabar nunca, subiendo y bajando, girando y cruzándose. Hay que estar atentos a no perder las señales, aunque el pueblo de Laguardia está bien visible delante de nosotros y sabemos que por un camino o por otro llegaremos finalmente a él.

San Andrés, retablo del altar mayor, Lapoblación.

ETAPA N.º 6
GENEVILLA – LAGUARDIA

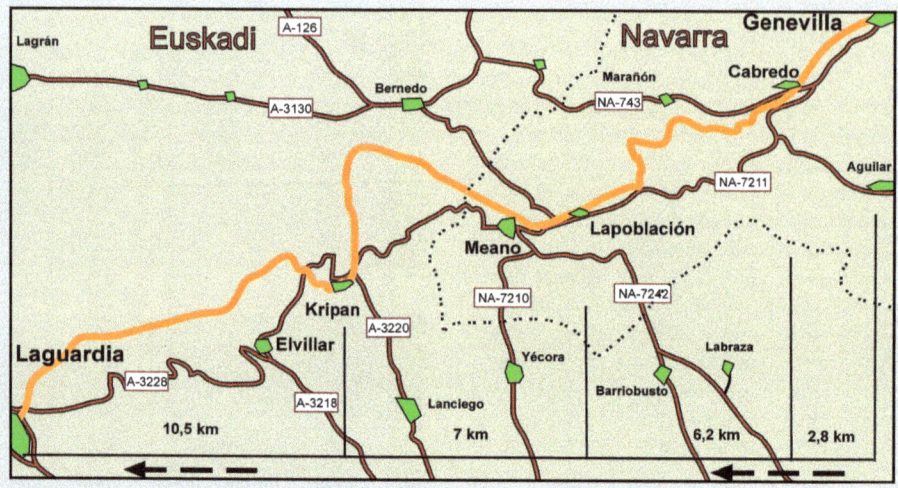

Desnivel acumulado subiendo: 729 m. Desnivel acumulado bajando: 733 m.
Bicicletas: sin dificultad fuerte, pero hay dos momentos en los que está más recomendado el tomar la carretera. Al salir de Cabredo para subir a Lapoblación es mejor tomar la carretera, porque por el camino de los de a pie hay un tramo de 500 m en el que habrá que empujar la bicicleta. Y después, a partir de Lapoblación, también mejor ir directamente a Kripan por la carretera, aunque el camino de tierra es transitable para mountain bikes.

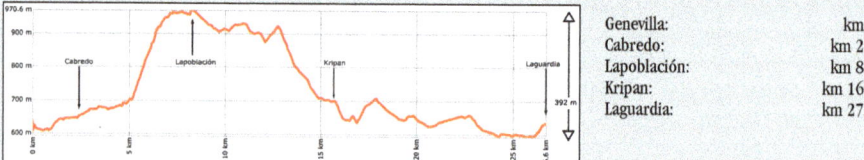

Genevilla:	km 0.
Cabredo:	km 2,5.
Lapoblación:	km 8,7.
Kripan:	km 16,5.
Laguardia:	km 27,3.

■ Descripción

Salimos de Genevilla en dirección al puerto de Cabredo. Desde la plaza Mayor, pasando junto a la iglesia, tomamos a la derecha y luego a la izquierda, para entrar en un camino de tierra bien definido. Atención, porque a 50 m ya empieza nuestro camino, que nace a nuestra izquierda y que está marcado con un poste GR-1. Seguimos de frente este camino hasta llegar a Cabredo, siguiendo las señales rojo-blancas. Atravesamos la población en línea recta y, justo en las últimas casas, al llegar a la carretera que nos llevaría a Marañón, nosotros tomamos un camino de tierra que empieza a nuestra izquierda. Seguimos el GR-1 hacia Marañón. El camino entra por un bosque con mucha sombra, bordeando los campos. A 1 km de Cabredo, atención al poste de señal que indica la dirección a Marañón: hemos de seguir por el camino de la derecha y dejamos el de la izquierda. Continuamos por el camino, que desciende y en poco tiempo se pierde entre los matorrales: el sendero está marcado con señales rojas y blancas, pero el paso está dificultado por las hierbas. En 1 km salimos a campo abierto. Un camino se une a nosotros por la izquierda, pero nosotros seguimos recto, solo unos 100 m más. Vemos el pueblo de Marañón enfrente de nosotros. Atención aquí, porque el GR lleva directo a Marañón, pero nosotros tenemos que girar hacia la izquierda en un camino que hace un ángulo de 45 grados. No hay señalización, así que hay que ir con cuidado para no perderse. Este camino

ETAPA N.º 6

GENEVILLA – LAGUARDIA

apunta hacia el collado que nos lleva a Lapoblación. Tal vez veamos los generadores eléctricos o molinos de viento en lo alto, que nos sirven de referencia. Pronto aparece una bifurcación, en la que tomamos la ruta de la derecha. El camino va subiendo junto a los campos. Dejamos a nuestra izquierda una casa agrícola. Nuestro camino acaba en otro camino, bien trazado, que viene de Marañón. Lo tomamos hacia la izquierda y seguimos subiendo. Atención: en la primera curva, nosotros seguimos recto. El camino sube hasta llegar a un sendero. Tomamos este, siempre de frente. El sendero está bien marcado, pero ya no es un camino ancho. Sube la pendiente hacia el collado y la carretera NA-7211. Al llegar a la carretera, la tomamos hacia la derecha hasta el primer camino que empieza a nuestra derecha. Subimos por él y, en el primer cruce, giramos a la izquierda. Este camino nos lleva directamente al pueblo de Lapoblación. Atravesamos el pueblo siguiendo la misma carretera asfaltada y continuamos siempre de frente, en bajada. A 600 m tomamos un camino de tierra que empieza a nuestra derecha y que nos dirige al pueblo de Meano. No entramos en el pueblo, sino que, en la primera bifurcación, giramos a nuestra izquierda y luego a la derecha, para bordear el pueblo por la calle que lo rodea por encima.

Ya saliendo del pueblo, nos dirigimos hacia una granja agrícola bastante grande, pero no entramos por su camino, sino que tomamos otro a nuestra derecha. Podemos reconocer el camino correcto porque tiene bancos de piedra para que la gente se siente. No hemos de dejar ese camino, que va subiendo hacia una cantera de piedras con muy buena vista del valle. Un camino se une desde la derecha, pero nosotros seguimos siempre de frente. Más adelante, llegamos a un cruce de caminos y una caseta de Aguas de la Rioja queda a nuestra derecha. Seguimos de frente por el mismo camino. Llegamos a una curva muy cerrada a nuestra izquierda. En la misma curva un camino que sigue hacia arriba, pero nosotros continuamos bajando por nuestro camino. En pocos metros hay una nueva bifurcación: tomamos el camino de la izquierda. Seguimos hacia Kripan. Continuamos siempre de frente, hasta llegar a los campos y a la carretera asfaltada A-3220, que tomamos hacia nuestra derecha. En la bifurcación, seguimos por la derecha y entramos en el pueblo de Kripan. Nos dirigimos al centro y, al llegar al ayuntamiento, giramos a nuestra derecha para pasar junto a la iglesia. Vamos hasta detrás de la iglesia y seguimos de frente por la carretera asfaltada que se aleja del pueblo.
Atención: a 800 m del pueblo, en una curva que gira a nuestra izquierda,

Cabredo.

hay que salir del camino y entrar en un sendero muy mal señalizado a nuestra derecha. El sendero no tiene señales, así que hay que ir con cuidado, atravesando el campo, pero el punto de referencia que buscamos es la carretera A-3228, que está a nuestra derecha. En 700 m hemos de alcanzar esta carretera, en un punto en el que empieza un camino con una señal que indica el Dolmen de Los Llanos. Atravesamos la carretera y nos dirigimos a Los Llanos. Pasamos el dolmen prehistórico, que dejamos a nuestra izquierda, y seguimos recto hasta el primer cruce de caminos. Giramos en ángulo recto a nuestra izquierda y descendemos. En el siguiente cruce giramos a la derecha por la carretera asfaltada y nos dirigimos al parque de Unueva (hay una fuente, pero no siempre tiene agua). En 400 m cruzamos un camino. Seguimos el asfalto. Después de dos curvas, llegamos a otro cruce de caminos. Tomamos por nuestra izquierda. Nuevo cruce de caminos, y ahora a la derecha. En la bifurcación, tomamos la izquierda. Seguimos de frente y dejamos un camino que nos sale a la izquierda. Subimos de frente. Nueva bifurcación, en la que tomamos la derecha. Nuevo cruce, pero seguimos de frente. Nuevo cruce, y aquí tomamos la izquierda. Llegamos a una carretera asfaltada, después de dejar una casa a nuestra izquierda. Tomamos la carretera hacia nuestra derecha y, siempre por el mismo camino, llegamos a Laguardia. Cruzamos la carretera y seguimos a nuestra izquierda para entrar en el pueblo.

■ Datos de interés

Esta es la primera etapa larga, pero está justificada por la necesidad de encontrar un buen alojamiento para pasar la noche. Hemos de animarnos pensando que hemos entrado en la famosa región del vino y que estamos siguiendo la Ruta del Vino. Atención para el peregrino: ¡no hay que sobrepasar la medida justa!

CABREDO: Pequeña población.

LAPOBLACIÓN: Pueblo de 160 habitantes. No ofrece servicios. Su iglesia, dedicada a San Roque, contiene otro retablo renacentista memorable. En la calle de detrás de la iglesia también es digno de ser mencionado el antiguo hospital de peregrinos de Santiago: véanse las señales en la puerta de entrada.

MEANO: Pequeña población que ofrece bar-restaurante y farmacia.

LAGUARDIA: Población encantadora de unos 2.500 habitantes, justo llegando ya a la ribera del Ebro. Sus murallas y su plaza Mayor fortificada nos envían de nuevo al pasado histórico de los tiempos de Ignacio de Loyola. Según dicen, el subsuelo de la población está horadado por numerosas bodegas, en las que madura el buen vino de esta región. La iglesia de Santa María de los Reyes se comienza a construir en el siglo XII y se finaliza en el siglo XVI. Destaca en el conjunto su monumental portada gótica, realizada en piedra a finales del siglo XIV. La policromía, perfectamente conservada, data del siglo XVII, así como el retablo mayor, que es obra de Juan de Bascardo. El jesuita José Cardiel (hay un bonito monumento cerca de la iglesia de Santa María) nació aquí. Fue enviado a las famosas misiones jesuíticas en Sudamérica pero murió en Italia, desterrado de los territorios de la corona por el rey español junto con todos los demás jesuitas, en el 1782. La Iglesia de San Juan Bautista es del siglo XVIII. Rodeada por murallas que datan parcialmente del siglo XIII, esta población brinda a los peregrinos modernos un maravilloso atisbo de cómo era el mundo medieval tardío. Las ciudades medievales amuralladas se solían construir en terrenos elevados, porque así resultaba más fácil defenderlas: era posible ver aproximarse al enemigo y, cuando ya estaba cerca y se afanaba por subir la colina, se podía arrojar sobre él una lluvia de flechas, escombros, piedras, aceite hirviendo e incluso excrementos. Las murallas protegían también frente a otras amenazas endémicas en el mundo medieval. Una de ellas era la peste, que asolaba de vez en cuando regiones enteras: los concejales cerraban las puertas de la población a los visitantes sospechosos de ser portadores de la peste. Y otra, los vagabundos que entraban de noche en la localidad y robaban en las casas, que carecían de los elaborados mecanismos de seguridad de las viviendas actuales. Laguardia nos ofrece variedad de restaurantes, farmacias, supermercados y bancos. Oficina de turismo. Tel.: 945 600 845.

■ TAXIS
Genevilla: Taxi Genevilla   931 780 030
Taxis   661 830 677
Laguardia: Taxis   627 700 409

■ ALOJAMIENTO
CABREDO: Acogida de peregrinos. Tel.: 948 444 009 / 667 521 264
LAGUARDIA: Agroturismo Larretxori, Portal de Páganos s/n. Tel.: 945 600 763. Hotel Villa de Laguardia, paseo de San Raimundo, 15. Tel.: 945 600 560. Hotel Castillo El Collado, paseo El Collado, 1. Tel.: 945 621 200. Hostal Biazteri, c/ Berberana, 1. Tel.: 945 600 026. Hotel Posada Mayor de Migueloa, c/ Mayor, 20. Tel.: 945 621 175. Hotel Marixa, c/ Sancho Abarca, 8. Tel.: 945 600 165. Hospedería Los Parajes, c/ Mayor, 46-48. Tel.: 945 621 130.
MEANO: Casa Rural Atalaya. Tel.: 660 905 113 // 660 222 381.

Laguardia – Navarrete
(19,6 km)

«Nunca hemos de decir o hacer nada hasta que nos hayamos preguntado si va a ser agradable a Dios, bueno por sí mismo y edificante para nuestro prójimo».

«El Señor es mi pastor, nada me falta: en verdes praderas me hace recostar; me conduce hacia fuentes tranquilas y repara mis fuerzas; me guía por senderos de justicia como pide su nombre» (Sal 23,1-3).

Laguardia y Sierra de Cantabria.

Salimos de Laguardia en dirección al complejo lagunar de Carravalseca, por el camino asfaltado que lleva a las Bodegas Uribe. Las lagunas son una reserva ornitológica y por la naturaleza salada de las rocas, cuando el agua se evapora, se puede ver el blanco y rosado de la sal precipitada. Un paisaje precioso para contemplar las montañas por las que descendimos ayer, con Laguardia al fondo y la laguna delante de nosotros.

El camino se anda muy bien, es bastante llano y los viñedos se extienden para nuestra contemplación, ya sea con sus verdes tiernos en primavera o con sus rojos en otoño. Con facilidad llegamos a Lapuebla de Labarca, que nos sorprende detrás de un recodo. Nos espera una vista magnífica, que nos conduce ya al río Ebro. Entramos a la localidad cerca de la iglesia y cruzamos por el centro del pueblo, para encontrar la calle que baja hasta el puente sobre el río Ebro.

Llamado «Iber» por los romanos, el río Ebro nace en Cantabria y tiene una longitud de 910 km, siendo el río más caudaloso de España; desemboca en el Mediterráneo. En ocasiones el Ebro se desborda, y en ciertas poblaciones pueden verse marcas del nivel máximo alcanzado por las aguas en los años en que las inundaciones fueron más graves. A lo largo de la historia, este conducto fluvial de vital importancia ha sido utilizado para el transporte de cargamentos; por otra parte, en la actualidad continúa llevando sedimentos corriente abajo, lo cual crea un enorme y fértil delta en su desembocadura. De hecho, Amposta, ciudad portuaria en tiempos del imperio romano, se encuentra ahora bastante en el

LAGUARDIA – NAVARRETE

interior, a causa del enorme volumen de sedimentos depositados allí por el río siglo tras siglo.

Cruzamos el Ebro y seguimos por la carretera en dirección al túnel bajo las vías del tren. Justo antes de llegar a él, giramos a la izquierda para alejarnos de la carretera e ir a buscar un camino de tierra paralelo a la vía y que la cruza unos 600 m después. En este punto, cruzamos la vía y seguimos de frente en dirección a Fuenmayor, delante de nosotros. Estamos en el antiguo camino que unía Lapuebla con Fuenmayor, una vez atravesado el río Ebro con la barcaza.

Seguro que Ignacio, en sus aproximaciones a Navarrete, pasó varias veces por este camino, que remonta el arroyo y pasa junto al antiguo poblado de El Tormenal. Seguimos paralelos a la carretera, sin cruzarla en ningún momento. Entramos en Fuenmayor y nos dirigimos a la plaza de la Iglesia, un amable espacio con tiendas y bares para reposar unos momentos. Contemplamos los palacios de los señores de La Rioja, marcados con sus escudos de armas. Salimos buscando la carretera de Navarrete. Al llegar a la N-232, buscamos, a 150 m, un canal de agua a la izquierda y un poste indicador: «Camino Viejo a Navarrete». Tomamos este camino de tierra y vamos pasando viñedos hasta encontrarnos con la autovía AP-68. Pasamos por el túnel y buscamos a la izquierda el camino de tierra que pasa cerca de las barreras de peaje. Lo tomamos y, en la primera bifurcación, tomamos la derecha. Este camino nos lleva primero al túnel bajo la autovía A-12 y luego, directamente, a Navarrete.

■ Pista ignaciana

Ignacio desea cambiar de vida y para ello nada mejor que dejar todas las cuentas claras y bien cerradas. Y aunque no había dinero, el duque de Nájera no dudará en mostrar su amor hacia Ignacio concediéndole todo lo que pedía.

«Y viniéndole a la memoria de unos pocos de ducados que le debían en casa del duque, le pareció que sería bien cobrarlos, para lo cual escribió una cédula al tesorero; y diciendo el tesorero que no tenía dineros, y sabiéndolo el duque, dijo que para todo podía faltar, mas que para Loyola no faltasen; al cual deseaba dar una buena tenencia, si la quisiese aceptar, por el crédito que había ganado en lo pasado. Y cobró los dineros, mandándolos repartir en ciertas personas a quienes se sentía obligado, y parte a una imagen de nuestra Señora, que estaba mal concertada, para que se concertase y ornase muy bien. Y así, despidiendo los dos criados que iban con él, se partió solo en su mula de Navarrete para Montserrat. Desde el día que se partió de su tierra siempre se disciplinaba cada noche».

No es el dinero lo que le importa a Ignacio, puesto que lo reparte en obras de caridad y con aquellos a los que consideraba que debía algo. Arreglar la imagen de nuestra Señora le parece un gesto importante. La transformación interior de Ignacio sigue su curso y es normal que se exteriorice en los símbolos religiosos. Y también en las prácticas de penitencia, azotándose cada noche. No nos han de extrañar las penitencias por los errores pasados y como preparación para mejor recibir el don de la nueva vida que Dios le ofrece. Sigamos a Ignacio en su proceso: tal vez nosotros también estamos siendo invitados a iniciar una nueva vida.

Navarrete.

ETAPA N.º 7

LAGUARDIA – NAVARRETE

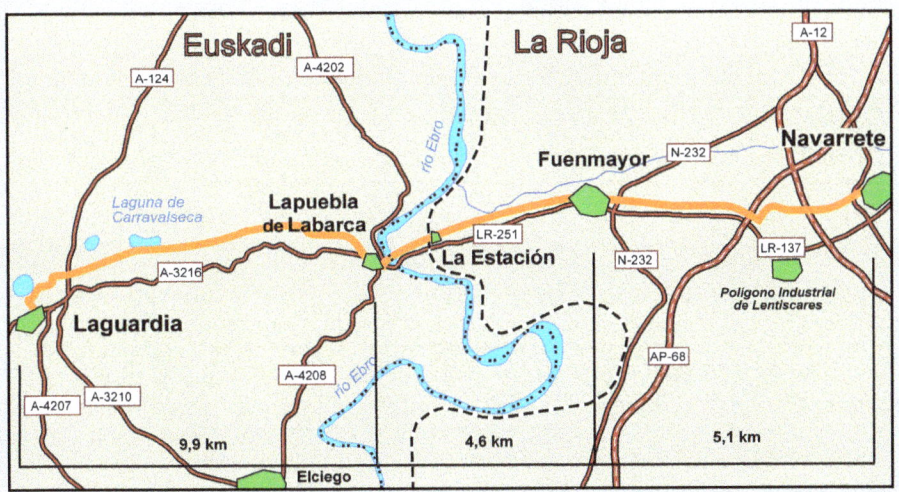

Desnivel acumulado subiendo: 241 m. Desnivel acumulado bajando: 342 m.
Bicicletas: fácil.

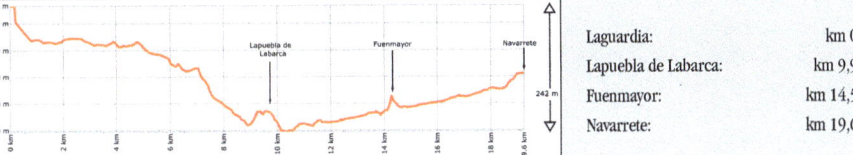

Laguardia:	km 0.
Lapuebla de Labarca:	km 9,9.
Fuenmayor:	km 14,5.
Navarrete:	km 19,6.

■ Descripción

Salimos en dirección a la laguna del Prao de la Paúl. Tomamos el ascensor que nos desciende al nivel de la carretera y seguimos todo recto por la calle en tierra que empieza justo delante de nosotros. Nos encaminamos directamente a la laguna y, al llegar a ella, la bordeamos tomando nuestra derecha. Al llegar al final de la laguna, tomamos el camino de tierra que se aleja en dirección a la carretera. Nuestro destino es la laguna llamada de Carravalseca. Giramos a nuestra izquierda y luego a la derecha haciendo una Z para llegar a la carretera A-124 y cruzarla. A pocos metros a nuestra izquierda vemos una carretera y unos carteles que señalan «Bodegas Ubide» y «Laguna de Musco»: tomamos esa carretera asfaltada, que vamos a seguir durante los próximos 3,3 km. Dejamos a la derecha las Bodegas Ubide y seguimos siempre de frente por nuestra carretera asfaltada, sin tomar ninguna otra desviación. Otra carretera asfaltada se une a la nuestra por la derecha, pero nosotros seguimos de frente. Una carretera de tierra cruza la nuestra. Seguimos siempre por el asfalto y vamos bordeando la laguna de Carravalseca. A 500 m de la laguna, encontramos una bifurcación. Tomamos la derecha (una casa se encuentra en la carretera de la izquierda, que no tomamos). En 1,5 km llegamos a una nueva bifurcación y esta vez dejamos el asfalto y tomamos el camino de tierra que queda a nuestra derecha. Ya vamos a seguir siempre este mismo camino, sin tomar ninguno

LAGUARDIA – NAVARRETE

secundario que lo cruce o salga de él. En 3 km ya vemos el pueblo de Labarca y nos dirigimos a él por la calle del Diezmo. Siempre de frente por nuestro camino ancho y bien definido, llegamos a Lapuebla de Labarca. Atravesamos el pueblo hasta alcanzar la iglesia, que está cerca del cauce del río Ebro. Bajamos hasta la carretera junto al río, porque hemos de cruzarlo por el puente, en dirección al polígono industrial de La Estación. Seguimos de frente por la carretera (LR-251). Subimos hacia el túnel del tren, pero antes de llegar tomamos un camino de tierra a nuestra izquierda que va paralelo a la vía durante unos 600 m. Cruzamos la vía y seguimos de frente. Estamos en el antiguo camino que unía Lapuebla con Fuenmayor. En la primera bifurcación tomamos la derecha y en la segunda, la izquierda. Siempre de frente, no tenemos ninguna pérdida. Llegamos a Fuenmayor y por la misma carretera asfaltada alcanzamos la plaza Mayor y la iglesia de Santa María. Atravesamos la población para buscar la carretera nacional 232 en su cruce con la carretera de Navarrete (LR-137). Al llegar a este cruce, después de cruzado, hemos de ir hacia nuestra izquierda, para buscar un camino de tierra que va paralelo a la carretera de Navarrete, pero nos ahorra el tráfico. Nuestro camino se encuentra a 130 m del cruce y lo reconocemos porque está junto a un canal de agua. Lo tomamos hacia nuestra derecha y lo vamos a seguir todo de frente, sin desviarnos. Vamos caminando, siempre manteniendo el canal de agua a nuestra izquierda en paralelo. Llegamos al final: la autopista AP-68 nos obliga a girar a nuestra derecha, para llegar a la carretera y pasar por debajo del puente. Pasado el puente, a 250 m tomamos a la izquierda un camino de tierra que nos acerca a las barreras de peaje de la autopista. Pasamos junto a las barreras, que dejamos a nuestra izquierda, y seguimos de frente por el camino de tierra. Pasamos un canal de agua y en la bifurcación tomamos por nuestra derecha. Seguimos de frente y nos acercamos a un puente, que eleva la autovía A-12. Pasamos por debajo y seguimos todo de frente, para acercarnos a Navarrete. Llegamos por fin a esta localidad tan vinculada a la experiencia de Ignacio.

■ Datos de interés

LAPUEBLA DE LABARCA: Con sus más de 850 habitantes, es una población de fundación reciente (1369) y que tiene su origen en la barca que cruzaba el río Ebro para conectar las dos orillas, la navarra y la castellana. A la iglesia de Nuestra Señora de la Asunción (siglo XVI) le correspondían todos los ingresos del paso de la barca en domingos y fiestas de la Virgen. La antigüedad de la cultura del vino en la zona se aprecia en el barrio de Las Cuevas, donde las bodegas de los siglos XVII y XVIII horadan el montículo que se eleva al oeste del pueblo. La localidad nos ofrece varios restaurantes, farmacias, supermercados y bancos.

FUENMAYOR: Su origen parece estar en una torre-castillo que vigilaría la distribución de aguas para los riegos y la caudalosa fuente que daría nombre a la población: la fuente mayor. En 1363 Fuenmayor era ya una localidad asentada, que tenía iglesia

LAGUARDIA – NAVARRETE

propia y una cierta población. En ese año, el monasterio de Santa María la Real vende a Navarrete el pueblo de Fuenmayor, con sus 27 vecinos (familias). En 1521, durante la batalla de Pavía, Carlos V derrota al rey francés Francisco I. Un tal Antonio de Leiva, natural de Fuenmayor, es quien hace prisionero al rey francés, lo que le supone a la villa nuevos privilegios. Fuenmayor es tierra de buenos vinos, lo cual queda de manifiesto en su monumento a la uva, delante de la iglesia de Santa María (siglo XVI). La torre de la iglesia fue destruida y reconstruida en 1981. Pasamos junto al Palacio Fernández-Bazán (siglo XVIII), con un bonito escudo de armas en su fachada. Contamos con restaurantes, farmacias, supermercados y bancos.

NAVARRETE: Ciudad famosa por sus talleres de cerámica y escenario de batallas entre castellanos y navarros. Subida a un cerro, las casas con sus escudos de armas nos indican la importancia de la villa, en la que los duques de Nájera tenían un palacio. El rey Alfonso VIII de Castilla pidió a los aldeanos que se reuniesen alrededor de la fortaleza para protegerse y así defender sus fronteras del reino de Navarra. En 1482 los Reyes Católicos concedieron el título nobiliario del ducado de Nájera al padre del duque Antonio Manrique de Lara (también virrey de Navarra de 1515 a 1535), que conoció bien a Ignacio. En su palacio de Navarrete, Ignacio de Loyola se detuvo a arreglar alguna cuenta pendiente con el duque, camino de Montserrat. La iglesia parroquial de la Asunción es una construcción en piedra de sillería, de tres naves y cubierta con bóvedas ojivales. Se comenzó su construcción en el año 1553 a cargo de Juan Vallejo y Hernando de Mimenza, y en ella intervinieron canteros de la talla de Juan Pérez de Solarte o Pedro de Aguilera, que la concluyeron en 1645. Podemos ver un retablo de san Francisco Javier en el brazo del crucero, obra del madrileño fray Matías de Irala, pintado en 1720, y también una imagen de san Ignacio traída desde la ciudad de Manresa. En Navarrete nos encontramos con los peregrinos jacobeos del llamado «Camino Francés». Hay restaurantes, farmacias, supermercados y bancos.

Lapuebla de Labarca.

■ **TAXIS**
Navarrete
Taxis   656 684 950

■ **ALOJAMIENTO**
Al encontrarnos con el Camino Jacobeo Francés y después seguir el Camino del Ebro y el Camino Catalán, aparecen los primeros albergues de peregrinos. Aparte de poder compartir con los jacobeos nuestras experiencias, tenemos la suerte de encontrar alojamientos mucho más económicos, como el albergue de Navarrete, a 7 € la cama, o en Calahorra a 12 €.

LAPUEBLA DE LABARCA: Casa Rural Barkero Etxea, c/ Mayor, 25. Tel.: 945 627 218. Casa Rural Kandela Etxea, c/ María Cruz Sáenz Díaz, 14. Tel.: 669 217 711. Ayuntamiento. Tel.: 945 607 051.

FUENMAYOR: Hostal Labranza, av. Estación, 1. Tel.: 941 451 028. Pensión Fuenmayor, av. Ciudad de Cenicero, 7. Tel.: 941 450 152. Pensión Úbeda, c/ Úbeda 15, Tel.: 663 77 96 29 (precio especial peregrinos 15-18 €) Ayuntamiento. Tel.: 941 450 014.

NAVARRETE: Posada Ignatius . Plaza del Arco, 4. Tel.: 941 124 094. Albergue municipal (40 plazas), c/ de la Cruz s/n. Tel.: 941 440 776. Alberque Turístico El Cántaro, c/ Herrerías, 16. Tel.: 941 441 180. Hostal Villa de Navarrete, c/ de la Cruz, 2. Tel.: 941 440 318. Ayuntamiento. Tel.: 941 440 005. Hotel Rey Sancho, c/ Mayor Alta, 5. Tel.: 941 441 378. Albergue La Casa del Peregrino . C/ Las Huertas nº 3 Tel.: 630 982 928. Hotel San Camilo, Carretera de Fuenmayor 4, Tel.: 941 441 111.

Navarrete – Logroño

(13 km)

«Nada es difícil para un hombre cuya voluntad está fija en lo que se ha propuesto, especialmente si es algo que hace por amor».

«Los caminos del Señor son llanos, por ellos caminan los justos» (Os 14,10).

Parque de San Miguel, Logroño.

Durante toda esta etapa vamos a ir encontrando peregrinos del Camino de Santiago, que nos preguntarán por nuestro propio camino. Así vamos cruzando caminos de santos.

Salimos por donde llegamos a Navarrete en nuestra etapa anterior, y allí donde encontramos las flechas amarillas del Camino de Santiago tomamos el camino asfaltado a nuestra derecha y vamos a encontrar más adelante los restos del antiguo hospital de peregrinos de San Juan de Acre (1185).

El camino asfaltado nos sube hasta el alto de La Grajera y nos hace descender hacia el gran estanque artificial. No podemos perdernos, porque nos vamos cruzando con los peregrinos que vienen de Logroño. Desde el alto vemos la gran ciudad no lejos de nosotros.

Bajamos hacia el estanque y lo bordeamos. Se trata de una reserva natural de fauna y flora y centro lúdico, con bar-restaurante, abierto al público. Vamos siguiendo siempre las señales que nos conducen directamente a Logroño, a donde llegamos fácilmente, entrando por el parque de San Miguel. Atravesamos todo el parque, buscando la gran avenida de Burgos. Una vez en ella, hemos de mantener siempre la misma dirección para atravesar Logroño casi de punta a punta.

Llegados a la plaza de los Alféreces Provisionales, ya estamos muy cerca de la catedral y de la calle Ruavieja, donde se encuentra el albergue de peregrinos más importante de Logroño. Vale la pena dedicar un día a visitar esta bonita ciudad y descansar de nuestra peregrinación ignaciana.

ETAPA N.º 8

NAVARRETE – LOGROÑO

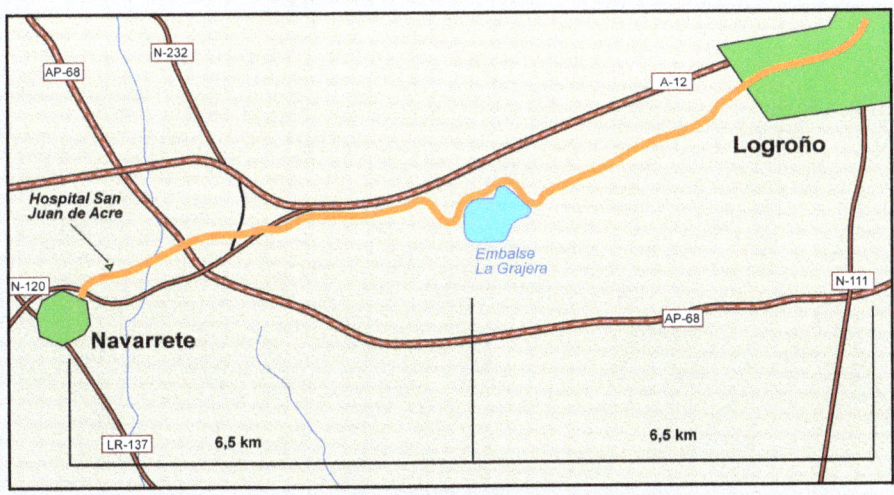

Desnivel acumulado subiendo: 169 m. Desnivel acumulado bajando: 294 m.
Bicicletas: fácil

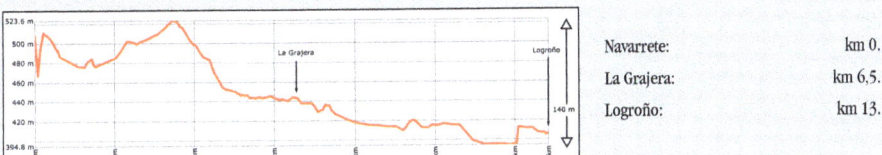

Navarrete:	km 0.
La Grajera:	km 6,5.
Logroño:	km 13.

■ Descripción

Hoy seguimos las flechas del Camino de Santiago, pero a contracorriente. Empezamos a partir de la calle de la Cruz, que sigue la curvatura que hace todo el pueblo alrededor del montículo que lo corona. Llegamos a la carretera de Burgos, que cruzamos para buscar un camino asfaltado que se inicia a nuestra derecha, después de una curva.

Nos encontramos con las ruinas del antiguo hospital de peregrinos de San Juan de Acre (1185). Un cartel nos explica la ubicación de la iglesia del hospital. Un puente nos ayuda a pasar la autopista AP-68. Seguimos siempre el camino, que nos lleva a cruzar la carretera de salida de la autopista A-12 hacia Navarrete. Continuamos hasta encontrar la carretera de Burgos, que tomamos hacia nuestra izquierda.

A 250 m podemos dejar la carretera y pasar a un camino asfaltado, paralelo a esta, que nos ahorra la presión de los coches. Vamos siempre paralelos a la autopista, hasta llegar a un punto en el que se separa para hacernos dar una pequeña vuelta, bordeando campos. Seguimos la señalización

Concatedral, Logroño.

ETAPA N.º 8
NAVARRETE – LOGROÑO

hacia Logroño. Justo a la entrada al parque de La Grajera, giramos a la izquierda en el camino de tierra: hay una fuente y unos bancos para descansar. Nos adentramos por un camino de tierra que va serpenteando y nos lleva al lago artificial y al Alto de La Grajera.

Seguimos recto, por la misma dirección por la que hemos venido, hasta encontrar un camino de carros que bordea el lago. Lo tomamos hacia nuestra derecha y contemplamos el lago. Las flechas del Camino de Santiago nos recuerdan que vamos «a contracorriente». Llegamos a una carretera que vamos a tomar hacia nuestra izquierda, pero tan solo 100 m, hasta la siguiente curva. En esa curva, tomamos el camino situado enfrente de nosotros, que está bordeado por una fila ordenada de árboles.
Un puente nos pasa al otro lado de la carretera y al cabo de un rato nos lleva a pasar la autopista por un túnel. Al otro lado, seguimos hacia nuestra derecha por un parque hasta llegar a la primera calle (Prado Viejo),

que cruzamos para continuar recto por el parque de San Miguel arriba.
Siguiendo la señalización del parque, buscamos la gran avenida de Burgos, que tomamos hacia nuestra derecha y que, a lo largo de 2 km, nos va a llevar en línea recta a través de Logroño. El nombre cambia (calle del Marqués de Murrieta), pero no la dirección. Atravesamos la Gran Vía de Juan Carlos I. Llegamos a la plaza de los Alféreces Provisionales y nos adentramos por la calle de los Portales, hasta la catedral de Santa María la Redonda (siglo XV), con sus torres barrocas. Por la calle de las Herrerías llegamos a la calle Travesía del Palacio, que tomamos hacia la izquierda. El albergue de peregrinos se encuentra a 100 m escasos (a 200 m de la catedral).

Navarrete

■ Datos de interés

LOGROÑO: Con sus más de 130.000 habitantes, es la capital de La Rioja y punto de confluencia del Camino de Santiago Francés (que veníamos siguiendo desde Navarrete) y del Camino de Santiago del Ebro (que vamos a seguir a partir de ahora).

En una visita a la oficina de turismo (Edificio Escuelas Trevijano, c/ Portales, 50. Tel.: 941 273 353), obtendremos la información de todos los monumentos y lugares de interés que se pueden visitar. Entre ellos destaca la iglesia de

San Bartolomé (siglos XII – XIII, restaurada en el XV) con su bóveda de cañón, típica del románico. La fachada es gótica y la torre, de estilo mudéjar. La iglesia de Santa María del Palacio se construyó sobre un palacio donado por Alfonso VII de Castilla, por lo que también recibe el nombre de «la Imperial», y fue la primera sede de la orden del Santo Sepulcro en Castilla. El retablo mayor es de Arnao de Bruselas, escultor español renacentista. La iglesia gótica de Santa María de la Redonda está fundada sobre los restos de una iglesia románica del siglo XII y fue proclamada «concatedral» en 1959. Son de destacar las torres gemelas que la encuadran, de estilo barroco, obra de Martín de Berriatúa. En Logroño hay talleres de bicicletas, restaurantes, farmacias, centros de salud, supermercados, bancos.

Padres jesuitas: en la parroquia de San Ignacio podemos encontrar a los padres jesuitas que trabajan en ella y que amablemente nos sellarán la credencial, siempre que lleguemos en horas de servicio parroquial. C/ Huesca, 39 (cerca de la calle de los Duques de Nájera y la plaza del Primero de Mayo). Tel.: 941 203 504.

Iglesia de Santa María la Redonda, Logroño.

■ **TAXIS**
Logroño
Radio Taxi 24h   941 505 050
Francisco Javier Sáenz   660 590 912

■ **ALOJAMIENTO**
LOGROÑO: Albergue de peregrinos (100 plazas), c/ Ruavieja, 32. Tel.: 941 248 686. Albergue de Peregrinos Albas, pl. Martínez Flamarique, 4, bajo. Tel.: 941 700 832. Albergue de Peregrinos Check in Rioja, c/ Los Baños, 2. Tel.: 941 272 329. Albergue Logroño, c/ Capitán Gallarza, 10. Tel.: 941 254 226. Albergue parroquial de Santiago, c/ Barriocepo, 8, 1.º. Tel.: 941 209 501. Albergue Santiago Apóstol, c/ Ruavieja, 42. Tel.: 941 256 976 / 670 993 560. Asociación Juvenil Ayedo, pl. Alférez Provisional, 1. Tel.: 941 229 014. Hostel Entresueños, c/ Portales, 12. Tel.: 941 271 334. Hotel La Numantina, c/ Sagasta, 4. Tel.: 941 251 411. Pensión El Camino, c/ Industria, 2. Tel.: 606 735 862 / 941 206 314. Ayuntamiento. Tel.: 941 277 000.

Santa María la Redonda, Logroño.

Logroño – Alcanadre

(30,6 km)

«Podemos estar seguros de que el progreso que haremos en las cosas espirituales será en proporción al grado de nuestro alejamiento del egoísmo y de la preocupación por nuestro bienestar».

«Bueno y recto es el Señor; por eso señala a los pecadores el camino; encamina con el mandato a los humildes, enseña a los humildes su camino. Las sendas del Señor son bondad y lealtad para los que observan la alianza y sus preceptos» (Sal 25,8-10).

Aradón, Alcanadre.

Hoy nos alejamos del Camino de Santiago Francés y nos adentramos en el Camino de Santiago del Ebro, siempre «a contracorriente» de las flechas amarillas, acercándonos a la ribera del Ebro. Salimos de la ciudad siguiendo el camino por el que entran a ella los peregrinos a Santiago que llegan desde Zaragoza. No hay muchos peregrinos en este Camino del Ebro. Nos dirigimos al barrio de Varea y, siguiendo la margen del río Ebro, nos encontramos con señales del GR-99. En Varea se localizaba el puerto romano, desde el cuál partían o al cual llegaban las barcas que aprovechaban el Ebro como vía de transporte.

Por caminos asfaltados avanzamos con facilidad a través de campos y granjas. Al llegar a un puente sobre la carretera nacional N-232, seguimos de frente por un camino asfaltado que lleva a una base militar. El GR indica subir al puente, pero nosotros seguimos recto unos 400 m, hasta un camino abandonado que aparece a nuestra derecha. Por ese camino nos acercamos a la vía del tren, que atravesamos para entrar en el lateral de la carretera N-232, ya dentro del pueblo de Recajo.

LOGROÑO – ALCANADRE

Atención ahora, porque la carretera tiene mucho tráfico. Por desgracia no hay caminos alternativos y por esta desagradable carretera nacional hemos de recorrer los próximos 2,6 km, hasta llegar al puente sobre el río Leza. La carretera está bien señalizada con carteles del Camino de Santiago, que podemos identificar si miramos su reverso. Nos hemos de acercar al río Leza para pasar por el puente y descender a nuestra izquierda hacia el pueblo de Agoncillo. En Agoncillo, las oficinas del ayuntamiento se encuentran en un bonito edificio-castillo muy bien conservado: el castillo de Aguas Mansas. La plaza con la iglesia resulta un conjunto muy atractivo y acogedor, que realza la belleza del castillo. Salimos del pueblo tomando la calle de detrás de la iglesia hacia nuestra derecha. Al final del pueblo, tomamos una calle a la izquierda que nos va a llevar, a través de los campos, hasta el siguiente pueblo, Arrúbal. No tomamos ninguna bifurcación y nos mantenemos siempre en la dirección marcada.

Subimos a Arrúbal, en dirección a la iglesia. Junto a ella hay un refugio para los peregrinos muy bien acondicionado: ¡merece la pena pensar en acabar aquí una etapa! Atravesamos el pueblo por la calle

Castillo de las Aguas, Agoncillo.

del Calvario y nos encontramos frente al valle del Ebro, con sus abundantes campos y árboles en la ribera del río. El camino nos acerca a la vía del tren, que nos va a servir de guía hasta llegar al final de la etapa en Alcanadre. Señales del GR-99 también nos irán indicando en este tramo, aunque no las seguiremos exactamente, pues dan un poco de rodeo y nos alargan innecesariamente la etapa. Atención a las flechas naranjas.

Antes de llegar a Alcanadre, pasando por las impresionantes rocas de Aradón, contemplamos los buitres que anidan en ellas. Estas aves llegan a pesar 8 kg y medir hasta 2,5 m de envergadura. Siguiendo siempre cerca de las vías del tren, llegamos a la estación de Alcanadre, que es también el refugio de peregrinos.

Entrando en el pueblo, en la primera calle que sube hacia el centro, después de unas escaleras, está la primera fuente y, siguiendo recto, llegamos a la plaza de la Iglesia.

ETAPA N.º 9

LOGROÑO – ALCANADRE

Desnivel acumulado subiendo: 87 m. Desnivel acumulado bajando: 126 m.
Bicicletas: fácil, pero atención con el tramo de 2,6 km de la carretera N-232 entre Recajo y Agoncillo. Los peregrinos a pie han de ir por la izquierda de la carretera y no necesitan cruzar, pero las bicicletas tienen que pasar al otro lado y cruzar no es fácil. Hay que buscar la forma mejor de hacerlo, aprovechando el paso por los pueblos.

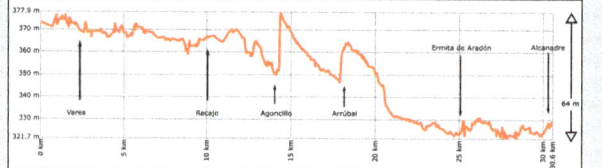

Logroño:	km 0.
Varea:	km 2,6.
Recajo:	km 9,8.
Agoncillo:	km 14.
Arrúbal:	km 18.
Ermita de Aradón:	km 25,2.
Alcanadre:	km 30,6.

■ Descripción

Desde el refugio de peregrinos, en la calle Ruavieja 32, nos dirigimos a la calle de San Francisco, por detrás del Hospital de la Rioja. Seguimos todo recto por la calle de la Madre de Dios. Después de pasar por debajo de la autovía A-13, giramos a la izquierda y luego a la derecha para atravesar el parque y acercarnos a un puente sobre el río Iregua. Pasado el río, giramos a la izquierda y seguimos el río Ebro a nuestra izquierda. Estamos en el barrio de Varea.

Nos dejamos llevar por el camino asfaltado, sin tomar ninguna desviación. Seguimos postes indicadores del GR-99. Llegamos a un cruce con otra carretera asfaltada; vemos una granja de ganado a nuestra izquierda. El cruce se supera buscando la continuación de nuestro camino, justo delante de nosotros, pero unos metros a la izquierda. Seguimos sin abandonar nuestro camino asfaltado hasta llegar a una curva obligada por un canal de riego. Hemos dejado atrás un pequeño almacén a nuestra izquierda. Seguimos postes indicadores del GR-99.

Iglesia de El Salvador, Arrúbal.

ETAPA N.º 9

LOGROÑO – ALCANADRE

Cruzamos sin problema el canal y seguimos por el camino asfaltado que nos acercará a la vía del tren en unos momentos, pasando antes bajo la autopista. Pasamos otro túnel bajo la autovía y tomamos a la derecha. Llegamos a la carretera que tomamos hacia nuestra izquierda, dejando la subida hacia el puente a nuestra espalda. Aquí ya no seguimos el GR-99. Nos acercamos a una base militar: hay que seguir la carretera tan solo 400 m, y girar a la derecha para cruzar la vía del tren en un paso a nivel, de modo que alcanzamos la carretera N-232, que tenemos que tomar hacia nuestra izquierda. Entramos en el pueblo de Recajo y seguimos siempre por la N-232 hasta llegar al puente sobre el río Leza. Pasamos el puente sobre el río Leza y dejamos por fin la carretera nacional. Justo después del puente, tomamos un camino asfaltado a nuestra izquierda, que nos aleja de la N-232. El asfalto nos lleva a pasar bajo la vía del tren. Seguimos sin pérdida por el mismo camino hasta encontrarnos con la ermita de Nuestra Señora de los Dolores. Encontramos flechas amarillas «a contracorriente» y también señales del GR-99. Entramos en Agoncillo. Caminamos por la calle de la Ermita. Al llegar al centro del pueblo, giramos en ángulo recto a nuestra izquierda y llegamos al castillo de Aguas Mansas.

Pasamos junto a la iglesia de Nuestra Señora la Blanca, a nuestra izquierda, y giramos a la derecha en la amplia avenida de detrás de la iglesia. Seguimos en la misma dirección hasta llegar al final del pueblo, donde encontramos un camino que tomamos hacia nuestra izquierda. Serpenteando entre granjas y campos, el camino se cruza por dos veces con otros caminos en perpendicular: seguimos siempre recto en cada cruce. A 3,5 km de la salida de Agoncillo, el camino acaba en otro. Pasamos por el puente y subimos hacia la Iglesia de Arrúbal. Atravesamos el pueblo por la calle del Calvario. Salimos de la población por un camino asfaltado que circula paralelo a un canal de riego, que vemos a unos 60 m a nuestra izquierda. Dejamos el cementerio a nuestra derecha. Seguimos el camino, que gira hacia la derecha para llevarnos a la vía del tren. Descendemos y más adelante dejamos unas casas a la izquierda y un túnel a nuestra derecha. Seguimos de frente.

El camino sigue paralelo a la vía del tren, siempre a nuestra derecha, y el río Ebro se nos acerca en uno de sus frecuentes meandros. Justo en un punto en el que el río parece querer entrar en la vía del tren, encontramos un paso para cruzar la vía y así dejamos al Ebro y al tren a nuestra izquierda. Paralelos a la vía, llegamos a un camino asfaltado, que gira a nuestra derecha en ángulo recto y en el que, a 100 m, vemos en alto la blanca ermita de Aradón. Con seguridad veremos los enormes buitres que anidan en las Peñas de Aradón. En este punto, descendemos para pasar por debajo de las vías del tren. Seguimos el camino marcado como GR-99. Después de una curva bien trazada en el camino de tierra, el GR continua recto, pero nosotros seguimos nuestro camino de tierra que nos mantiene junto a la vía del tren. A partir de este punto vamos a ir siempre con la vía del tren a nuestra derecha hasta llegar a la estación de Alcanadre, que también es el refugio de peregrinos.

Alcanadre.

ETAPA N.º 9
LOGROÑO – ALCANADRE

■ Datos de interés

AGONCILLO: Pequeño pueblo. Son dignos de mención el Castillo de Aguas Mansas, construido en piedra de sillería entre los siglos XIII y XIV, y la iglesia de Nuestra Señora la Blanca. En la puerta principal del castillo se puede contemplar el escudo de la cruz de Calatrava. Hay restaurante, farmacia, supermercado y banco.

ARRÚBAL: Pequeño pueblo. La iglesia del Salvador es del siglo XVI en su mayor parte y fue acabada en el XVII. Hay restaurante, farmacia, supermercado y banco.

ALCANADRE: Pueblo de cerca de 750 habitantes. Su nombre es de origen árabe: Al-Cana-Dre significa «los puentes» o «los arcos», en alusión a las ruinas de un antiguo puente sobre el río Ebro, junto al pueblo. En la iglesia de Santa María (siglos XVI-XVIII) se encuentra la imagen románica que estaba en la ermita de Aradón (siglo XII). Típico del pueblo es el acueducto romano (siglo I). Antes de llegar a Alcanadre, se puede contemplar con facilidad a los buitres que anidan en Aradón. Algunos de ellos llegan a pesar 8 kg y medir 2,5 m. Hay restaurante, farmacia, centro de salud, supermercado y banco.

■ TAXIS
Logroño
Radio Taxi 24h   941 505 050
Francisco Javier Sáenz   660 590 912

Alcanadre
Taxis Pachicho   948 693 055
Taxis Pradejón   619 964 141

■ ALOJAMIENTO
AGONCILLO: Hostal El Molino, ctra. de Zaragoza, km 12. Tel.: 941 431 316. Ayuntamiento. Tel.: 941 431 007.

ARRÚBAL: Albergue de peregrinos junto a la iglesia (30 plazas). Ayuntamiento.
Tel.: 941 431 103.
Para rerservas, tel. 941 431 223.

ALCANADRE: Albergue Municipal de Peregrinos (ctra. de la Estación, 8 plazas), Ayuntamiento. Tel.: 941 165 004.
Alojamiento La Casa Azul,
C/Trasera de Pilares, 29,
Tel.: 686 730 187 / 669 461 501.
Hostal Cedipsa: Ctra Estación, 0.
Tel.: 948 693 183.

ALCANADRE – CALAHORRA
(21,5 km)

«Mejor gran prudencia y santidad común que gran santidad y escasa prudencia».

«Aunque camine por cañadas oscuras, nada temo: tú vas conmigo; tu vara y tu cayado me sosiegan» (Sal 23,4).

Catedral de Santa María, Calahorra.

En esta etapa vamos a encontrar bastante señalización del Camino de Santiago, pero no siempre la veremos, puesto que las señales están de espaldas a nosotros. Nuestro camino hoy está caracterizado por ser de tierra y piedras sueltas, así como por el hecho de ser bastante recto. Y sin árboles apenas.

Al salir de Alcanadre hemos de poner atención en tomar el camino medio que nos lleva hacia una central de energía solar (placas muy visibles), que dejaremos a nuestra derecha. Después de la ascensión, un banco para peregrinos nos permite sentarnos y contemplar los campos.

Nos acercamos a la autovía y la cruzamos, para seguirla luego en paralelo. Viñedos y cereales se van sucediendo. Avanzamos con facilidad, pero si el sol anda alto, tendremos calor. Atención a las quemaduras, que entramos en zonas muy calurosas en verano.

Cruzamos la autovía y, más adelante, también la vía del tren, que a partir de ese momento siempre quedará a nuestra derecha, hasta llegar a Calahorra. Siempre de frente y por camino bien trazado, no tenemos pérdida. Los molinos de viento generadores de electricidad nos indican la dirección hacia Calahorra.

Llegados a Calahorra, buscamos la plaza del Raso; unos 300 m por detrás de la plaza se encuentra el refugio de peregrinos, junto a la iglesia de San Francisco. El centro de la ciudad es bonito y merece un buen paseo.

ETAPA N.º 10

ALCANADRE – CALAHORRA

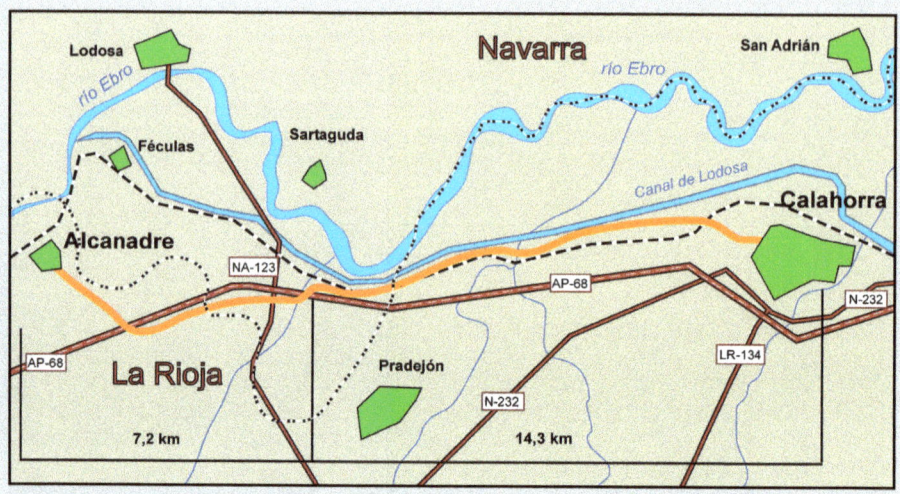

Desnivel acumulado subiendo: 314 m. Desnivel acumulado bajando: 264 m.
Bicicletas: dificultad media. No hay desniveles fuertes, pero hay algunos tramos con piedra suelta que dificulta el avance.

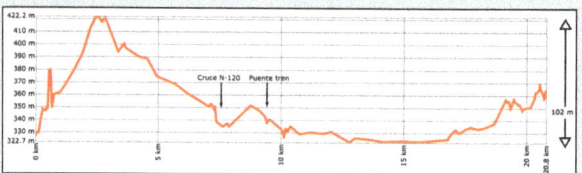

Alcanadre:	km 0.
Cruce de la carretera N-123:	km 7,2.
Puente sobre el tren:	km 9,3.
Calahorra:	km 21,5.

■ Descripción

Dejamos el albergue a nuestra izquierda y nos dirigimos hacia la calle de los Pilares. Seguimos por esta calle, que hace una ligera curva hacia la izquierda y luego hacia la derecha. Atravesamos así el pueblo hasta alcanzar la carretera LR-260, que cruzamos en perpendicular. Se nos acaba el asfalto y entramos en un camino de carros. Seguimos siempre por ese camino, todo recto junto a un almacén que dejamos a nuestra derecha. Pasamos una central de placas solares a nuestra derecha. A 1,3 km de ese punto, y llegados al punto más alto del recorrido, encontramos una bifurcación: tomamos el camino de la derecha, que nos viene más de frente. El camino gira a la derecha y lo seguimos, sin tomar ningún otro camino lateral. Cruzamos la autopista AP-68 por el puente elevado y, justo a la bajada, giramos a la izquierda, tomando el camino de tierra que sigue paralelo a la autopista. La N-123 nos corta nuestro camino. La cruzamos para seguirla hacia la derecha y, más allá de la curva de entrada a la autopista, entramos de nuevo en nuestro camino. Continuamos paralelos a la autopista hasta encontrar un túnel que nos permite pasar al otro lado. Giramos a la derecha y seguimos hasta encontrar

ALCANADRE – CALAHORRA

la vía del tren, que pronto cruzamos por un puente. Justo después del puente, tomamos un camino de tierra a nuestra derecha. El camino nos mantiene siempre paralelos a la vía del tren. Alcanzamos el canal de Lodosa y seguimos a la derecha. Llegamos a un camino asfaltado, que cruzamos en perpendicular. Tomamos el camino asfaltado delante de nosotros. Seguimos por el camino de tierra hasta llegar a una cantera de piedra y arena. En el cruce tomamos la continuación de nuestro camino, casi delante de nosotros. El camino de tierra desemboca en una carretera, que tomamos hacia la derecha, y que nos lleva al puente que cruza la vía del tren.

Ya no dejamos la carretera asfaltada hasta llegar a Calahorra. Cruzamos una rotonda y seguimos recto. Entramos por la carretera de Murillo y, a la izquierda, por la calle San Millán, hacia la plaza Diego Camporredondo. Seguimos todo recto por la calle Ruiz y Menta hasta llegar al paseo del Mercadal, que tomamos a nuestra derecha. Al final del paseo, tomamos a la izquierda la calle de los Mártires, que luego se transforma en la calle Grande y después en la calle Mayor. Atravesamos la singular plaza del Raso y más adelante, a unos 300 m, junto a la plaza de la Doctora García, se encuentran el convento y la iglesia de San Francisco, emplazamiento del moderno albergue de peregrinos, que es un verdadero lujo.

Campanario de la catedral, Calahorra

Datos de interés

CALAHORRA: Ciudad dos veces milenaria, punto de encuentro con la calzada romana que iba de Asturica a Tarraco, llamada Calagurris por los romanos y Kalakoricos por los celtíberos. En la plaza del Raso se encontraba el antiguo foro romano. Para los cristianos es lugar de recuerdo del martirio de dos legionarios romanos, Celedonio y Emeterio (año 300). Calahorra fue sede episcopal desde el siglo IV, hecho que le permitió ejercer una gran influencia sobre la vasta extensión de su episcopado durante varios siglos. En el año 714 fue conquistada por los musulmanes, quienes dejaron su impronta en la agricultura y el urbanismo. Es ciudad de gran tradición peregrina, como lo demuestra la pila bautismal de la catedral de Santa María (siglo XVI), recubierta de conchas y calabazas y con la imagen de Santiago. También son dignas de mención la capilla del Cristo de la Agonía y la del «Cristo de la Pelota». Población muy importante, con más de 23.000 habitantes, ofrece abundancia de restaurantes, taller de bicicletas, farmacias, centro de salud, supermercados, bancos y oficina de turismo (c/ Ángel Oliván, 8. Tel.: 941 105 061. Abierta de martes a sábados, mañana y tarde; domingos, solo mañana).

■ TAXIS
Calahorra
Taxis   941 130 016
Taxi Miguel   618 019 156

■ ALOJAMIENTO
CALAHORRA: Albergue de peregrinos San Francisco (18 plazas), c/ Rasillo de San Francisco s/n, al lado del convento de San Francisco. Tel.: 941 590 511 / 637 736 108. Albergue de Juventud (para grupos a partir de 15 personas), paseo de las Bolas s/n. Tel.: 941 105 071. Es obligado hacer una reserva en la Oficina Local de Juventud. Tel.: 941 146 511. Hostal Gala (descuento del 10% para peregrinos con credencial), av. Estación, 7. Tel.: 941 145 515. Hotel Ciudad de Calahorra, c/ Maestro Falla, 1. Tel.: 941 147 434. Parador de turismo Marco Fabio Quintiliano, paseo del Mercadal s/n. Tel.: 941 130 358.
Ayuntamiento. Tel.: 941 105 050.

Ayuntamiento de Calahorra.

Calahorra – Alfaro

(25,6 km)

«Los obreros en la viña del Señor deben tener un pie en la tierra y el otro levantado para continuar el viaje».

«Fortaleced las manos débiles, robusteced las rodillas vacilantes. Decid a los cobardes: "Sed fuertes, no temáis; mirad a vuestro Dios, que trae el desquite y la venganza, viene en persona y os salvará"» (Is 35,3-4).

Colegiata de San Miguel, Alfaro.

Desde la catedral nos dirigimos al puente sobre el río Cidacos, que no siempre lleva agua. Pasado el puente, giramos a la izquierda en dirección al cementerio y, pasadas las vías del tren, tomamos a nuestra derecha un camino que nos llevará paralelos a las vías una gran parte de nuestro trayecto. Como nos ha venido sucediendo, y va a ser así a lo largo de muchas etapas, la vía del tren nos acompaña de pueblo en pueblo. Pasamos junto a extensos campos de cereal, de frutales, de olivos y de vides. La agricultura es muy próspera gracias a la cercanía del río Ebro y del canal de Lodosa. Pasamos por encima del canal una vez y lo acompañamos en un trecho otro rato. El camino va pasando de asfalto a tierra y de nuevo al asfalto. No hay pérdida: siempre en la dirección marcada por las vías del tren, a las que nos acercamos aquí y allí.

Los caminos que tomamos son bastante principales y los seguimos siempre de frente. La misma carretera nos conduce hasta Rincón de Soto, pero nosotros vamos a tomar una desviación por un camino de tierra, para evitar tanto asfalto: al llegar a una casa derruida a nuestra derecha, tomamos el camino de tierra que empieza allí mismo. Seguimos siempre de frente por este camino y, en el segundo paso a nivel que encontramos, cruzamos las vías y seguimos en paralelo al tren hacia Rincón

CALAHORRA – ALFARO

Encuentro de caminos en Alfaro. Dos peregrinos: el joven ignaciano y el anciano jacobeo.

Tenemos aún 6 km de caminata por asfalto y tierra, sin posibilidad de árboles. Si pasamos en primavera o verano, tal vez podamos ver numerosas cigüeñas en los campos, y también sobrevolando nuestro camino. En una curva en ángulo recto a nuestra derecha, el camino asciende un poco para pasar por un puente el canal de agua y las vías del tren. Después de cruzar, nos dirigimos a la carretera N-232 y seguimos por su margen izquierda. Después de una larga recta, ya llegando a Alfaro, nos encontramos con la ermita del Pilar, imponente en un pequeño promontorio sobre la carretera.

Al final de la recta, atravesamos la rotonda y nos acercamos a la estación de autobuses. Después está la plaza de toros y, tomando por nuestra izquierda, nos acercamos al paseo de la Florida, donde se encuentra la oficina de la policía local, quien tiene las llaves del refugio de peregrinos y amablemente nos sellará la credencial.

Hay que decir que en esta población la acogida a los peregrinos es muy calurosa y amable. Conviene aprovecharla y visitar la colegiata, así como pasear por sus calles, dejándose sorprender por el «paraíso de cigüeñas» que representa esta acogedora villa.

de Soto. Entramos en el pueblo junto al tren y, en la primera calle, cruzamos de nuevo las vías para dirigirnos a un paseo; detrás de él y a nuestra derecha, encontramos el ayuntamiento.

Salimos de Rincón de Soto por la avenida del río Alfaro. La seguimos y en un kilómetro pasamos un túnel que nos evita la carretera. Vamos paralelos a un canal de agua que queda a nuestra izquierda.

Plaza de España, Alfaro.

ETAPA N.º 11

CALAHORRA – ALFARO

Desnivel acumulado subiendo: 142 m. Desnivel acumulado bajando: 172 m.
Bicicletas: fácil.

Calahorra: km 0.
Rincón de Soto: km 13,4.
Alfaro: km 25,6.

Descripción

Dejamos el albergue y nos dirigimos hacia la catedral, para cruzar después el río Cidacos. Pasado el río y a unos 150 m, doblamos por una carretera asfaltada a nuestra izquierda que lleva al pueblo de Azagra (LR-486) y al cementerio de Calahorra. La seguimos hasta que nos haga pasar por debajo de la vía del tren. A 150 m del paso bajo la vía, dejamos la carretera para tomar otro camino asfaltado que sale a nuestra derecha y que va a encontrarse con la vía del tren.
Pasamos por encima de las aguas del canal de Lodosa y seguimos por la carretera, alejándonos de la vía del tren. Bifurcación: tomamos a la izquierda. Después de 4,5 km de carretera asfaltada y junto a una casa derruida, tomamos el camino de tierra que empieza a la derecha. Seguimos siempre recto por ese camino, sin desviarnos por ninguno de los caminos que se abren a él. Nos acercamos a la vía del tren y vamos a seguirla en paralelo hasta llegar a Rincón de Soto. Pasamos un paso a nivel, que dejamos a nuestra derecha. Seguimos de frente, todo recto, hasta llegar a un segundo paso a nivel que sí vamos a cruzar. En 100 m tomamos el camino a la izquierda, que vamos a seguir siempre de frente, paralelos a la vía del tren, hasta llegar a Rincón. Entramos en Rincón de Soto y cruzamos la vía

ETAPA N.º 11
CALAHORRA – ALFARO

para dirigirnos a la avenida de la Rioja, luego recto y después a la derecha, para llegar al ayuntamiento. Salimos de Rincón por la avenida del Príncipe Felipe y llegamos a un cruce con un paso a nivel sobre las vías. Tomamos nuestra izquierda, por la avenida del río Alfaro.

La calle va girando hacia la derecha y nos dirige a un puente que eleva la carretera sobre un canal de riego. Seguimos todo recto por el asfalto, dejando el canal a nuestra izquierda. Pasamos por debajo de la carretera y seguimos paralelos al canal de riego por poco tiempo. La carretera, llamada camino del Esportal, nos va a conducir a lo largo de 6 km en paralelo a la vía del tren y a la carretera N-232. Seguimos siempre por el mismo camino, sin pérdida. En una curva de 90 grados a la derecha, subimos para pasar un pequeño puente sobre un canal de riego,

cruzar la vía del tren y llegar a la carretera N-232, que vamos a seguir hacia nuestra izquierda para llegar a Alfaro.
Nos adentramos en el pueblo por una rotonda, que atravesamos en línea recta para pasar sobre el río Alhama y llegar a la estación de autobuses y después a la plaza de toros. Bordeamos la plaza, teniéndola a nuestra izquierda y, siguiendo por esa avenida que hace un giro a la derecha, llegamos a un paseo arbolado, que aparece a nuestra izquierda, el paseo de la Florida, donde se halla el albergue de peregrinos.

■ Datos de interés

RINCÓN DE SOTO: Iglesia de San Miguel (siglo XVI, con restauraciones posteriores). Hay restaurantes, farmacias, centro de salud, supermercados y bancos.

ALFARO: La colegiata de San Miguel Arcángel (siglos XVI-XVII) se impone majestuosa, con sus más de 3.000 m². Monumento nacional desde 1976, vale la pena visitar su interior, con el retablo barroco del altar mayor (siglo XVIII), otro retablo de la misma época dedicado a la Dolorosa, la escultura de la «Virgen peregrina», señal del paso de tantos peregrinos por esta ciudad de la Rioja, y el Cristo gótico en la capilla de San José. En otra iglesia, la de San Francisco, se guarda un gran lienzo barroco con la aparición del apóstol Santiago en la batalla de Clavijo. En ciertas épocas del año, será fácil distinguir cigüeñas coronando los edificios más importantes: la ciudad es justamente conocida como «el paraíso de las cigüeñas». Con sus 10.000 habitantes, Alfaro acoge a los peregrinos con sus restaurantes, farmacias, centro de salud, supermercados, bancos y oficina de turismo (pl. España, 1. Tel.: 941 180 133. Abierta de martes a sábados, mañana y tarde; domingos, solo mañana).

■ TAXIS
Alfaro
Taxis La Esperanza   678 617 029
Taxis Javier Gil   626 310 612

■ ALOJAMIENTO
RINCÓN DE SOTO: Ayuntamiento. Tel.: 941 160 013.

ALFARO: Albergue de peregrinos (12 camas). C/ Paseo de la Florida, 23. Tel.: 666 041 958 (junto a la oficina de la policía local). Hotel Palacios, ctra. de Zaragoza, 57. Tel.: 941 180 100. Hotel HM Alfaro, C/ San Antón, 32. Tel.: 941 180 056. Albergue Juvenil Alhama, c/ Puerta de Milagro s/n. Tel.: 941 291 100. Ayuntamiento. Tel.: 941 180 133.

Alfaro – Tudela

(25,6 km)

«Quien tiene a Dios no carece de nada, aunque no tenga nada más».

«En todos tus caminos tenlo presente, y él allanará tus sendas» (Prov 3,6).

Plaza de los Fueros, Tudela.

Dejamos Alfaro, el paraíso de las cigüeñas, saliendo por la carretera en dirección al cementerio. Una bonita escultura con dos peregrinos representa el viejo Camino de Santiago y el nuevo Camino Ignaciano, compartiendo la ruta. Seguimos siempre de frente por la misma carretera asfaltada, que nos lleva hasta Castejón. Entramos al pueblo y lo atravesamos por la misma calle. A nuestra derecha queda la iglesia y a la izquierda, el ayuntamiento. Si tenemos suerte, veremos los preparativos para los típicos encierros de toros, que se celebran en las fiestas de junio.

Saliendo del pueblo, nos acercamos a las vías del tren y vamos a ir caminando paralelos a ellas, dejándolas a nuestra izquierda, durante más de 5 km. Un puente nos ayuda a cruzarlas y, justo pasado el puente, giramos a nuestra izquierda para tomar el camino de tierra que nos lleva junto al río Ebro. Si se desea se puede seguir todo recto por la carretera hasta llegar a Tudela, pero la recomendación es acercarse al río, porque aquí este nos ofrece las vistas más espectaculares de todo nuestro Camino Ignaciano.

Nos acercamos al borde del río Ebro, que va hondo en esta etapa, y contemplamos la belleza del lugar. En algún punto podemos también encontrar un poco de sombra para sentarnos un rato y disfrutar del momento.

Seguimos siempre el camino principal de tierra, pasando por unas casas medio derruidas. Acercándonos a Tudela, volvemos a la carretera que habíamos dejado antes y una gran imagen del Sagrado Corazón de Jesús en lo alto nos indica que la ciudad no está lejos.

Entramos en Tudela pasando el túnel del tren y nos encontramos con la iglesia de Santa María Magdalena (siglo XII), en la que seguramente Íñigo de Loyola haría un alto para dar gracias a nuestro Señor. Seguimos las indicaciones en dirección al centro de la ciudad. Tudela posee atractivas calles con rincones muy acogedores y múltiples iglesias que se pueden visitar.

■ Pista ignaciana

Valiente y esforzado caballero, Ignacio no se plantea límites: si algún santo se había destacado por una penitencia o un servicio a nuestro Señor, él lo había de igualar y superar. Tenemos aquí una experiencia interior: a quien mucho se le ha perdonado, mucho está dispuesto a dar. La intensidad del esfuerzo corresponde con la conciencia interior de haber sido realmente salvado por la misericordia divina.

«Y en este camino le acaeció una cosa, que será bueno escribirse, para que se entienda cómo nuestro Señor se había con esta ánima, que aún estaba ciega, aunque con grandes deseos de servirle en todo lo que conociese, y así determinaba de hacer grandes penitencias, no teniendo ya tanto ojo a satisfacer por sus pecados, sino agradar y aplacer a Dios. Y así, cuando se acordaba de hacer alguna penitencia que hicieron los santos, proponía de hacer la misma y aún más. Y en estos pensamientos tenía toda su consolación, no mirando a cosa ninguna interior, ni sabiendo qué cosa era humildad, ni caridad, ni paciencia, ni discreción para reglar ni medir estas virtudes, sino toda su intención era hacer de estas obras grandes exteriores, porque así las habían hecho los santos para gloria de Dios, sin mirar otra ninguna más particular circunstancia. Tenía tanto aborrecimiento a los pecados pasados, y el deseo tan vivo de hacer cosas grandes por amor de Dios, que, sin hacer juicio que sus pecados eran perdonados, todavía en las penitencias que emprendía a hacer no se acordaba mucho de ellos».

Como dice J. M. Rambla, SJ, en su libro «El peregrino», el «más» (*magis*) es una nota clave de la sinfonía ignaciana. El amor siempre nos lleva a un dinamismo de exceso y sin medida. El amor no se conforma con el frío equilibrio de lo que es justo y correcto. El amor siempre busca «más», entregarse «más», ser «más», crecer «más». El conocido lema ignaciano *ad maiorem Dei Gloriam* expresa bien este dinamismo creciente propio del amor comprometido. A pesar de ello, Ignacio reconoce aquí que en aquel momento de su vida también le faltaba la discreción «para reglar y medir las virtudes», que experimentaba con todo su deseo. Esa discreción que san Pablo identifica como una cualidad que en toda circunstancia de la vida nos permite «encontrar la voluntad de Dios, es decir, aquello que es bueno y agradable a Dios y perfecto» (Rom 12,2). A fuerza de observación personal y conocimiento de la presencia de Dios, Ignacio irá aprendiendo a vivir desde la discreción, y así lo transmitirá a sus compañeros jesuitas. La «mayor gloria de Dios» se realizará con buenas dosis de «amor a Dios» y de acción decidida «al servicio de Dios». Ignacio firmaría lo que san Ireneo dijo mucho antes: «¡La gloria de Dios es que el hombre viva!». En ello Ignacio empeñaría su vida.

ETAPA N.º 12

ALFARO – TUDELA

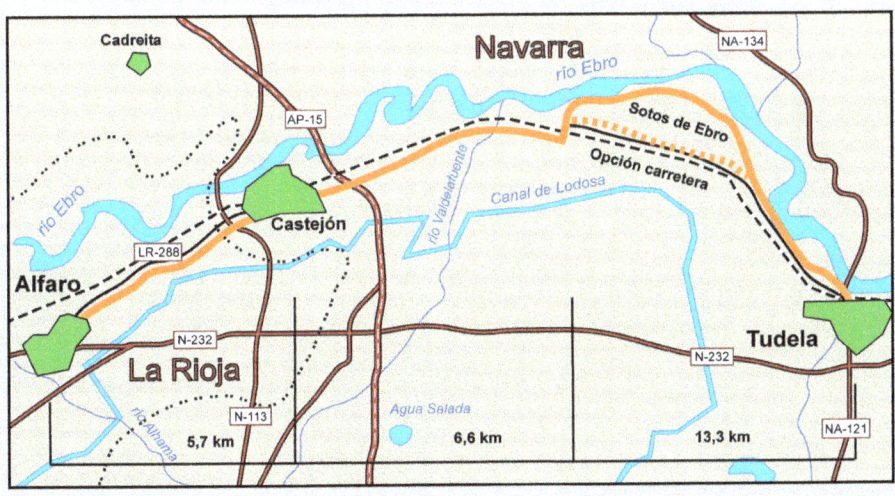

Desnivel acumulado subiendo: 121 m. Desnivel acumulado bajando: 188 m.
Bicicletas: fácil.

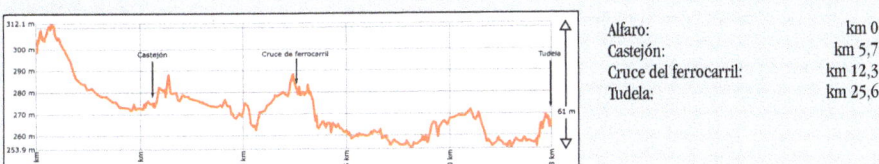

Alfaro:	km 0.
Castejón:	km 5,7.
Cruce del ferrocarril:	km 12,3.
Tudela:	km 25,6.

■ Descripción

Nos ponemos en marcha a partir del albergue de peregrinos, tomando la calle de las Pozas hacia la plaza de España y de allí hacia la plaza Chica. Seguimos por las calles Araciel y Castejón y salimos por la puerta de Castejón, siguiendo la avenida de Navarra. Nos alejamos de Alfaro por la carretera LR-288, que nos conduce directamente al siguiente pueblo, Castejón, ya en la Comunidad Foral de Navarra. La vía del tren nos acompaña, siempre a nuestra izquierda.

Atravesamos la rotonda de la N-113 y entramos en Castejón, siguiendo todo recto por la calle San José. Atravesamos Castejón casi en línea recta, primero por San José y luego por la calle Sarasate. Siguiendo todo recto, llegamos al final del pueblo y en ángulo recto a nuestra izquierda vemos una subida hacia

ETAPA N.º 12
ALFARO – TUDELA

Tudela.

el puente para cruzar las vías del tren. Subimos hacia el puente pero no lo llegamos a cruzar, sino que descendemos por la carretera a la derecha que nos lleva paralelos a las vías.

Seguimos junto a la vía, que tendremos siempre en paralelo a nuestra izquierda. Un kilómetro más adelante, pasamos por debajo de la autopista AP-15. Nuestro camino no tiene pérdida posible si nos mantenemos al lado de la vía del tren. A 5'5 km del puente de la autopista, nuestra carretera pasa por encima de la vía del tren y aquí hemos de decidir si se toma la variante del Camino Ignaciano más corta (2 km menos, pero por asfalto) o la más pintoresca (camino agrícola cerca del río Ebro). La opción de la carretera es clara y sin pérdida: seguir todo recto hasta llegar a Tudela. La opción que nos aproxima al Ebro, y que pasa por el lugar conocido como Sotos de Ebro, nos hace transitar por caminos de carros y nos exige estar atentos para no perderlos.

El camino de carros que hemos de seguir a nuestra izquierda se encuentra fácilmente después de haber pasado el puente sobre la vía: aparece haciendo una pronunciada curva a nuestra izquierda y enviándonos en dirección contraria a la que llevábamos con la carretera. Así nos separamos de ella, y el camino de tierra nos lleva, haciendo un amplio giro, hacia la derecha y nos acerca al río Ebro. Lo seguimos en su curso descendente, dejándolo a nuestra izquierda. El camino presenta bifurcaciones y caminos alternativos, que llevan a los campos que aprovechan las aguas del Ebro. Seguimos siempre buscando la proximidad del río y guardando la línea paralela con él. Pasamos por detrás de unas casas que quedan a nuestra derecha. En el cruce siguiente seguimos recto de frente. Llegamos a unos corrales abandonados que dejamos a nuestra izquierda. Seguimos de frente. En la siguiente bifurcación tomamos por nuestra izquierda. Vemos la ciudad de Tudela a lo lejos. Llegamos a unas naves industriales y a la carretera que habíamos dejado unos kilómetros antes.

Una vez en la carretera, la seguimos hacia nuestra izquierda, encontrándonos acompañados por la vía del tren a nuestra derecha y el río Ebro a nuestra izquierda. Vemos una pequeña presa en el río. A 300 m de ese punto, podemos tomar a nuestra izquierda un camino de tierra que transita paralelo a la carretera y así nos ahorramos asfalto y coches. Este camino nos conduce directamente a la entrada de Tudela, acompañando a la carretera.

Entramos en Tudela y por la calle del Portal nos acercamos a la catedral, al ayuntamiento y a la oficina de turismo. El albergue de peregrinos se encuentra a 1,2 km hacia las afueras de la ciudad, siguiendo la avenida de Zaragoza y la calle de la Caridad.

ALFARO – TUDELA

Datos de interés

CASTEJÓN: Importante nudo ferroviario, la villa posee un museo dedicado al ferrocarril. Así mismo, la moderna iglesia de San Francisco Javier (1944) nos recuerda que estamos ya en Navarra, reino en el que el santo jesuita ha dejado una huella profunda que se expresa en múltiples iglesias. Hay restaurantes, farmacias, centro de salud, supermercados y bancos. Ayuntamiento. Tel.: 948 844 002.

TUDELA: Capital de la Ribera de Navarra, fue fundada en el año 802 por los musulmanes y es una de las ciudades de origen musulmán más importantes de la Península. Es digna de ser visitada la catedral (1168), de estilo románico de transición al gótico, que fue construida en el lugar de la mezquita principal y ha sido recientemente restaurada. Pasando por detrás encontraremos la famosa puerta del Juicio. En la plaza de los Fueros (1687) se yergue el ayuntamiento, del siglo XVI. Un paseo hacia el Ebro nos llevará al puente, que tiene sus orígenes en el siglo IX. Muchos edificios monumentales e históricos están al alcance del peregrino, como la iglesia de Santa María Magdalena (siglo XII) cerca del Ebro. Pasar por la oficina de turismo en la plaza de los Fueros (tel 948 848 058) será de gran utilidad. Hay taller de bicicletas, restaurantes, farmacias, centro de salud, supermercados, bancos y oficina de turismo.

NOTA: ¿Iglesias construidas sobre mezquitas? A lo largo del Camino Ignaciano (por ejemplo en Tudela, Alagón, Zaragoza y Lleida) nos encontramos con iglesias construidas en terrenos antiguamente ocupados por mezquitas; a su vez, estas habían sido levantadas con frecuencia sobre templos cristianos preexistentes. Los conquistadores medievales, tanto musulmanes como cristianos, «convertían» de este modo los lugares sagrados de sus derrotados enemigos: una práctica profundamente simbólica de la conquista total de la civilización derrotada (y de su religión) por los conquistadores. Pero también entraban en juego consideraciones prácticas: era mucho más sencillo transformar una estructura ya existente que edificar otra completamente nueva. El grácil campanario de la catedral de Sevilla, «la Giralda», es el mejor ejemplo que hay en España de un minarete reconvertido en torre-campanario; en la catedral del Salvador de Zaragoza hay otro famoso ejemplo de esta práctica.

Padres Jesuitas: en la parroquia de Nuestra Señora de Lourdes podemos encontrar a los padres jesuitas, que amablemente nos sellarán la credencial, siempre que lleguemos en horas en que la parroquia esté abierta. C/ Arcos Escribano, 34. Tel.: 948 820 297.

■ **TAXIS**
Tudela
Asociación Taxis de Tudela   948 822 027
Taxi Aranguren   948 821 199
Castejón
Taxi   636 471 672

■ **ALOJAMIENTO**
TUDELA: Albergue Juvenil (hay que llamar y reservar), c/ Camino Caritat, 17.
Tel.: 664 636 175. Hotel AC Ciudad de Tudela, c/ Misericordia s/n.
Tel.: 948 402 440. Hotel Santamaría, c/ San Marcial, 14. Tel.: 948 821 200. Hotel Tudela Bardenas, av. Zaragoza, 60.
Tel.: 948 410 778 / 948 410 802. Hotel Bed4U Tudela, c/ Mañeru s/n.
Tel.: 948 413 413. Hotel NH Delta, av. Zaragoza, 29. Tel.: 948 821 400. Hostal Pichorradicas, c/ Cortadores, 11.
Tel.: 948 821 021. Hostal Remigio, c/ Gaztambide, 4 (junto a la plaza de los Fueros, hacen descuento a peregrinos).
Tel.: 948 820 850.
Ayuntamiento. Tel.: 948 848 058.

Puerta del Juicio, catedral de Tudela

Tudela – Gallur

(39,3 km)

«No es suficiente que sirva a Dios yo solo; debo ayudar a que todos los corazones lo amen y todas las lenguas lo alaben».

«Sondéame, Señor, y conoce mi corazón, ponme a prueba para conocer mis sentimientos: mira si mi conducta es ofensiva y guíame por el camino recto» (Sal 139,23-24).

Iglesia de San Pedro, Gallur.

Hoy toca una etapa muy larga, que hay que tomar con calma y previsión, que nos llevará a salir muy temprano y parar en cada pueblo para aprovisionarnos de agua. En horas tempranas hay que tomar la ruta del sol, que nace lejano sobre el Mediterráneo.

A partir del refugio de peregrinos, caminamos hacia el puente sobre las vías del tren. Subimos al puente y, después de cruzar, giramos a la derecha, para encontrar el camino que va paralelo a las vías. De nuevo el tren será punto de referencia hoy.

El camino transita unos 6 km a través de los campos hasta llegar a encontrar El Bocal, que es el inicio del Canal Imperial. Seguiremos el canal primero por su margen derecha y luego, cruzando el puente, seguiremos por su margen izquierda, todo recto hasta llegar a Ribaforada. Si hasta ahora no habíamos utilizado el sombrero, la recomendación es cogerlo: no hay muchos árboles en esta parte del recorrido y tenemos 5 kilómetros por delante. Cruzamos el puente para entrar en Ribaforada y atravesarla. Justo a la entrada del pueblo está la iglesia de San Blas, del siglo XII, y en la biblioteca de la plaza que está junto a la iglesia guardan los escudos templarios de los fundadores de Ribaforada.

Llegamos a las vías del tren pero no las cruzamos, sino que seguimos a la

ETAPA N.º 13
TUDELA – GALLUR

izquierda por la calle paralela a ellas. Vamos a seguir estas vías, sin alejarnos mucho de ellas, hasta entrar en la villa de Cortes. Atención aquí, porque hay dos tramos cortos de unos 500 m cada uno en los que se pierde el camino. El primer tramo está justo llegando a un puente sobre las vías del tren y es fácil darse cuenta porque hay unas naves industriales justamente allí donde el camino se pierde. Nosotros seguimos recto, al lado de las vías, y pasamos el puente por debajo, junto al tren. Nuestro camino sigue después todo recto. El segundo tramo está un poco más adelante y hemos de fijarnos en las señales que se encuentran en el suelo para identificar el punto en el que hemos de seguir todo recto y pasar por una senda perdida junto a las vías del tren. Si nos despistamos, tendremos que tomar el primer camino que salga a nuestra derecha y que nos lleve de nuevo a caminar junto al tren. Pasados estos dos puntos y después de dejar un túnel por debajo de las vías a nuestra derecha, nuestro camino hace ángulo y se dirige a unas granjas porcinas que nos llevan ya hasta Cortes.

Cortes es una villa medieval, con un magnífico castillo. Salimos por la carretera que lleva a la estación del tren. Cruzamos las vías por el túnel y seguimos de frente hacia Mallén. En este pueblo nos dirigimos a la plaza de la Iglesia y desde allí vamos a buscar una calle que nos baja hacia el polígono industrial y un abandonado bar-restaurante de la carretera N-232. Cruzamos la carretera y, al final del polígono, seguimos el camino que desciende hacia un túnel del tren y el Canal Imperial, que tomamos hacia la derecha para cruzar por el puente cercano. Una vez cruzado, seguimos el Canal Imperial a lo largo de más de 6 km. Siempre con el canal a nuestra derecha, contemplamos esta maravilla de la ingeniería y todo el valle del Ebro que se extiende delante de nosotros. El calor de la tarde hace que los pinos desprendan un fuerte aroma y el peregrino va a agradecer el agua del canal que refresca la mirada. Seguimos siempre por la orilla del canal hasta entrar a Gallur. Sobre el canal, un puente azul nos llama la atención: es el puente que hemos de cruzar para dirigirnos a las piscinas municipales (gratuitas para los peregrinos) y al albergue de peregrinos, que se encuentra junto a la estación de tren.

Seguro que hoy se necesita un buen final de etapa ¡y este lo es!

Canal Imperial

TUDELA – GALLUR

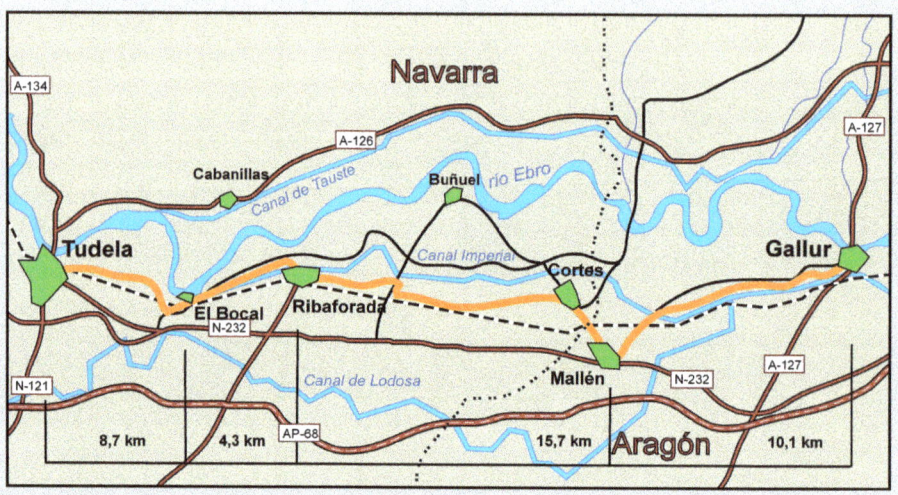

Desnivel acumulado subiendo: 103 m. Desnivel acumulado bajando: 160 m.
Bicicletas: fácil, aunque hay dos puntos entre Ribaforada y Cortes en los que hay que tomar cortas rutas alternativas, siguiendo caminos de tierra que bordeen esos puntos, pero siempre teniendo las vías del tren como referencia. No hay pérdida. Los peregrinos a pie tienen más facilidad para pasar por los senderos o la piedra suelta cerca de la vía del tren.

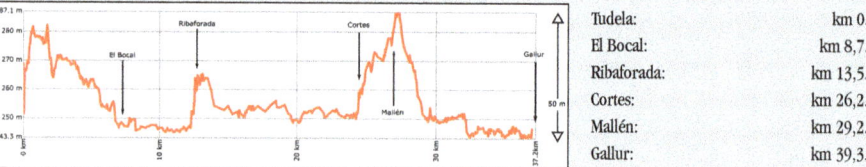

Tudela:	km 0.
El Bocal:	km 8,7.
Ribaforada:	km 13,5.
Cortes:	km 26,2.
Mallén:	km 29,2.
Gallur:	km 39,3.

■ Descripción

Al salir de Tudela, tomamos la calle Camino Caritat hacia nuestra izquierda, para dirigirnos al puente sobre las vías del tren. Junto al puente hay un pequeño camino que nos ayuda a subir al puente y cruzar.
Pasamos la vía del tren cruzando el puente y, justo al terminar la bajada, tomamos un camino a la derecha que hace una curva hacia atrás y nos lleva hacia una estación transformadora de electricidad. Nuestro camino sigue recto y amplio, sin dificultad. Vamos dejando atrás granjas y caseríos. Siempre por el camino ancho, llegamos hasta la carretera, que pasamos por debajo aprovechando el puente sobre la vía, haciendo un largo meandro. Al dejar el puente nos encontramos con un cruce, en el cual tomamos el camino de la derecha, que nos acerca a las vías. Tras un kilómetro aproximadamente, el camino aparece asfaltado. La vía del tren, siempre a nuestra derecha, nos acompaña hasta acercarnos al camino de entrada de la gran finca «El Carrizal». Nuestro camino sigue llano, amplio y sin bifurcaciones.
Poco después nos encontramos con una carretera, que tomamos hacia la izquierda.
Así nos acercamos al Canal Imperial, que nos acompañará hoy a lo largo del camino. La carretera discurre entre las aguas del canal a nuestra izquierda y la vía del tren a nuestra derecha.
Llegamos al puente «Formigales» y, justo después de cruzarlo, cogemos el camino de

la derecha, un camino amplio que deja a nuestra espalda las construcciones de «El Bocal». Caminamos siguiendo el curso del agua, que a lo largo de 5 km nos acompaña a nuestra derecha.

Tomamos a nuestra derecha el primer puente que cruza el canal. Dejando el canal detrás de nosotros, entramos en Ribaforada. La misma calle en la que entramos nos conduce directamente hasta la vía del tren, atravesando el centro del pueblo. Al encontrar la vía del tren, giramos a nuestra izquierda, sin atravesar las vías. Como un compañero amable de viaje, el «camino de hierro» nos llevará, en unos 10 km, hasta Cortes: siempre a nuestra derecha, el tren es la guía. A unos 2 km, el camino gira 90 grados y se empieza a alejar de las vías. El lugar es inconfundible porque hay una gran fábrica, y a unos 200 metros se ve un puente. Se puede seguir al lado de las vías justo hasta después del puente, donde vuelve a aparecer el camino paralelo a las mismas.

Tras otro par de kilómetros largos, el camino vuelve a alejarse de la vía. Los peregrinos de a pie han de estar atentos aquí: se puede seguir junto a la vía, todo de frente, aunque el camino está perdido en este tramo de 200 m. Pasado este tramo, siempre junto a la vía, vuelve a empezar el camino de tierra que nos mantiene paralelos al tren. Los peregrinos en bicicleta mejor que sigan por el camino de tierra. En este caso hay que dejar que el camino nos aleje de la vía casi un kilómetro, hasta que vemos un cruce a la derecha muy nítido que nos devuelve por otro camino ancho a la misma vía. Seguimos siempre acompañados por la vía a nuestra derecha. Finalmente, el camino se abre en ángulo y se separa de la vía del tren, alejándonos progresivamente de él y llevándonos hacia las primeras granjas que indican la proximidad de la villa de Cortes. Nuestro camino agrícola sigue recto hasta encontrar una gran rotonda, ya a las puertas de Cortes. Giramos a la derecha en la rotonda.

Por fin, entramos en la villa y vamos siguiendo la calle principal, girando ligeramente a la derecha, hasta llegar a una calle estrecha que aparece a nuestra izquierda y que nos conduce hasta el castillo y la iglesia de San Juan Bautista. Seguimos recto por la misma calle, hasta desembocar en otra que hemos de seguir a nuestra derecha. Tenemos que mantenernos en la calle San Miguel, en dirección a la estación de tren. Al llegar a la altura de las vías, la calle pasa por debajo de ellas y nosotros también. Seguimos nuestro camino torciendo ligeramente a la derecha, por una larga recta de carretera asfaltada que nos conduce a una rotonda que nos permite pasar por debajo de la carretera N-232. Seguimos recto, cruzando una segunda rotonda y enfilando la recta delante de nosotros, que nos hace entrar en Mallén.

Al llegar a una plaza triangular ajardinada a nuestra izquierda nos metemos a la izquierda, bordeando la plaza. Esa calle desemboca en la plaza donde está la iglesia de Nuestra Señora de los Ángeles. Tomamos la avenida de Zaragoza y a 100 m giramos a la izquierda por una calle que baja en dirección a la carretera N-232. La cruzamos en dirección al polígono industrial de Mallén. Seguimos recto

ETAPA N.º 13

TUDELA – GALLUR

por la calle que atraviesa el polígono y, al llegar al final, tomamos el camino de la derecha y en la primera bifurcación, a tan solo 50 m, tomamos el camino de la izquierda. Cruzamos el túnel de las vías del tren y en 300 m llegamos al Canal Imperial. Lo tomamos hacia la derecha y vamos a cruzarlo por el puente que vemos cerca de nosotros. Cruzamos y seguimos el canal por su margen izquierda hasta llegar a Gallur. Tenemos casi 7 km de camino junto al canal delante de nosotros. Siguiendo siempre junto al canal, entramos en Gallur. Un puente de color azul cruza el Canal Imperial. Subimos a él y pasamos al otro lado, donde se encuentran las piscinas municipales. Justo enfrente de nosotros está la estación del tren, y en el edificio de al lado se encuentra el albergue de peregrinos y su restaurante. Fin de etapa.

■ Datos de interés

EL BOCAL: Es el origen del Canal Imperial de Aragón, de ahí la denominación de «Bocal Real». El Canal Imperial fue proyectado en 1528 por el emperador Carlos V y finalizado en el siglo XVIII de la mano de don Ramón de Pignatelli, quien fallecerá después de haber llevado el canal hasta pasada Zaragoza, pero sin alcanzar su gran sueño de prolongarlo hasta el mar. Cerca se sitúa el palacio del Emperador, con el roble más anciano de Navarra en sus jardines. Atravesando El Bocal, se llega a la casa de las Compuertas, con la nueva presa construida en 1790. «El Bocal» bien merece una visita por su tranquilidad y por la belleza del paraje. Se puede contemplar la presa vieja y el palacio de rasgos mudéjares. Los jardines que rodean el edificio son del siglo pasado.

RIBAFORADA: Villa de unos 3.000 habitantes. Fue fundada bajo el reinado de Sancho el Sabio de Navarra por los caballeros templarios en 1157, lo cual debería ir vinculado a la función de proteger a los peregrinos cristianos en camino hacia Santiago. En 1313 tomaron el relevo los religiosos Hospitalarios de San Juan de Jerusalén. Destaca la iglesia de San Blas, de ladrillo y mampostería, del siglo XII con modificaciones del XVI y XVII. En la misma plaza se pueden ver escudos templarios en las fachadas de los edificios. Dentro del municipio se encuentra la ermita de Nuestra Señora de la Dehesa. Hay restaurantes, farmacias, centro de salud, supermercados y bancos.

CORTES: En el centro del pueblo destacan el castillo y su torre del siglo XII, reformados ambos en el siglo XVI, así como la iglesia de San Juan Bautista, construida en estilo gótico-renacimiento, con torre mudéjar. Tiene 3.000 habitantes y hay restaurantes, farmacias, centro de salud, supermercados y bancos.

MALLÉN: Pertenece ya a la Comunidad Autónoma de Aragón. En realidad, se trataba de una «marca» del camino que unía Aragón con Navarra. Tiene orígenes celtiberos y los romanos hicieron pasar por aquí la calzada que unía Tarraco con Asturica. La orden de los Hospitalarios de San Juan erigió la iglesia de Nuestra Señora de los Ángeles, en la que se distinguen tres estilos: románico (siglo XII), gótico (XIII) y barroco tardío (XVIII). Hasta el siglo XVI contó con una capilla dedicada al apóstol Santiago. Es una población pequeña pero hay taller de bicicletas, restaurantes, farmacias, centro de salud, supermercados y bancos.

GALLUR: Ha tenido desde época neolítica diversos asentamientos humanos en sus cercanías, que se incrementaron con la ocupación romana del valle del Ebro, asentamientos conocidos con el nombre de pagus. Por derivación de uno de ellos surgió el actual topónimo de la villa, al ser conocido el asentamiento como pagus gallorum, el asentamiento de los galos, ya que sus habitantes eran originarios de la Galia. De fuerte presencia musulmana, en 1119 las tropas aragonesas de Alfonso I transformaron la villa en una localidad mozárabe, poblada por aragoneses y andaluces. De origen galo-romano, la iglesia de San Pedro destaca en lo alto de la población. En su conjunto es un edificio neoclásico (siglo XVIII) y la torre es del siglo XX. Un antiguo castillo, erigido por Alfonso I (siglo XII) estaba situado en el emplazamiento actual de la iglesia. Merece un paseo el puente de hierro sobre el río Ebro, que recibe aquí un afluente: el río Barba. Con sus más de 3.000 habitantes, Gallur cuenta con taller de bicicletas, restaurantes, farmacias, centro de salud, supermercados, bancos y oficina de turismo.

NOTA: La influencia musulmana a lo largo del Camino Ignaciano. ¿Qué significan los términos «mudéjar» y «morisco»? Desde comienzos del siglo VIII, la mayor parte del territorio por donde discurre nuestro Camino Ignaciano fue gobernado por mahometanos. Al principio, Córdoba era la capital de Al-Andalus pero, a comienzos del siglo XI, Al-Andalus se fragmentó en estados regionales más pequeños, y gran parte del territorio que corresponde a Aragón pasó a ser administrado desde Zaragoza. Alfonso el Batallador y otros reyes cristianos recuperaron la mayor parte de este territorio en el siglo XII; tanto la conquista de Zaragoza (1118) como la de Gallur y Tudela (1119) fueron puntos críticos de inflexión en lo que los españoles cristianos llamaron la Reconquista.

Muchos musulmanes permanecieron en esta región una vez consolidado el dominio cristiano, y aún en tiempos de Ignacio (1512) en la villa de Gallur la gran mayoría de las familias eran musulmanas. La palabra «mudéjar» designa a los musulmanes que vivían en tierras gobernadas por cristianos. Otros musulmanes, en cambio, se convirtieron, al menos nominalmente, al cristianismo: la palabra «morisco» designa a los conversos que intentaban conservar elementos de su antigua cultura. En algunas pequeñas poblaciones se siguió hablando árabe hasta bien entrado el siglo XVI. Mudéjares y moriscos contribuyeron de modo importante tanto a la agricultura como a la artesanía, y su influencia es patente en muchos pueblos y ciudades, muy notablemente en Zaragoza. Aspectos típicos del estilo «mudéjar» son: el uso del ladrillo en vez de la piedra como material básico de construcción, tejas vidriadas, campanarios adornados, elaborados motivos geométricos en paredes y vajillas (la fe islámica prohíbe en esencia la representación de figuras humanas, por lo que el arte decorativo musulmán evolucionó hacia el protagonismo de los motivos geométricos).

■ **TAXIS**
Gallur
Taxis Zueco   976 857 318

■ **ALOJAMIENTO**
RIBAFORADA: Ayuntamiento.
Tel.: 948 864 005.

MALLÉN: Hostal Pinocho, c/ Tudela, 4.
Tel.: 976 850 225.
Ayuntamiento. Tel.: 976 850 005.
Albergue Peregrinos c/ Paradero, 3
(encima de la biblioteca pública).
Tel.: 976 850 374 / 618 998 839

GALLUR: Albergue de peregrinos
(32 plazas, junto a la estación de tren).
Tel.: 876 611 479. Hotel El Colono (precio especial para peregrinos), c/ Constitución, 13.
Tel.: 976 864 275. En las piscinas municipales la entrada es gratis para los peregrinos con credencial. Ayuntamiento. Tel.: 976 864 073.

Gallur – Alagón

(21,7 km)

«Un hombre que encuentra difícil el camino de la virtud,
pero entra en él con valentía para vencerse a sí mismo,
gana el doble de recompensa que aquellos cuya mente
y naturaleza perezosa no les dan ningún problema».

«Pero yo siempre estaré contigo: agarras mi mano diestra,
me guías según tus planes y me llevas a un destino glorioso.
¿A quién tengo yo en el cielo? Contigo,
¿qué me importa la tierra?» (Sal 73,23-25).

Alcalá de Ebro.

Para la etapa de hoy hemos de madrugar bastante: los primeros ocho kilómetros sería bueno hacerlos antes de que el sol se despierte. Tenemos bastantes kilómetros de asfalto, así que mejor no caminar sobre él con los calores del mediodía. Por otro lado, esta etapa está llena de cultura y de recuerdos ignacianos, como veremos. Salimos tomando la calle del Camino Real, la ruta ancestral que llevó a tantos viajeros, soldados y peregrinos de una punta a otra de la Península, del Mediterráneo al Cantábrico y viceversa. Ese camino real hoy es la carretera que nos lleva directamente a Luceni.

La plaza de Luceni, rodeada de bellos árboles y sede del mercado ambulante, posee una abundosa fuente de la que no podemos beber: según parece, la presencia de demasiadas explotaciones de granjas porcinas en el área cercana al pueblo ha contaminado sus aguas desde hace algunos años. Pero, según apuntan los historiadores jesuitas, Luceni es sede de uno de los episodios más explicados de la autobiografía de san Ignacio de Loyola: su encuentro con el musulmán y el discernimiento que deja hacer a su propia mula. A la salida del pueblo, enfrente del número 37 de la calle Daoiz y Velarde, se encuentra ese camino hacia Pedrola que Ignacio no siguió, y así se salvó la vida de aquel musulmán.

Guiados por la *Autobiografía*, nosotros seguimos, como la mula de Ignacio, todo recto por el camino real, que no tiene pérdida hasta el siguiente pueblo, Alcalá de Ebro. A ratos vamos junto al río Ebro, que se muestra de nuevo con toda su amplitud y extraordinaria belleza. Llegados a Alcalá de Ebro, si conocemos a Cervantes y su famosa obra *Don Quijote*, tal vez nos dejemos seducir por la idea de que precisamente estamos en esa ínsula Barataria, que prometió don Quijote a su fiel escudero Sancho Panza para que la gobernase. Realmente no es una isla pero, en tiempos de crecidas del Ebro, una porción de tierra quedaba aislada. Una bonita estatua del gobernador Sancho se encuentra detrás de la iglesia.

Salimos por la calle Cervantes y seguimos con calma nuestro peregrinar por caminos de tierra y de asfalto hacia Cabañas de Ebro. Encontramos poca sombra, aunque tal vez podamos acercarnos a alguno de los campos adyacentes y reposar un poco bajo algún árbol. Llegamos a Cabañas de Ebro y continuamos nuestro camino acercándonos a Alagón, final de etapa, por la carretera. Atención al tráfico en el último kilómetro y medio, que es bastante intenso.

Dejamos la carretera con gusto al encontrar un túnel bajo la autopista, que nos sitúa ya en el último tramo de la etapa. El campanario de la iglesia de San Pedro asoma en lo alto. Hacia allí nos dirigimos y acabamos nuestra etapa.

■ Pista ignaciana

En esta etapa de su peregrinación, el todavía «muy caballero» Ignacio tiene un encuentro que podría haber cambiado nuevamente el rumbo de su vida. Dios estuvo al quite, para enseñar a Ignacio el valor de la prudencia y del control de sus propios impulsos, incluso si es por una «buena causa».

«Pues yendo por su camino le alcanzó un moro, caballero en su mulo; y yendo hablando los dos, vinieron a hablar en nuestra Señora; y el moro decía que bien le parecía a él la Virgen haber concebido sin hombre; mas el parir, quedando virgen, no lo podía creer, dando para esto las causas naturales que a él se le ofrecían. La cual opinión, por muchas razones que le dio el peregrino, no pudo deshacer. Y así el moro se adelantó con tanta priesa, que le perdió de vista, quedando pensando en lo que había pasado con el moro. Y en esto le vinieron unas mociones, que hacían en su ánima descontentamiento, pareciéndole que no había hecho su deber, y también le causan indignación contra el moro, pareciéndole que había hecho mal en consentir que un moro dijese tales cosas de nuestra Señora, y que era obligado volver por su honra. Y así le venían deseos de ir a buscar el moro y darle de puñaladas por lo que había dicho; y perseverando mucho en el combate destos deseos, a la fin quedó dubio, sin saber lo que era obligado a hacer. El moro, que se había adelantado, le había dicho que se iba a un lugar, que estaba un poco adelante en su mismo camino, muy junto del camino real, mas no que pasase el camino real por el lugar. Y así después de cansado de examinar lo que sería bueno hacer, no hallando cosa cierta a que se determinase, se determinó en esto, scilicet, de dejar ir a la mula con la rienda suelta hasta al lugar donde se dividían los caminos; y que si la mula fuese por el camino de la villa, él buscaría el moro y le daría de puñaladas; y si no fuese hacia la villa, sino por el camino real, dejarlo quedar. Y haciéndolo así como pensó, quiso nuestro Señor que, aunque la villa estaba poco más de treinta o cuarenta pasos, y el camino que a ella iba era muy ancho y muy bueno, la mula tomó el camino real, y dejó el de la villa».

Recogemos una reformulación que José Luis Martín Vigil hace de este hecho, que nos parece muy ilustradora de los sentimientos de Ignacio de Loyola en esta etapa de su Camino:

Sancho Panza, Alcalá de Ebro.

«Acaeció que, yendo yo [Ignacio] a lo mío, acertó a alcanzarme un moro con muchas ganas de palique, lo que no me disgustó, que ser cortés es menester de bien nacido. Hablamos, pues, no sé de qué, hasta que preguntándome el objeto de mi viaje, declarele cómo iba al santuario, porque no me pareció que él entendiese mi propósito de llegar a Tierra Santa. Y de esa guisa, surgió hablar de la Virgen, extendiéndome yo con el entusiasmo que se supone en el converso. Oíame el moro complaciente y hasta se mostró respetuoso y razonable, ya que no hacía ascos a la virginidad de nuestra Señora antes del parto, lo que en un moro dice mucho; mas no le cabía en la cabeza la virginidad después del parto, dándole yo razones y él negándose a aceptarlas, sin venir a un acuerdo sobre ello. Hablamos mucho inútilmente y al fin él adelantose, manifestando que se dirigía a Pedrola, villa morisca, hacia la que salía una desviación algunas leguas más allá. Quedeme yo meditabundo y contristado por no parecerme que había actuado rectamente con el moro y por si le había consentido hablar más de la cuenta sobre la Virgen, ofendiéndola. ¿Obrara yo bien al permitirlo? Se me ha de juzgar conforme al tiempo en que viví. Martín Lutero, que no fue hombre de espada, sino un teólogo competente, por más que equivocado, diría, veinte años más tarde, que era lícito apuñalar a un judío si se le oía blasfemar, y confesaba que él mismo "le daría de grado un bofetón y lo traspasaría con su espada si pudiese, porque si es lícito matar a un ladrón, mucho más a un blasfemo", y más de dos siglos antes un rey de Francia que fue santo les decía a sus caballeros: "Los legos, cuando oyen maldecir de la fe cristiana, no deben defenderla con palabras, sino con la espada, metiéndosela al infiel en el vientre tanto cuanto pueda entrar". ¿Ha de sorprender, pues, que el peregrino cohibiera pensamientos de muerte, estando en juego el honor de su Señora? Viniéronme deseos vehementes de ir a buscar al moro para coserlo a puñaladas, dudando, a pesar de todo, sobre lo que era obligado hacer. Y así determiné de soltar la rienda de mi cabalgadura, de modo que, llegados a la confluencia de caminos, si tomaba hacia Pedrola, yo buscaría al moro para matarle; mas si seguía por el camino real, lo dejaría quedar, como así fue, recobrando yo la paz. Fue de esa guisa como el moro nunca supo lo cerca que estuvo de morir aquella tarde, pues plugo a Dios que restara vivo, a pesar de su obcecación en negar el parto virginal de su madre, nuestra Señora» (cf. J. L. MARTÍN VIGIL, *Yo, Ignacio de Loyola*, Planeta, Barcelona 1989, 64).

Dios salvó a aquel viajero musulmán y también salvo a Ignacio de Loyola de cometer una acción que habría podido traer graves consecuencias. Dios está presente en nuestra historia y se manifiesta de múltiples formas. Podemos descubrir la mano de Dios en las cosas más sencillas y en los sucesos más humildes, como dejar que la mula tome la decisión sobre qué camino tomar. Vivir discerniendo nuestros actos desde la luz del corazón abierto a Dios nos convierte en «agentes de vida» y no de muerte.

ETAPA N.º 14
GALLUR – ALAGÓN

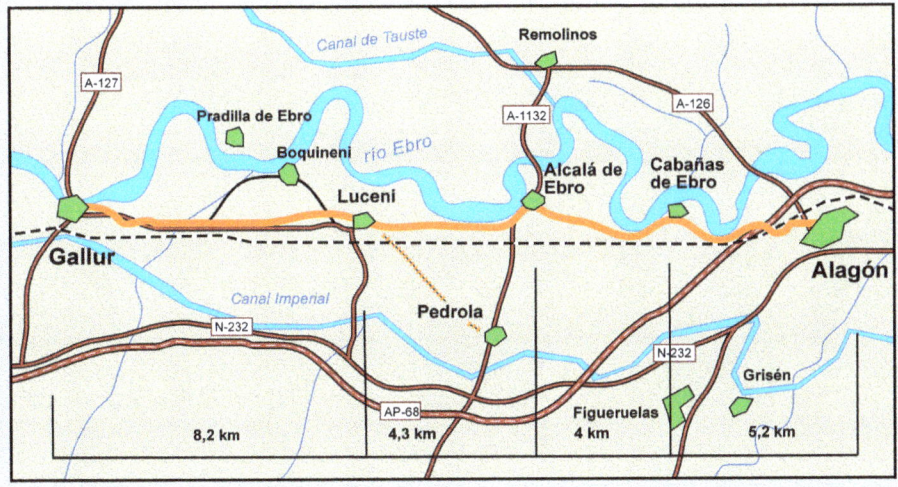

Desnivel acumulado subiendo: 45 m. Desnivel acumulado bajando: 70 m.
Bicicletas: fácil, aunque hay un tramo de la carretera CV-911 que tiene bastante tráfico y hay que ir con cuidado.

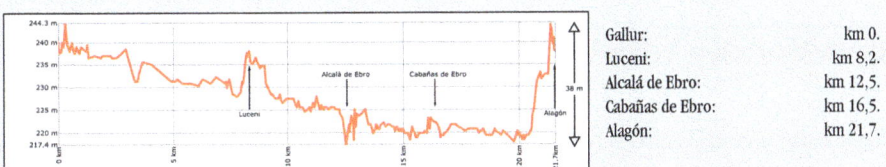

Gallur:	km 0.
Luceni:	km 8,2.
Alcalá de Ebro:	km 12,5.
Cabañas de Ebro:	km 16,5.
Alagón:	km 21,7.

■ Descripción

Nos ponemos en camino por el parque de Pignatelli, junto al canal. Desde ahí cogemos la calle del Camino Real, en homenaje al antiguo camino real que san Ignacio también recorrió en su día; hoy es la carretera VP-24, más ancha y asfaltada.

Sin dejar la línea recta de nuestro camino, llegaremos a Luceni, después de habernos encontrado la rotonda de la carretera que lleva a Boquineni. Entramos por la calle Ramón y Cajal, por la que atravesamos sin pérdida todo el pueblo. En un momento dejaremos a la izquierda la plaza del pueblo, con bancos y plátanos. Nosotros seguimos recto. A la salida del pueblo se encuentra un desvío que nos llevaría a Pedrola, pero nosotros seguimos todo recto. Tras unos kilómetros, el Ebro se nos acerca en un meandro y llegamos a Alcalá de Ebro. Giramos a la izquierda para ir directos al ayuntamiento y la calle Cervantes, donde empieza el camino hacia el siguiente pueblo: Cabañas de Ebro.

Salimos por la calle Cervantes y, unos 500 metros después de salir del pueblo, nuestro camino se encuentra con una bifurcación. Cogemos el ramal de la izquierda, el camino de Cabañas, que se hace un camino más desdibujado al cabo de algo

Iglesia de San Pedro, Alagón.

más de un kilómetro y que, poco a poco, nos acerca de nuevo al río Ebro. Seguimos recto, con el Ebro a nuestra izquierda a lo largo de un kilómetro, hasta llegar a Cabañas de Ebro. Entramos por la izquierda hasta la iglesia. Atravesamos el pueblo, salimos por la calle Mayor y tomamos la carretera CV-411, que en 1,5 km nos lleva a la carretera CV-911, la cual tomamos hacia la izquierda. Esta carretera tiene bastante tráfico y hay que ir con cuidado. Tras 1,5 km nos encontramos con un túnel a la derecha que cruza la autopista AP-68 por debajo. Lo tomamos y enseguida pasamos también por debajo de la vía del tren en otro túnel. El camino nos lleva directos a Alagón. Si cruzamos la carretera y seguimos en línea recta, la avenida de la Portalada nos lleva al centro del pueblo.

■ Datos de interés

LUCENI: Con seguridad el nombre del pueblo, de unos 1.000 habitantes, está vinculado con la presencia romana (Lucius) y la vía de transporte que unía el norte de la Península con el Mediterráneo. En excavaciones arqueológicas del asiento primitivo del pueblo se han encontrado monedas y medallas del emperador Antonino Pío (siglo II d. C.), así como monedas visigóticas de los reinados de Wamba y de Witiza (siglos VII y VIII). Su iglesia, dedicada a la Virgen de la Candelaria, es del siglo XIII. Probablemente nos encontremos a la salida de este pueblo con el lugar en el que podríamos situar la anécdota que Ignacio relata en su Autobiografía, cuando tuvo que decidir sobre la vida o la muerte de un musulmán con quien había tenido una discusión. Quiso Dios orientar a Ignacio de forma que fuese la vida la que saliese ganando. Luceni tiene taller de bicicletas, restaurantes, farmacias, centro de salud, supermercados y bancos. Por desgracia hace ya algunos años que el agua de las fuentes en Luceni no es potable, debido a la presencia de contaminantes de las granjas cercanas.

Iglesia de la Santísima Trinidad, Alcalá de Ebro.

ALCALÁ DE EBRO: Las ruinas de un castillo dan una indicación del origen del nombre, que viene del árabe al-kalat, «el castillo». En la impresionante iglesia barroca de la Santísima Trinidad (siglo XVII) hay un cuadro dedicado a san Francisco de Borja, tercer General de la Compañía de Jesús. Hay dos fotografías obligadas: una con el río Ebro y otra con la estatua de «Sancho Panza», en la calle detrás de la iglesia. Con sus trescientos habitantes, el pueblo tiene un restaurante, farmacia, centro de salud, supermercado y banco.

ETAPA N.º 14
GALLUR – ALAGÓN

CABAÑAS DE EBRO: Pequeña población de 500 habitantes. Restaurante y tienda a disposición del peregrino.

ALAGÓN: Pueblo situado en la desembocadura del río Jalón en el río Ebro, que tiene su origen en la ciudad ibérica de Alaun, la más oriental de las ciudades vasconas, en la que se acuñó moneda con inscripciones en alfabeto íbero. Fue conquistada por el islam en el año 714. De su periodo musulmán posee una impresionante obra mudéjar en su iglesia de San Pedro Apóstol. Toda la iglesia, situada en el emplazamiento de la antigua mezquita, es digna de ser visitada, así como su retablo mayor (siglo XVI).
En la zona antigua del pueblo se encuentra un antiguo colegio de la Compañía de Jesús, al lado de la iglesia de San Antonio de Padua. Ofrece restaurantes, farmacias, centro de salud, supermercados y bancos. El número de teléfono de la oficina de turismo es el 976 611 814.

■ TAXIS
Alagón
Autotaxi Ferruz   976 854 063
Taxi Ángel   657 529 269
Taxi Aguilar   653 706 707

■ ALOJAMIENTO
LUCENI: Hotel La Imperial, ctra. de Logroño, km 37. Tel.: 976 652 111. Pensión Alejandro, c/ Horno, 1. Tel.: 679 441 838. Ayuntamiento. Tel.: 976 652 003.

CABAÑAS DE EBRO: Casa Rural Guadalupe, callizo de la Jota, 1-3. Tel.: 637 524 363. Ayuntamiento. Tel.: 976 611 086.

ALAGÓN: Hotel Los Ángeles, pl. Alhóndiga, 4. Tel.: 976 611 340. Hostal Baraka, c/ San Pedro, 13. Tel.: 976 616 011. Pensión Jarea, c/ Méndez Núñez, 45. Tel.: 629 489 776. Ayuntamiento. Tel.: 976 610 300.

Alagón – Zaragoza

(30,5 km)

«Si un hombre quiere reformar el mundo, ya sea por razón de la autoridad de su posición o por el deber de su cargo, debe comenzar siempre por sí mismo».

«Si me traslado al ruedo de la aurora o me instalo en el confín del mar, allí se apoya en mí tu izquierda y me agarra tu derecha. Si digo: que me sorba la tiniebla, que la luz se haga noche en torno a mí, tampoco la oscuridad es oscura para ti, la noche es clara como el día: da lo mismo tiniebla o luz» (Sal 139,9-12).

Basílica de El Pilar, Zaragoza.

Hoy nos acercamos a una de las grandes capitales de nuestra peregrinación. Con toda seguridad haremos una parada larga y disfrutaremos del descanso y de la riqueza histórica y cultural que nos ofrece Zaragoza. Pero antes del respiro que nos da la capital aragonesa hemos de acabar esta etapa bastante larga, muy posiblemente bajo un fuerte sol.
Salimos del pueblo de Alagón bajando hacia la estación de tren, pero nos desviamos a la izquierda para tomar el puente que cruza las vías. A partir de ese momento, vamos a ir caminando por tierra y asfalto alternativamente hasta llegar a nuestro final de etapa.

Tenemos por delante una jornada tranquila, pasando por cuatro pequeñas poblaciones que permiten un avance «por etapas» y con facilidad de avituallamiento. Además, cada una de estas poblaciones cuenta con su propia muestra de arte mudéjar. Al peregrino le impresiona descubrir esas torres y campanarios de ladrillos trenzados, característicos de esta centenaria influencia musulmana en España, que fue muy positiva en tantos aspectos: muchos de los canales de riego que vamos a cruzar hoy datan del período musulmán.
Desde Alagón nos encaminamos hacia Torres de Berrellén. Nos encontramos con

ETAPA N.º 15
ALAGÓN – ZARAGOZA

el río Jalón, de poco caudal. Campos y granjas nos conducen hasta el pueblo. El mismo tipo de camino encontramos en dirección al siguiente pueblo, Sobradiel. El camino asfaltado no tiene pérdida y es muy fácil ver un pueblo desde el otro, como un rosario que nos va ofreciendo una etapa tras otra. Vemos Utebo desde lejos, pero antes hemos de cruzar el puente de la A-68 y pasar entre antiguas fábricas, hoy abandonadas y semi-derruidas.

La proximidad del río Ebro hace frecuente el ver aves típicas de medios fluviales cerca de nuestro Camino Ignaciano. Siguiendo canales de la época musulmana, llegamos a Monzalbarba. Atravesamos el pueblo por la calle de Nuestra Señora la Sagrada, que coincide con la antigua calzada romana entre Asturica y Tarraco, entre el noroeste cantábrico y el sudeste mediterráneo. A la salida tomamos el camino de la Almozara, que nos conduce directamente a Zaragoza. Entramos en Zaragoza con un gran recibimiento por parte del río Ebro: un

amplio meandro acoge en su interior lo que fue la Expo 2008 sobre el tema del agua. Vamos acompañando al Ebro en su gran giro a la izquierda y así nos dirigimos al parque de la Aljafería, con su impresionante castillo, sede de las Cortes de Aragón. Desde allí nos dirigimos hacia el centro de la ciudad. Vale la pena pasar un día entero, si no más, en esta bella gran ciudad del Ebro.

■ Pista ignaciana

En nuestro recorrido por el casco viejo de Zaragoza, descubrimos las huellas del paso por esta ciudad de una figura tal vez poco conocida, pero de ejemplar trascendencia: san José Pignatelli, jesuita y sexto hijo de la noble familia de los condes de Fuentes. La Compañía de Jesús fue suprimida por el papa Clemente XIV en 1773. José Pignatelli muere en Roma el 15 de noviembre de 1811; no llega a conocer la restauración de la Compañía de Jesús –que tendrá lugar en 1814– por la que tanto ha luchado, pero sí ha podido renovar sus votos en 1797 con el resto de la Compañía que se ha mantenido viva en Rusia.

La vida de José Pignatelli ha sido un largo tejido de aventuras y sufrimientos. Poco imaginaba el niño que nace en Zaragoza el día 27 de diciembre de 1737 las dificultades que la vida le reservaba. La muerte de la madre a sus cuatro años de edad obliga al traslado de la familia a Nápoles, donde cinco años después morirá su padre; de ahí un nuevo traslado familiar a Zaragoza con su hermano mayor. A partir de ese momento, José cursa sus estudios en el colegio de la Compañía de Jesús, de la que años más tarde decidirá formar parte, acompañado por su hermano pequeño, Nicolás. Desde su entrada en el noviciado, en 1753, vivirá años de formación, estudios y apostolado que se truncarán con la expulsión de los jesuitas de España en 1767. La toma del colegio-residencia de la Inmaculada por los soldados el día 3 de abril de 1767 romperá el ritmo de su vida, para empezar una etapa muy distinta. Después de pasar un día encerrados en el refectorio de la casa serán expulsados de la ciudad, con lo puesto; se dirigirán a Tarragona, desde donde embarcarán camino de

El Pilar.

los Estados Pontificios. Pero allí se les niega el asilo y así empieza un duro peregrinaje en barco, buscando algún lugar en el que sean recibidos. No será hasta siete meses más tarde, en octubre, cuando acabará ese calvario en Ferrara.

Es a partir de la expulsión de España cuando los biógrafos señalan que José, todavía un religioso joven que aún no ha hecho su profesión, se convierte en el consuelo, apoyo y ayuda de sus hermanos jesuitas; en los momentos de dificultad va a tomar las riendas –incluso el superior provincial le pondrá jurídicamente al frente de sus compañeros– para poder acompañar, acomodar, alimentar y asistir a esos hombres que sufren la expulsión, el hacinamiento, la falta de comida y, sobre todo, el no querer ser recibidos en ningún lugar, yendo de un lado a otro, sintiéndose aborrecidos y rechazados. Su familia, en particular su hermano, le sugerirá caminos más cómodos abandonando la orden, pero él mantendrá su entrega en la Compañía hasta el final, unido a sus compañeros en estos momentos difíciles. En Bolonia, y como sacerdote diocesano, se dedicó a luchar por la restauración total de la Compañía, que lamentablemente no llegó a ver.

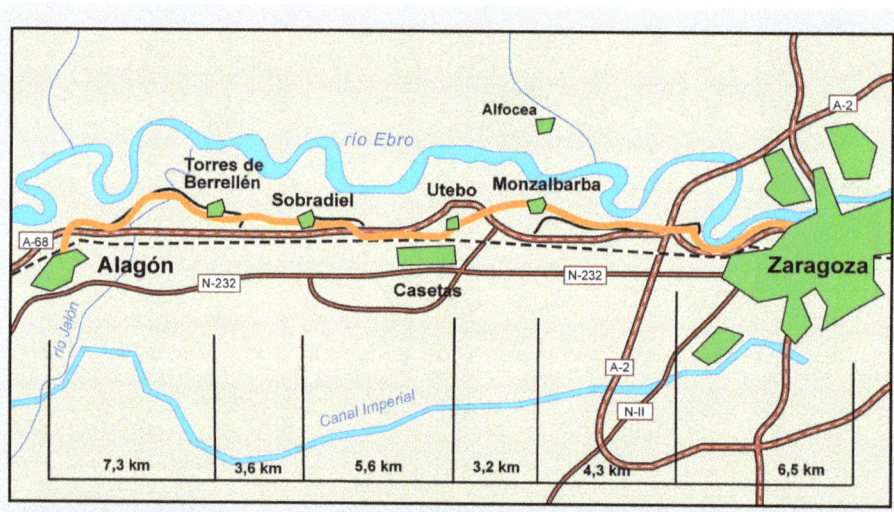

Desnivel acumulado subiendo: 204 m. Desnivel acumulado bajando: 203 m.
Bicicletas: fácil.

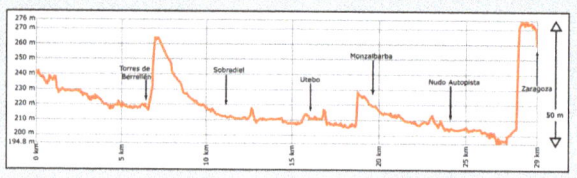

Alagón:	km 0.
Torres de Berrellén:	km 7,3.
Sobradiel:	km 10,9.
Utebo:	km 16,5.
Monzalbarba:	km 19,7.
Gran nudo de autopistas:	km 24.
Zaragoza (El Pilar):	km 30,5.

Descripción

Nos ponemos en camino desde el centro de Alagón, bajando por la calle Chacón hacia la calle de la Estación, y nos dirigimos a un puente que pasa sobre las vías, ya en las afueras del pueblo. Vamos de frente hacia el segundo puente que debemos cruzar, esta vez el de la autopista AP-68.

Justo después de la autopista, tomamos a nuestra derecha un camino, al inicio asfaltado pero que luego se vuelve de tierra. Dicho camino va paralelo a la autopista, que nos sigue a nuestra derecha por un buen tramo. Llegamos a un puente sobre la autopista, que no tenemos que cruzar, pero que nos sirve de referencia para tomar el camino que aparece a nuestra izquierda y que nos aleja, casi en ángulo recto, de la autopista. Acaba la tierra y empieza el asfalto, que marca nuestro camino. Seguimos recto y nos encontramos a nuestra derecha el río Jalón. Nos acercamos al río y lo seguimos hacia la izquierda. Cruzamos el río y poco después el camino nos aleja de él en una curva cerrada a la derecha. Seguimos siempre recto por el camino asfaltado hasta llegar a Torres de Berrellén.

Entramos por la calle Garfilán y nos dirigimos al ayuntamiento. Encontramos la iglesia en la calle Aragón y, finalmente, dejamos el pueblo por la calle Cervantes y el camino de Sobradiel, por el que salimos a campo abierto. A unos 600 m cruzamos un canal de riego y seguimos por el camino. Dos kilómetros más adelante llegamos a un punto en el que el camino se divide en dos, para dejar que un canal de riego pase por su medio. Tomamos el camino de la izquierda, el que deja el canal a la derecha, y seguimos paralelos al mismo hasta desembocar en el pequeño pueblo de Sobradiel.

Buscamos la iglesia, en el parque, y seguimos, dejándola a nuestra izquierda. La calle del Pino nos lleva a la salida del pueblo. Continuamos siempre por la carretera asfaltada que, después de 1,6 km, da un giro en ángulo recto a la derecha y nos lleva a un puente para pasar nuevamente la autopista AP-68. La cruzamos y nos encontramos con una rotonda. Tomamos

Palacio de la Aljafería.

la segunda salida, la que nos enfila derechos hacia el interior del polígono industrial. Después de unos 100 m, tomamos una carretera asfaltada (luego dejará de estarlo) pegada al muro de la última empresa. La estación del tren de Casetas queda a nuestra derecha. Se ve a unos 200 m una fábrica, Magrisa, que dejaremos a la derecha. Tras unos dos kilómetros, esa carretera nos llevará a Utebo, sin haber cruzado en ningún

Aljafería.

ETAPA N.º 15
ALAGÓN – ZARAGOZA

momento las vías y sin haber entrado de hecho en el pueblo de Casetas. Vemos el pueblo de Utebo en la distancia y nos dirigimos hacia su iglesia. Giramos en ángulo recto a nuestra izquierda, en la calle Joaquín Costa. Luego se transforma en la calle Miguel Hernández. Nos dirigimos al centro del pueblo. Pasamos la plaza y en un jardín giramos a nuestra derecha, para entrar en la calle Antonio Machado, que nos hace salir del pueblo por la carretera que, en un kilómetro, nos lleva a cruzar la autopista por un puente.

Bajado el puente, seguimos recto, paralelos a un canal de riego que llevamos a nuestra derecha y que cruzamos un poco más adelante, para seguir acompañándolo, pero a nuestra izquierda. El camino «salta» de un canal a otro, y ahora el canal queda a nuestra derecha.

Lo seguimos tan solo 100 metros y continuamos recto por la carretera, hasta llegar a desembocar en una calle que nos muestra ya el siguiente pueblo: Monzalbarba. Girando a nuestra izquierda entramos por la calle de Nuestra Señora la Sagrada (una antigua calzada romana) y atravesamos el pueblo todo recto.

Justo a la salida del pueblo, por el camino de Monzalbarba, encontramos la ermita de Nuestra Señora la Sagrada.

La carretera hace un ángulo de 90 grados a la derecha, pero nosotros seguimos todo recto por una carretera asfaltada. Estamos en el camino de la Almozara. Seguimos unos kilómetros. Dejamos a nuestra derecha una carretera que va a un puente sobre la autovía. Nosotros seguimos recto hasta encontrar otro puente, por el que cruzamos la autovía.

Después bajamos para pasar el túnel y el último puente, todo lo cual nos hace salvar el nudo de autopistas y nos anuncia nuestra llegada a Zaragoza. Seguimos todo recto, hasta llegar a la margen del río Ebro. Giramos en ángulo recto hacia nuestra derecha, y caminamos al lado del río por el paseo. Seguimos por el camino siempre al lado del río, que queda a nuestra izquierda. Delante tenemos las instalaciones de la Expo Zaragoza 2008, una gran manifestación internacional sobre el tema del agua. Entramos en Zaragoza, donde todos los caminos son buenos siempre que nos mantengamos cerca del río Ebro. El centro antiguo y la plaza del Pilar se encuentran junto al río (siempre lo llevamos a nuestra izquierda), pasado el puente de Santiago y antes del puente de Piedra.

El Pilar.

Datos de interés

TORRES DE BERRELLÉN: La ermita de Nuestra Señora de Castellar, del siglo XI, fue restaurada en el XX. Las ruinas de un castillo nos hablan de las tierras reconquistadas a los musulmanes por Sancho Ramírez y Pedro I en el siglo XI. Hay restaurante, farmacia, centro de salud, supermercado y banco.

SOBRADIEL: Desde 1140, año en que Ramón Berenguer, príncipe de Aragón y conde de Barcelona, donó el castillo y villa de Sobradiel, con sus vecinos y términos, a su vasallo Artal, y hasta 1945, los habitantes de este pueblo fueron arrendatarios de los condes de Sobradiel. A partir de 1945, los campesinos pudieron comprar y llegar a ser propietarios de las tierras que trabajaban. Junto al palacio de los condes de Sobradiel (hoy casa consistorial) se encuentra la iglesia barroca, de finales del siglo XVII, en ladrillo rojo y dedicada al apóstol Santiago. Hay restaurantes, farmacias, centro de salud, supermercados y bancos.

UTEBO: No hay que perderse el asombroso campanario mudéjar de la iglesia de Nuestra Señora de la Asunción (la parte gótico-mudéjar es del siglo XVI y la parte barroca, del XVIII). El campanario pasa de una planta cuadrada a otra octogonal de forma majestuosa. La decoración de azulejos no tiene precio. Vale la pena darse un paseo por las calles de esta población de 13.000 habitantes, admirando las casas y palacios de los siglos XVI y XVII. Cerámicas y mosaicos nos recuerdan sus raíces romanas, que la sitúan en la marca 8 de la vía que unía Caesaraugusta (Zaragoza) con Asturica (la actual Astorga, en el noroeste de la península). Hay restaurantes, farmacias, centro de salud, supermercado, banco y taller de bicicletas.

MONZALBARBA: La impresionante torre mudéjar de la antigua iglesia parroquial saluda a nuestro Camino. Al igual que ella, las otras edificaciones que la rodean son del siglo XVI. La influencia musulmana es muy fuerte en esta parte del recorrido, como hemos venido observando. En su origen, Monzalbarba fue un asentamiento bereber musulmán fundado por Abdul Jabbar, quien situó su campamento en la isla fluvial de Santa Catalina. El nombre del pueblo, «manzil-barbar», significa «asentamiento bereber». Encontraremos restaurantes, centro de salud, supermercados y bancos.

ZARAGOZA: Imponente ciudad, con la basílica del Pilar como faro del Camino. En nuestro espacio limitado es imposible decir todo lo que podemos visitar en esta ciudad «bimilenaria» (fundada en el año 14 a. C.). Es imperativa la visita a la Virgen, que recuerda el paso legendario del apóstol Santiago por tierras españolas. La basílica cuenta con el privilegio de ser el centro de culto mariano más antiguo de la cristiandad. Los múltiples hospitales de peregrinos dan fe de la tradición jacobea de Zaragoza. Vale mucho la pena deambular por el casco antiguo, visitando por ejemplo la catedral del Salvador («la Seo»), construida por los cristianos en los terrenos de la antigua mezquita mayor, que a su vez había sido levantada sobre una iglesia visigótica cristiana primitiva, la cual había sido edificada en el lugar anteriormente ocupado por un templo romano. Los reyes de Aragón solían ser coronados en esta catedral. Para los amantes de la historia romana, se recomienda visitar los testimonios de su presencia en la llamada Caesaraugusta.

Torre de la iglesia de la Magdalena.

También es aconsejable visitar la iglesia mudéjar de la Magdalena y, por supuesto, el palacio de la Aljafería, sede del Parlamento de Aragón. Hay talleres de bicicletas, restaurantes, farmacias, centros de salud, supermercados, bancos y oficina de turismo (www.zaragozaturismo.com) junto a la basílica (Tel.: 902 142 008 / 976 201 200).

Padres jesuitas: en el Centro Pignatelli (Paseo de la Constitución, 6. Tel.: 976 217 217) se encuentran los padres jesuitas que trabajan en este centro cultural y de espiritualidad y que amablemente nos sellarán la credencial, siempre que lleguemos en horas de recepción. Así mismo, se puede recibir más información sobre los lugares vinculados a José Pignatelli en Zaragoza o disfrutar de una celebración eucarística.

Nuestra Señora de El Pilar.

NOTA: Nuestra Señora del Pilar. La tradición sostiene que en el año 40 d. C. la Virgen María se apareció a Santiago apóstol, de quien se cuenta que había venido a España a misionar a las tribus a la sazón paganas (no existe ninguna prueba documental procedente de la era apostólica del viaje misionero de Santiago a España, y las primeras referencias a él se encuentran en manuscritos de principios de la Edad Media). Según la tradición milenaria, mientras Santiago descansaba cerca del Ebro, desalentado por su falta de éxito, la Virgen se le apareció en lo alto de un pilar, lo animó a perseverar en sus esfuerzos y le pidió que levantara una pequeña capilla en aquel lugar para preservar el pilar o columna que dejaría como testimonio de su venida. La ermita evolucionó a una iglesia románica y fue reconstruida múltiples veces, pasando por diferentes estilos, incluido el mudéjar. En 1518 se acabó una reconstrucción de la iglesia en estilo gótico-mudéjar, después de dos siglos de trabajos. Podemos imaginar a Ignacio en 1522 habiendo oído hablar de la recién acabada iglesia y deseando acercarse con afecto a visitar la nueva casa de su venerada Virgen María. No tenemos datos documentales de su visita, pero resulta muy difícil pensar que, pasando por tan importante ciudad y en tan extraordinaria circunstancia, no desease entrar en el santuario y postrarse a los pies de nuestra Señora, como tenía por costumbre.

■ TAXIS
Zaragoza
Radio Taxi 24h   976 424 242
Cooperativa de Auto Taxi   976 751 414

■ ALOJAMIENTO
TORRES DE BERRELLÉN: Albergue de peregrinos (8 plazas) dependiente del ayuntamiento. Tel.: 976 653 101. En el Café Aroa (av. Goya, 8) también tienen las llaves del albergue. Tel.: 976 653 866.

UTEBO: Pensión Don Juan, c/ San Lamberto, 14. Tel.: 650 770 575. Pensión Silvio, paseo Berbegal, 22. Tel.: 976 770 503. Pensión Arade, c/ Las Parras, 4. Tel.: 616 997 358. Hotel El Águila, ctra. de Logroño, km 13,4. Tel.: 976 771 100. Hotel Europe, c/ Ciudad de Ponce, 4. Tel.: 976 792 900. Hotel Las Ventas, ctra. de Logroño, km 10,5. Tel.: 976 770 482. Ayuntamiento. Tel.: 976 770 111.

MONZALBARBA: Ayuntamiento. Tel.: 976 462 315.

ZARAGOZA: Pensión Iglesias, c/ Verónica, 14. Tel.: 976 293 161. Hostal San Jorge, c/ Mayor, 4. Tel.: 976 397 462. Hostal El Descanso, c/ San Lorenzo, 2. Tel.: 976 291 741. Pensión Manifestación, c/ Manifestación, 36. Tel.: 976 295 821 / 666 114 096. Albergue Juvenil de Zaragoza, c/ Predicadores, 70. Tel.: 976 282 043. Albergue Juvenil Baltasar Gracián (no está en el trazado normal del Camino aquí descrito), c/ Franco y López, 4. Tel.: 976 306 690. Hotel Las Torres, pl. del Pilar, 11. Tel.: 976 394 250.

Zaragoza – Fuentes de Ebro
(30,2 km)

«Dame solo tu amor y tu gracia, oh Señor,
y ya soy suficientemente rico; no pido más».

«¡Abridme las puertas del triunfo
y entraré para dar gracias al Señor!» (Sal 118,19).

La Cartuja Baja.

Probablemente cada peregrino ha dormido en un lugar diferente de Zaragoza, así que hay que pensar en llegar al punto de salida, ya sea a pie, en bus o taxi. Según el lugar de alojamiento del día anterior, se pueden añadir más de 3 km de marcha a los kilómetros que hemos calculado «oficialmente».

Salimos a partir de la Basílica de El Pilar y caminamos junto al río Ebro, dejándolo a nuestra izquierda todo el rato. Vamos a seguir el Camino Jacobeo del Ebro hasta llegar a la Cartuja Baja, aprovechando el llamado «Camino Natural La Alfranca». Está bien marcado y siempre hay muchos caminantes. No hay pérdida: después de pasar bajo el puente de la Ronda de la Hispanidad (Z-30) y del bonito puente blanco del tren, seguimos las señales de La Alfranca y unos kilómetros después llegamos a La Cartuja, que bien merece un tiempo de reposo y tal vez un desayuno en el bar.

Seguimos nuestra etapa por caminos de tierra que nos mantienen junto a la A-68. Permanecemos un poco elevados, así que podemos contemplar el valle del Ebro, que se extiende ante nosotros con toda su magnífica amplitud. Llegamos a Burgo de Ebro. Justo en el centro del pueblo, la plaza de la Paz tiene una fuente que calma la sed de los peregrinos. A la salida del pueblo, seguimos por nuestra izquierda para continuar sobre el camino elevado que nos ofrece la vista del valle.

ETAPA N.º 16
ZARAGOZA – FUENTES DE EBRO

Atención a no perder el buen camino, puesto que al llegar a una torre de electricidad tomamos un camino a nuestra izquierda que sigue el borde del terraplén y pasa junto a la ermita de la Virgen de la Columna. Pasamos también cerca del yacimiento arqueológico de La Cabañeta, en el que se han encontrado restos romanos del siglo II a.C. Seguimos siempre recto por el mismo camino, que va bordeando el valle con altura hasta pasar por el túnel de la autovía ARA-1 junto a un canal de riego y dirigirnos hacia el polígono industrial «El Espartal».

Atravesamos el polígono, caminando junto al canal, y al final tomamos la carretera marcada como «Cañada Real Las Peñas». A partir de este punto ya vemos a lo lejos el pueblo de Fuentes de Ebro. Tomamos un camino de tierra que nos encamina directamente hacia él. Antes de cruzar un puente asfaltado, giramos a nuestra izquierda por un camino de tierra, que nos lleva junto a las vías del tren. Seguimos el tren hasta encontrar un puente que cruza las vías y que nos dirige al centro del pueblo. Fin de etapa sin dificultad.

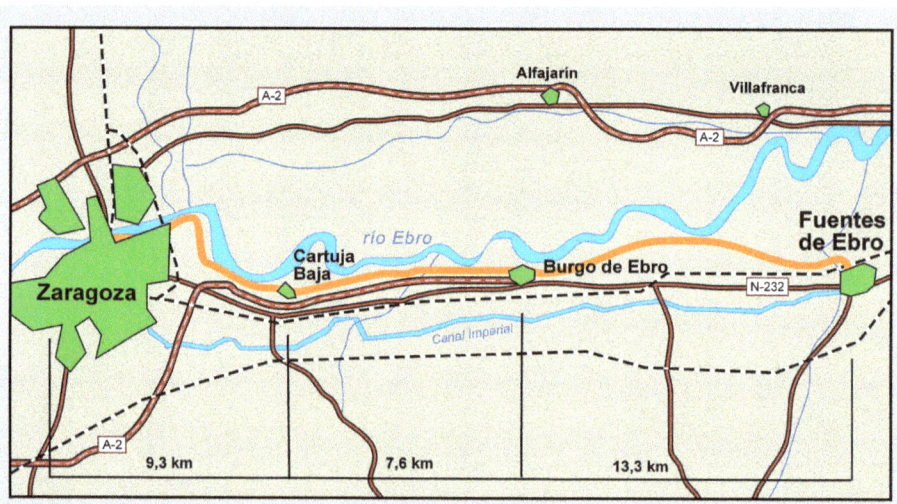

Desnivel acumulado subiendo: 144 m. Desnivel acumulado bajando: 292 m.
Bicicletas: fácil.

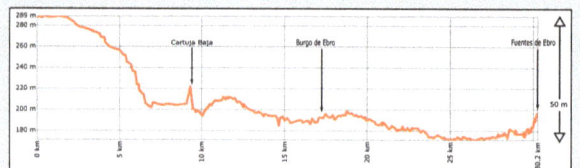

Zaragoza (El Pilar):	km 0.
Cartuja Baja:	km 9,3.
Burgo de Ebro:	km 16,9.
Fuentes de Ebro:	km 30,2.

Descripción

El punto de salida es la Basílica de El Pilar y nos dirigimos hacia el paseo junto al río Ebro, dejándolo a nuestra izquierda todo el rato. Caminamos por el Paseo de Echegaray y Caballero, bajo el puente de Camino de las Torres, hasta pasar bajo el puente de la Ronda de la Hispanidad y seguimos todo recto por el camino de tierra llamado «Camino Natural La Alfranca». Señales del GR-99 y postes señalando La Alfranca nos guían sin pérdida alguna. A 5 km de Zaragoza pasamos por debajo del puente de la Z-40. Seguimos siempre junto al río sin tomar caminos laterales. Siempre junto al río, llegamos a un cruce en el que giramos 90 grados a nuestra derecha: está bien señalizado y además se ve el campanario de la iglesia de la Cartuja Baja justo delante de nosotros, a 800 m. Llegamos hasta la fachada principal de la Cartuja y giramos a nuestra derecha, tomando el Camino de los Muros, que nos alejará en dirección a Burgo de Ebro.
Tomamos el camino de tierra que se abre delante de nosotros y lo seguimos para, en 500 m, pasar un túnel.
Seguimos recto por nuestra pista de tierra. El camino se bifurca: subimos por el de la derecha. Seguimos señales GR. Continuamos recto, sin desviarnos por ningún camino lateral.
En 2 km nos volvemos a encontrar con el tren y la autovía, los dos a nuestra derecha. Pasamos al otro lado, gracias a un puente, y seguimos recto. Estamos en el polígono industrial «Galacho».
Seguimos todo recto, siempre paralelos a la autovía. Llegamos a una rotonda: por debajo de la autovía entraríamos a Torre de Barracón, pero no lo haremos. Nosotros seguimos recto, paralelos a la autovía, que aquí acaba y se convierte en Carretera Nacional 232. Siguiéndola, llegamos a Burgo de Ebro. La misma carretera de Castellón, que nos hizo salir de Zaragoza, es la que nos hace entrar en Burgo y lo atraviesa de punta a punta. Salimos por la misma carretera y a la salida, junto a unas instalaciones deportivas (piscinas, campo de futbol), empieza una pista asfaltada a nuestra izquierda, que nos conduce a un parque de pinos. Seguimos recto, subiendo por nuestra derecha. A 1 km encontramos una bifurcación junto a una torre eléctrica: tomamos por la izquierda. Vamos siguiendo el camino, que hace una curva amplia para bordear la urbanización Virgen de la Columna, cuya ermita nos queda a la derecha.
Pasamos cerca del yacimiento arqueológico de La Cabañeta. Lo dejamos a nuestra izquierda y seguimos de frente. Al encontrar un cruce de caminos, seguimos siempre de frente. Pasamos por debajo del puente que eleva la autovía ARA-1, para poder saltar el canal de riego que nos acompaña a nuestra izquierda. Entramos en el polígono industrial «El Espartal». Vamos siguiendo el canal a nuestra izquierda. A la altura de un

ZARAGOZA – FUENTES DE EBRO

Ermita Virgen de la Columna.

pequeño puente sobre el canal, nosotros tomamos la carretera que empieza a nuestra derecha. Estamos en la «Cañada Real Las Peñas».
Al final del polígono industrial la carretera gira a la derecha, pero nosotros seguimos recto y cruzamos el canal. Vemos Fuentes de Ebro delante de nosotros. Vamos a seguir el mismo camino de tierra, siempre de frente hacia el pueblo, hasta ver un puente asfaltado que cruza la vía del tren. Nosotros no lo cruzamos sino que, a 250 m del puente, por nuestra izquierda comienza un camino que nos hace girar directamente hacia el pueblo.
El camino nos lleva hasta las vías del tren. Las seguimos en dirección a Fuentes. Pasamos entre dos edificios y nos acercamos al puente sobre las vías. Lo cruzamos y entramos en el pueblo. Siguiendo por la calle Francisco de los Ríos, encontramos la N-232, que atraviesa el pueblo.

■ Datos de interés

LA CARTUJA: En su día fue un monasterio, dedicado a la Inmaculada Concepción (siglo XVII). Hoy las galerías del claustro son calles y las celdas de los cartujos, viviendas. Hay un bar-restaurante.

BURGO DE EBRO: Este pequeño pueblo nos ofrece restaurante, centro de salud, farmacia, supermercado y banco.

FUENTES DE EBRO: Es digna de visitar la iglesia, dedicada a san Miguel Arcángel, con un bello monumento eucarístico de Jueves Santo (siglo XVIII) en la capilla de Nuestra Señora del Rosario. Con sus cerca de 4.600 habitantes, Fuentes cuenta con restaurantes, farmacias, centro de salud, supermercados y bancos.

NOTA: Etapas 17 a 19: el cierzo y los Monegros. Poco después de Zaragoza, el Camino Ignaciano entra en un paisaje semidesértico: los Monegros. El nombre parece deberse a los arbustos de enebro que, con su tronco y sus hojas oscuros, prestan color a los «montes negros» de la zona y, en consecuencia, a la propia comarca. En la actualidad, el regadío está transformando grandes franjas de los Monegros en tierra cultivable, pero, en su mayor parte, esta comarca es seca, extraordinariamente cálida en verano y muy fría en invierno, y tiene un número realmente escaso de tiendas y establecimientos hoteleros.
Probablemente, en tiempos de Ignacio de Loyola no había mucha más población. Mientras caminas, trata de imaginarlo junto a ti, con su mula y su pierna lisiada, avanzando poco a poco por este vasto y solitario paisaje. Ignacio lo recorrió a finales

Iglesia de San Miguel, Fuentes de Ebro.

del invierno, una época en la que el cierzo haría el viaje aún más arduo. El cierzo, un fuerte viento característico del valle del Ebro del que se tiene noticia documental ya desde época romana, puede soplar en rachas de hasta 100 km/h en invierno y a comienzos de la primavera. Los campesinos levantan barreras de piedras para proteger los cultivos de la erosión del viento, pero también los peregrinos pueden sufrir su dureza. Ignacio partió de su casa en Loyola a finales de enero o comienzos de febrero; las temperaturas nocturnas en esta parte de España rondarían los 0 grados, y el cierzo sería en ocasiones muy intenso.

Los peregrinos no deberían infravalorar este inhóspito entorno. Es muy recomendable llevar agua suficiente para superar la distancia entre Pina de Ebro y Bujaraloz. Hay que recordar que al final de la etapa 17 no hay lugar donde dormir, de manera que hay que estirarse en el suelo bajo la luz de las estrellas para pasar la noche.

Los peregrinos que no estén en buena forma física pueden considerar la posibilidad de tomar un autobús desde Zaragoza a Bujaraloz y seguir a partir de allí. También se puede acabar esta etapa 16 volviendo en autobús a Zaragoza y al día siguiente tomar el bus desde la ciudad hasta Bujaraloz. Otra posibilidad es hacer la etapa normalmente y, llegados a Venta de Santa Lucía, llamar a un taxi de Pina de Ebro o de Bujaraloz y llegarse al pueblo siguiente para dormir. También es posible contar con el servicio de autobús público (www.agredasa.es) que para en Venta de Santa Lucía a las 15:30, con dirección a Bujaraloz.

A pesar de todas estas advertencias, no cabe duda de que los peregrinos

que recorran a pie los Monegros vivirán probablemente una de las experiencias más destacadas del Camino Ignaciano, algo por completo inimaginable para los peregrinos en autobús que pasan silbando a 120 km/h por este paisaje; a saber, una profunda solidaridad con Ignacio, quien recorrió en solitario esta comarca cuando estaba mucho más aislada y desolada que en la actualidad. Uno no puede sino intentar imaginarse los pensamientos y sentimientos que le asaltarían en un paisaje tan solitario. Todavía hoy los peregrinos serán intensamente conscientes del profundo silencio que reina en este tramo del Camino: un excelente entorno para escuchar los pensamientos más profundos de la propia alma.

■ **TAXIS**
Fuentes de Ebro
Taxi Sonia Rubio 627 574 290

■ **ALOJAMIENTO**
FUENTES DE EBRO: Hostal San Miguel, c/ Trinque, 8. Tel.: 976 169 071. Hostal Patio, c/ Los Sitios, 37. Tel.: 976 161 065. Hostal Texas, c/ Mayor, 15. Tel.: 976 160 419. Hostal Elena, av. Santiago Lapuente, 9-11 (descuento para los peregrinos).
Tel.: 976 160 267 / 628 478 199.
Ayuntamiento. Tel.: 976 169 100 (piscina gratis para los peregrinos).

Fuentes de Ebro – Venta de Santa Lucía
(29,6 km)

«Cuanto más desesperada parezca una situación, tanto más debemos confiar en Dios; cuando falla la ayuda humana, Dios está cerca».

«Cohíbo mis pies de todo mal camino, para observar tu palabra. […] Reflexiono sobre tus decretos, por eso detesto toda senda falsa» (Sal 119,101.104).

Plaza de España, Pina de Ebro.

Empezamos la etapa con el ánimo bien preparado. Tal vez sea esta la etapa más temida de todo el Camino Ignaciano, pero podemos superarla con un buen espíritu de peregrinos, que buscan la austeridad y la soledad.

Decimos adiós a Fuentes de Ebro, y hoy nos despedimos del Camino de Santiago del Ebro que traíamos desde Logroño. Nuestro Camino Ignaciano sigue ahora el Camino Real que tomó Ignacio de Loyola, en peregrinación hacia el monasterio de Montserrat y que coincide también, en sentido inverso, con el Camino de Santiago Catalán.

Salimos por la calle Mayor y bajamos hasta la carretera por la calle Ramón y Cajal. Atravesamos la carretera y seguimos recto a la derecha y, en pocos metros, volvemos a girar a la derecha por la calle del Baño. Seguiremos siempre de frente esta calle, que se transforma en camino y que, al llegar a una cantera de piedra, nos hace pasar bajo las vías del tren de Alta Velocidad. Al otro lado está el puente sobre las vías del tren convencional. Lo cruzamos y seguimos paralelos a esas vías durante 3 km.

Después de un paso a nivel que no cruzamos, nos alejamos del tren y, con tres

ETAPA N.º 17

FUENTES DE EBRO – VENTA DE SANTA LUCÍA

giros sucesivos a la izquierda, nos dirigimos a la margen del río Ebro. Atención a estos giros, porque no hay posibilidad de señales en el camino. En este punto el río es majestuoso otra vez. En 2015 el río se desbordó y arrastró el camino en este punto, pero en 2016 el camino había sido reconstruido: esta es una lucha sin fin con el curso del río. Seguimos el curso del río hasta el puente que nos permite cruzar hacia el pueblo de Pina de Ebro. En la plaza de la Iglesia nos avituallamos de agua y de algo de comer y seguimos nuestro camino, saliendo a la carretera por la calle Fernando el Católico. Continuamos carretera arriba, pasando una cooperativa agrícola y por el cementerio, que queda tras ella.

Tomamos la carretera de tierra que se dirige al polígono industrial. La blanca ermita de San Gregorio queda en lo alto a nuestra derecha. Llegamos al polígono y lo rodeamos por la derecha para ir a buscar unas torres eléctricas y un camino de tierra que sube hacia las colinas de los Monegros. La imagen de un gran toro negro en el horizonte nos sirve de referencia.

La escasa vegetación nos da testimonio de la dureza del clima en esta región. No encontramos árboles o cobijo que nos proteja del sol. Hay que estar preparados para lo que vamos a encontrar. En verano, el sol calienta la tierra y el aire hasta más de 40 grados y no vamos a encontrar fuentes. En invierno, las noches pueden ser muy frías. Un fuerte aroma de romero y otras plantas aromáticas nos acompaña a lo largo del camino, en el que constantemente aparecen liebres y conejos corriendo y saltando a escasos metros de nuestros pies.

Llegados a lo alto de la meseta de los Monegros y después de unos grandes corrales de ovejas que nos sirven de referencia, tomamos el camino de la izquierda y seguimos recto. Atención con este tramo de la etapa, en el que puede ser un poco difícil seguir el buen camino, puesto que hay bastantes bifurcaciones y muy poca señalización.

El lugar a donde nos dirigimos está junto a la carretera N-II, que siempre queda a nuestra izquierda. En caso de duda o

extravío, mejor girar a la izquierda y seguir recto hasta encontrar la carretera N-II, que entonces tomaríamos hacia nuestra derecha hasta llegar a la Venta de Santa Lucía.

Por fin llegamos al final de esta etapa. Nada hay para acoger a los peregrinos, así que esta noche dormiremos al raso, bajo las estrellas. Hay que encontrar un suelo limpio de piedras y tumbarse, esperando calmamente la salida de la luna.

ETAPA N.º 17

FUENTES DE EBRO – VENTA DE SANTA LUCÍA

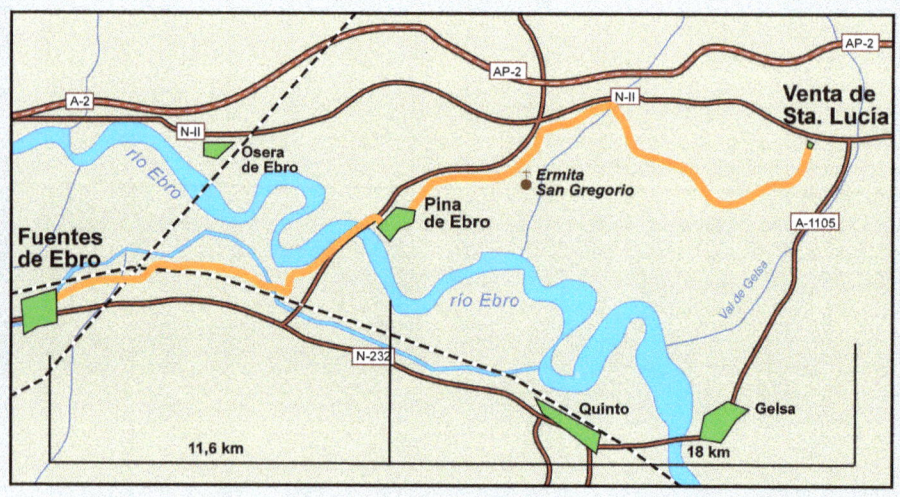

Desnivel acumulado subiendo: 266 m. Desnivel acumulado bajando: 186 m.
Bicicletas: fácil, aunque la subida a la meseta de los Monegros tiene algo de pendiente.

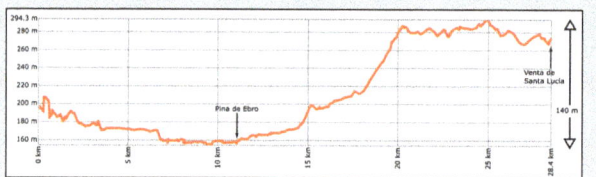

Fuentes de Ebro:	km 0.
Pina de Ebro:	km 11,6.
Venta de Santa Lucía:	km 29,6.

■ Descripción

A partir de la puerta de la iglesia, tomamos la calle Mayor, de frente, que vamos a seguir hasta llegar a la calle Ramón y Cajal, que empieza a nuestra izquierda y que tomamos en descenso. Llegamos a la carretera nacional y la cruzamos, siguiendo de frente por la calle que se bifurca: tomamos la de la derecha, que es la avenida Lorenzo Pardo. Atención, porque en 250 m hemos de girar a la derecha, por la calle del Baño. Seguimos siempre de frente por el mismo camino hasta llegar a un túnel bajo la vía del tren de Alta Velocidad. Atención porque, al llegar a una cantera de piedra, encontramos una bifurcación: tomamos la derecha para ir hacia las vías del AVE (el camino de la izquierda nos lleva a un túnel bajo las vías del tren convencional).

Pasado el túnel, el camino nos lleva a un puente sobre la vía del tren Zaragoza – Barcelona. Lo cruzamos y giramos a la derecha para tomar el camino paralelo a las vías del tren convencional. Vamos a ir siempre recto, junto a las vías, en los próximos 3 km. En unos metros pasamos bajo un puente y más adelante dejamos un paso a nivel a nuestra derecha. Seguimos siempre de frente.

Un camino se nos une por la derecha pero nosotros seguimos girando a la izquierda. En 100 m volvemos a girar a la izquierda, entrando en un nuevo camino y giramos de nuevo a la izquierda en pocos metros. Todo recto llegamos al río Ebro y seguimos por su margen, girando a nuestra derecha. Seguimos de frente.

ETAPA N.º 17

FUENTES DE EBRO – VENTA DE SANTA LUCÍA

Llegamos a la carretera A-1107 y giramos a la izquierda para pasar sobre el puente. Aquí ya nos separamos del Camino de Santiago del Ebro y nos adentramos en el Camino de Santiago Catalán. Justo pasado el puente, giramos a nuestra derecha para entrar en Pina de Ebro. Buscamos la iglesia y la plaza mayor con su ayuntamiento. Aquí es necesario recuperar fuerzas en alguno de los múltiples bares-restaurantes de la plaza. Hay que tomar reservas de agua para el tramo que nos queda hoy, y tal vez para parte de la etapa de mañana.

Para salir del pueblo hemos de buscar la calle Fernando el Católico, saliendo de la plaza por la calle de la Iglesia. Tomamos la calle Fernando el Católico a nuestra izquierda y salimos del pueblo para encontrarnos con la carretera en dirección a la N-II. Una gran nave agrícola de la cooperativa COOPINA es bien visible. En 1,5 km estamos en la Cooperativa Agrícola y tomamos el camino de tierra que va paralelo a la carretera.

Pasamos la Cooperativa y dejamos a nuestra derecha el cementerio del pueblo. La ermita de San Gregorio aparece en lo alto, a nuestra derecha. Nuestro camino llega junto a un canal de riego y nos separamos de la carretera, tomando la pista de tierra marcada como «Mirador de San Gregorio». Subimos por la pista de tierra, pero no tomamos la desviación hacia San Gregorio, sino que seguimos hasta alcanzar el asfalto de la calle del polígono industrial. Tomamos la calle hacia nuestra derecha, descendiendo. En la primera calle giramos a nuestra izquierda y la seguimos, dirigiéndonos hacia unas grandes torres de electricidad. Vemos flechas naranjas en las farolas de la calle.

Llegamos a un cruce de calles, junto a una torre de alta tensión eléctrica. Un camino de tierra empieza a nuestra derecha, al lado de la torre, y lo tomamos. Unos postes de electricidad nos acompañan en el camino y la figura de un gran toro negro nos saluda delante de nosotros. Nos vamos acercando a él. Seguimos de frente hasta alcanzar la carretera N-II, nuestra nueva compañera de camino.

No la cruzamos, sino que nos desviamos por un camino a nuestra derecha, que nos aleja de la N-II por un tiempo. Vamos subiendo hacia la meseta de los Monegros. Seguimos de frente por nuestro camino de tierra, que va serpenteando por los campos. No tomamos ninguna desviación. A 2,8 km de la N-II llegamos a lo alto de la meseta de los Monegros y encontramos unas cuadras de ganado bastante grandes a nuestra izquierda. Al llegar a ellas, el camino se bifurca: tomamos por nuestra izquierda y seguimos de frente.

En 1 km, nueva bifurcación, en la que ahora tomamos por nuestra derecha. Todo de frente, durante 1,8 km hasta la nueva bifurcación, en la que tomamos por nuestra izquierda. En 1 km, nueva bifurcación; ahora tomamos por nuestra derecha para subir una pendiente. Continuamos todo recto por nuestro camino, que es el principal, sin entrar en los laterales que van y vienen de los campos adyacentes. Nos vamos acercando a la N-II. El camino nos lleva a la Venta de Santa Lucía, a la que llegamos por detrás.

ETAPA N.º 17
FUENTES DE EBRO – VENTA DE SANTA LUCÍA

■ Datos de interés

Empezamos una serie de etapas que no son las más fáciles del Camino Ignaciano. Las etapas cercanas a Loyola, en el País Vasco, fueron duras por sus fuertes desniveles y el frío en invierno, o la lluvia y la niebla. Ahora nos enfrentamos al popularmente llamado «desierto de los Monegros». Hemos de tener cuidado para no caer en la trampa de querer pasarlos «corriendo», lo más rápido posible. Son tramos duros, que hay que pasar a su ritmo: ni más rápido ni más lento de lo necesario. Si en alguna etapa del Camino Ignaciano uno puede románticamente desear dormir al cielo raso, en el «desierto de Los Monegros» esto va a ser casi obligado. Así mismo, el agua escasea: ¡la ducha diaria va a ser difícil de mantener! Pero a cada peregrino le toca escoger su modo de hacer el Camino.

PINA DE EBRO: El convento franciscano de San Salvador (siglos XVI-XVII) guarda el estilo mudéjar que ya hemos visto antes de llegar a Zaragoza. Pina, un pueblo de más de 2.000 habitantes, nos ofrece restaurante, farmacia, supermercado y banco. Ayuntamiento. Tel.: 976 165 007.

VENTA DE SANTA LUCÍA: Hay un restaurante (ctra. Nacional II, km 372,3. Tel.: 976 162 001), pero ninguna posibilidad de alojamiento. Es prudente llamar desde Pina de Ebro al restaurante para asegurarse de que está abierto y que podrán ofrecer agua y una cena. En caso de no obtener respuesta, mejor comprar alimentos y bebida en Pina, dispuestos a cenar y desayunar en el campo.
Se puede tomar el autobús en Venta (a las 15:35, www.agredasa.es) y dirigirse a Bujaraloz, saltando la etapa siguiente. Esta linea de autobus cubre todas las localidades entre Zaragoza y Lleida, por lo que es muy conveniente para los peregrinos.

■ TAXIS
Pina de Ebro
Taxi José M.ª Franco   618 543 767

Bujaraloz
Taxi Carlos   608 782 616
(taxi de 5 y 8 plazas)

■ ALOJAMIENTO
PINA DE EBRO: Pensión Los Valles, c/ Magisterio Nacional, 7.
Tel.: 976 165 553 / 675 721 711.

VENTA DE SANTA LUCÍA: Ninguna posibilidad al alcance.

Venta de Santa Lucía – Bujaraloz
(21,3 km)

«Cuídate de condenar la acción de cualquier persona. Considera la intención de tu prójimo, que a menudo es honesta e inocente, aun cuando su acto se te antoje malo por las apariencias externas».

«El desierto y el yermo se regocijarán, el páramo de alegría florecerá, como flor de narciso florecerá, desbordando de gozo y alegría [...]. Ellos verán la gloria del Señor, la belleza de nuestro Dios» (Is 35,1-3).

Si hemos dormido bajo las estrellas, seguro que nos será fácil levantarnos temprano y comenzar a caminar, incluso sin la luz del sol. El camino nos aparta de la carretera Nacional II, con un tráfico excesivo para los peregrinos, pero al mismo tiempo esta misma carretera N-II nos servirá de orientación: toda ella es el Camino Real de los peregrinos que conecta pueblo con pueblo desde hace siglos.

El Camino Ignaciano va siempre paralelo a la N-II hasta llegar a Bujaraloz, primero siguiéndola a nuestra izquierda y luego, 5 km después de pasar por la gasolinera, a la derecha.

Seguimos caminando hacia el sol naciente. El aroma de las plantas junto al camino y las liebres que saltan corriendo a nuestro paso nos hacen disfrutar de esta etapa relativamente corta. El camino no tiene pérdida y la llegada a Bujaraloz es muy fácil. Una etapa, pues, que nos ayuda a recuperar las fuerzas perdidas en la anterior.

ETAPA N.º 18

VENTA DE SANTA LUCÍA – BUJARALOZ

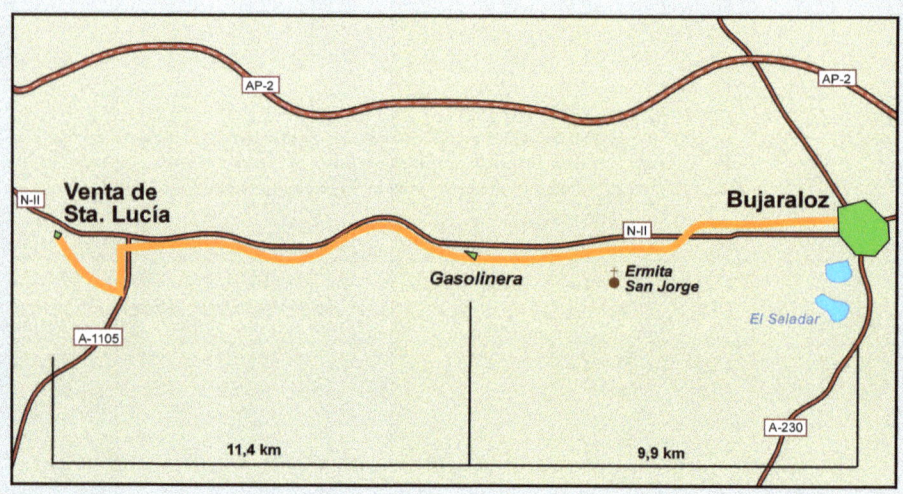

Desnivel acumulado subiendo: 191 m. Desnivel acumulado bajando: 135 m.
Bicicletas: fácil.

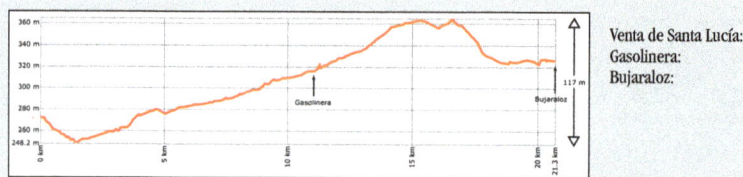

Venta de Santa Lucía: km 0.
Gasolinera: km 11,4.
Bujaraloz: km 21,3.

■ Descripción

Nos levantamos y tenemos una decisión que tomar: o bien seguimos por la N-II, a nuestra derecha, o bien seguimos el camino marcado con las flechas naranjas, que nos aleja de la N-II. La primera opción nos lleva al punto de encuentro de las dos opciones en 1 km; la segunda nos lleva al mismo punto pero en 3 km. La ventaja de la segunda sobre la primera es que evitamos la transitada N-II, pero igualmente encontramos asfalto durante 1,5 km. Al peregrino le toca decidir. Si se sigue por la N-II, tan solo seguir recto, teniendo mucho cuidado con el tráfico. El punto de encuentro con los que hayan seguido la segunda opción es el cruce con la carretera que llega desde Quinto y se dirige a Venta de Santa Lucía. Si se sigue la segunda opción, la del camino de tierra, hemos de tomar a nuestra derecha un camino que nos aleja

de la carretera nacional. Lo seguimos todo de frente sin desviaciones, hasta llegar a la carretera A-1105, que va a Quinto. La tomamos hacia la izquierda y subimos hasta la Nacional II.
Tras andar 50 m por la N-II, tomamos un camino de tierra a nuestra derecha y lo seguimos de frente, sin tomar ninguna de las intersecciones que lo cruzan. En caso de duda, hemos de seguir lo más paralelos posibles a la N-II, que nos sirve de guía, siempre a nuestra izquierda. Llegamos a una gasolinera. Seguimos el camino de tierra que sale de la gasolinera y que continúa por el que ya llevábamos. Vamos siempre paralelos a la N-II, a nuestra izquierda. A 5 km de la gasolinera, nuestro camino de tierra cruza la N-II y seguimos en paralelo, pero ahora con la N-II a la derecha. Todo de frente, sin tomar ninguna desviación, vamos acompañando la N-II, que nos deja en Bujaraloz. Por la calle Santiago, llegamos a la plaza Mayor.

Bujaraloz.

■ Datos de interés

BUJARALOZ: Población pequeña, de unos 1.000 habitantes, que dedica su iglesia barroca al apóstol Santiago, aunque el patrón del pueblo es san Agustín. Se dice que hubo una época en que san Fabián y san Sebastián eran los patronos de Bujaraloz. Pero, al no hacer nada estos patronos ante una temible plaga de langosta que vino de África, las gentes de Bujaraloz decidieron buscar otro patrón que luchase contra la langosta. Lo que hicieron fue introducir papeletas en una urna con el nombre de los santos candidatos a ser patronos.
Tres veces se sacó una papeleta al azar, y tres veces salió elegido san Agustín.
Lo curioso del caso es que el nombre de san Agustín no fue escrito en ninguna de las papeletas. A Bujaraloz se le llama la «capital» de los Monegros, comarca que comprende 31 municipios. Nos ofrece restaurante, supermercado, farmacia y banco. A unos 10 km al sur de Bujaraloz encontramos un paisaje peculiar, salpicado de numerosas lagunas saladas que en verano, por efecto de la evaporación, se convierten en extensas láminas de sal. La Laguna de la Playa, en la carretera a Sástago, es la más importante (con una superficie de 2 por 3 km).

■ TAXIS
Bujaraloz
Taxi Carlos   608 782 616
(taxi de 5 y 8 plazas)

■ ALOJAMIENTO
BUJARALOZ: Hostal La Parrilla Monegros II, ctra. N-II, km 390,5. Tel.: 976 173 230.
Hostal El Español (reducción de precio para los peregrinos y desayunos a partir de las 6,30 h), ctra. N-II, km 390.
Tel.: 976 173 192 / 976 173 043.
Hostal Las Sabinas,
c/ Santa Ana, 6-8. Tel.: 976 173 450.
Ayuntamiento. Tel.: 976 173 175.

Bujaraloz – Candasnos
(21 km)

«No emprendas nada sin consultar a Dios».

«Brotará agua en el desierto, torrentes en la estepa, el páramo será un estanque, lo reseco un manantial. [...] Lo cruzará una calzada que llamarán Vía Sacra [...]. Por ella volverán los rescatados del Señor; volverán a Sión con cánticos: en cabeza, alegría perpetua; siguiéndolos, gozo y alegría; pena y aflicción se alejarán» (Is 35,6-10).

Peñalba.

De nuevo tenemos una etapa corta y fácil de seguir. El camino agrícola que tomamos a la salida de Bujaraloz deja la N-II a nuestra derecha hasta llegar al próximo pueblo, Peñalba.

El camino transita por campos y lo suficientemente alejado de la carretera para que podamos disfrutar del silencio y de un ambiente muy relajado. Alguna vez hemos de subir alguna pendiente, pero en su mayor parte mantenemos el nivel o bajamos. Llegamos a Peñalba por detrás del pueblo. Nos acercamos a la iglesia y desde ella bajamos al canal. Cruzamos por el puente y nos dirigimos al siguiente puente, que cruzamos por debajo. Nuestro camino sigue paralelo al canal.

Nos acercamos a unas granjas y, después de una pequeña laguna con patos, un tendido eléctrico nos sirve de referencia para tomar a la izquierda un camino que nos sube, con buena pendiente, hasta llegar a la N-II. No la cruzamos, sino que la seguimos, llevándola siempre como referente a nuestra izquierda, hasta llegar a Candasnos.

Después de pasado un pequeño puente sobre un arroyo, seguimos todo recto pero con atención, porque el camino está en muy malas condiciones y se pierde un poco. El punto de referencia siempre es la N-II. No nos podemos perder y siempre podemos caminar este tramo por la N-II, a pesar del intenso tráfico.

Pasado este punto, llegamos a una tienda de frutas y a una fuente de agua. Muy pronto ya se puede ver el pueblo de Candasnos a lo lejos. Seguimos siempre de frente hacia el pueblo y llegamos sin dificultad.

ETAPA N.º 19

BUJARALOZ – CANDASNOS

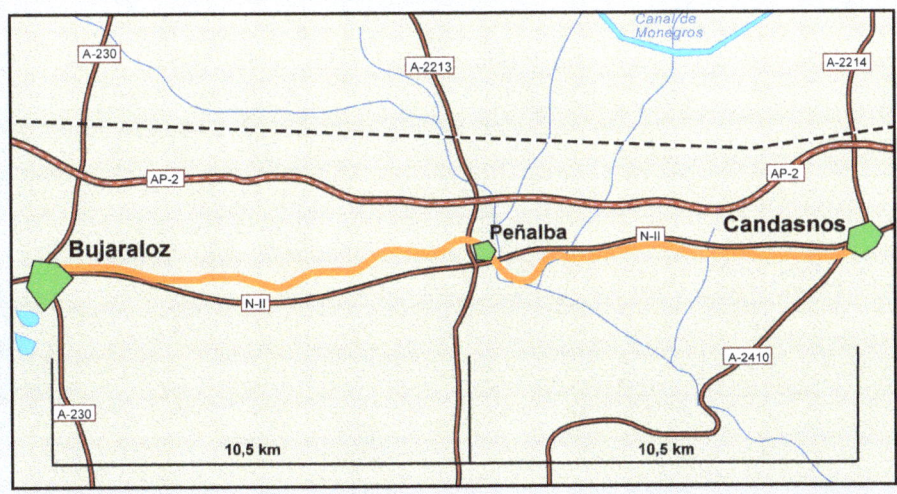

Desnivel acumulado subiendo: 203 m. Desnivel acumulado bajando: 258 m.
Bicicletas: fácil, aunque hay un pequeño tramo de 300 m de la Cañada Real entre Peñalba y Candasnos en el que el camino está muy perdido y se convierte casi en una senda. Mantener el equilibrio en la bicicleta será complicado. Mejor es subir por la carretera.

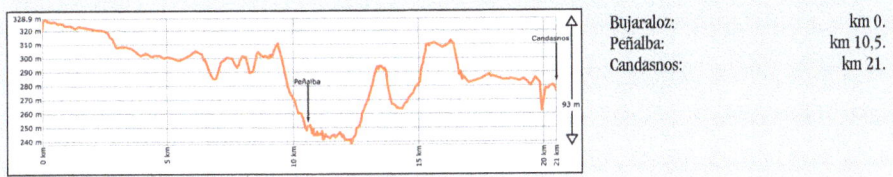

Bujaraloz: km 0.
Peñalba: km 10,5.
Candasnos: km 21.

■ Descripción

Nos ponemos en marcha desde el centro del pueblo, llegando a la calle Baja y pasando por delante del santuario de Nuestra Señora de la Misericordia. Seguimos hacia la N-II. Vamos a caminar paralelos a ella, dejándola a nuestra derecha, por un camino rural asfaltado. Unas naves industriales quedan a nuestra izquierda. Vamos todo recto, de frente. Seguimos siempre de frente nuestro camino, sin desviarnos en ninguno de los cruces que aparecen con cierta frecuencia.

Candasnos.

A 3 km de Bujaraloz, el camino se bifurca y tomamos el camino de nuestra izquierda; el de la derecha sube alto. Junto a una granja a nuestra izquierda, nuestro camino desemboca en otro, que tomamos hacia nuestra derecha. A 250 m el camino se bifurca: tomamos por nuestra

ETAPA N.º 19

BUJARALOZ – CANDASNOS

izquierda. 2 km más adelante, nos encontramos con la carretera A-2213, que tomamos hacia nuestra derecha por unos pocos metros, porque enseguida tomamos la pista asfaltada que empieza a nuestra izquierda.

El asfalto se convierte en tierra. Bajamos y, al final de la bajada, tomamos un camino a la derecha que se dirige al pueblo de Peñalba, que vemos al final del camino. Llegamos al pueblo y tomamos la calle que se desvía hacia la izquierda para dirigirse a la iglesia y el ayuntamiento. Atravesando el pueblo, nos dirigimos a un canal de agua y al puente que lo cruza. Pasado el puente, giramos a nuestra derecha, para seguir paralelos al canal en dirección al puente de la carretera N-II. Pasamos por debajo y seguimos de frente hacia un camino asfaltado que tomamos, siempre sin cruzar el canal. Seguimos de frente y el asfalto cambia por una pista de

tierra. A nuestra izquierda vemos unas granjas y una silueta de un toro negro, arriba en una pequeña montaña. Seguimos siempre de frente por camino de tierra. Pasamos una laguna, que dejamos a nuestra derecha. Pronto, al llegar a un poste del tendido eléctrico, tomamos el camino que surge a la izquierda y que sube a lo alto de la colina. Unos postes eléctricos van subiendo el camino con nosotros.

Por fin, llegamos a lo alto y también a la N-II. No la cruzamos, sino que tomamos, a nuestra derecha, un camino de tierra paralelo, que nos hace bajar un pequeño tramo y luego empieza de nuevo a subir por una zona arbolada. Nuestro consejo para los ciclistas y peatones es que eviten este último tramo de subida porque no está bien. Se puede evitar si, una vez bajado el primer tramo, se coge la N-II para hacer esa subida. Son unos 500 metros, que habrá que hacer con cuidado porque hay muchos camiones. Una vez terminada esa subida, hay un área de *picnic* a la derecha, con una tienda de fruta al lado. En ese punto se pueden incorporar de nuevo al camino lateral que habrán seguido los peregrinos a pie, y que marcha siempre junto a la N-II. Las flechas nos guían. Llegamos a un pequeño puente sobre la riera. Lo cruzamos y seguimos siempre en paralelo a la N-II. Muy cerca ya de Candasnos, nos dirigimos a la carretera que nos hace entrar en el pueblo.

Datos de interés

Una vez más, los árboles y las sombras van a escasear.

PEÑALBA: Pequeña población, que nos ofrece restaurantes, supermercado, farmacia y banco.

CANDASNOS: Población pequeña, de 500 habitantes. Destaca su iglesia, dedicada a Santa María de la Asunción, iniciada en el siglo XII en estilo románico, usando como material piedra de sillería (se pueden ver las marcas de los canteros en las piedras). En este estilo románico se realizó la planta única y el ábside semicircular, pero lo destacable de este templo es la transición al gótico del siglo XIV: a mitad de altura del edificio comienza su construcción en ladrillo, y en la zona del ábside se pasa del semicírculo al polígono, siendo sus ventanas en este tramo con arcos apuntados. Candasnos cuenta con restaurante, supermercado y banco. Existe la posibilidad de tomar el autobús (parada de autobús cerca de la iglesia) a las 16:00 (www.agredasa.es) y dirigirse a Fraga, omitiendo la siguiente etapa. Esta línea de autobús llega a todas las ciudades entre Zaragoza y Lleida, demostrando ser muy útil para los peregrinos.

■ TAXIS
Fraga
Taxi   693 359 450

■ ALOJAMIENTO
PEÑALBA: Casa rural El Balsetón, c/ del Carmen, 24. Tel.: 649 545 450.

CANDASNOS: Desde 2018 no hay camas disponibles en Candasnos. Hay que llamar y probar con el ayuntamiento. Pensión El Pilar (cierran los sábados y domingos), c/ Zaragoza, 13. Tel.: 974 463 017. Hotel La Cruzanzana (a 2 km saliendo del pueblo, según el itinerario de la siguiente etapa), ctra. Nacional II, km 412. Tel.: 974 463 044. Ayuntamiento. Tel.: 974 463 001.

CANDASNOS – FRAGA

(26,8 km)

«Que quien es rico se esfuerce por poseer sus bienes
en vez de ser poseído por ellos».

«Pisé un camino llano, porque desde joven busqué la sabiduría»
(Eclo 51,15).

Fraga.

La de hoy es una etapa larga, pero relativamente fácil, puesto que en su mayor parte es llana y tenemos una gran bajada al final. Por otro lado, no encontraremos poblaciones intermedias, así que hemos de pensar en llevar suficiente agua y protección frente a los rayos solares.

Dejamos Candasnos saliendo por las piscinas municipales y siempre en paralelo a la N-II. El camino es bueno y no tiene pérdida. Llegamos al puente sobre la autovía y al otro lado vemos el Hotel La Cruzanzana. Nosotros seguimos el camino de tierra que va paralelo a la N-II, siempre recto. De nuevo las liebres saltan a nuestro paso y las vemos desaparecer a gran velocidad dentro de sus madrigueras.

A unos 6 km de nuestra salida, nuestro camino cruza la carretera N-II gracias a un túnel. Al otro lado del túnel giramos a la derecha para subir a tomar un camino ancho de tierra que va paralelo a la N-II, que ahora nos va a quedar siempre a la derecha, hasta que lleguemos a Fraga. Dejamos el camino ancho y seguimos por otro menos trazado, pero siempre recto, en la misma dirección, paralelos a la N-II. Pasamos junto a una gasolinera, donde podemos comprar agua si es necesario, y seguimos por nuestro camino, siempre de frente, sin pérdida.

Llegamos al final de la meseta de los Monegros y vemos el valle del Cinca, que se abre espléndido frente a nosotros. La N-II inicia un fuerte descenso que nosotros no vamos a seguir, puesto que nos alejamos de ella dirigiéndonos hacia nuestra izquierda. Vamos a buscar unas torres de electricidad y un camino de

ETAPA N.º 20
CANDASNOS – FRAGA

tierra que va bordeando la altura de la meseta. Otra torre eléctrica nos sirve de referencia para tomar el camino que desciende ya hacia Fraga. El camino no tiene pérdida, pero hemos de girar a la izquierda en el primer cruce de caminos y, 200 m después, tenemos que girar a la derecha en el siguiente cruce. Debemos fijarnos en la presencia de flechas indicadoras.

Fraga aparece imponente delante de nosotros. Entramos por la avenida de Aragón, que nos lleva directamente al puente sobre el Cinca y al barrio antiguo. Los supermercados están en esta primera zona; la iglesia y el ayuntamiento, en la parte antigua.

Seguro que sentimos este final de etapa con sabor a victoria, después de haber cruzado los Monegros. Pero la próxima etapa será también un poco larga y al principio un poco dura, así que hay que prepararse y coger fuerzas.

Río Cinca.

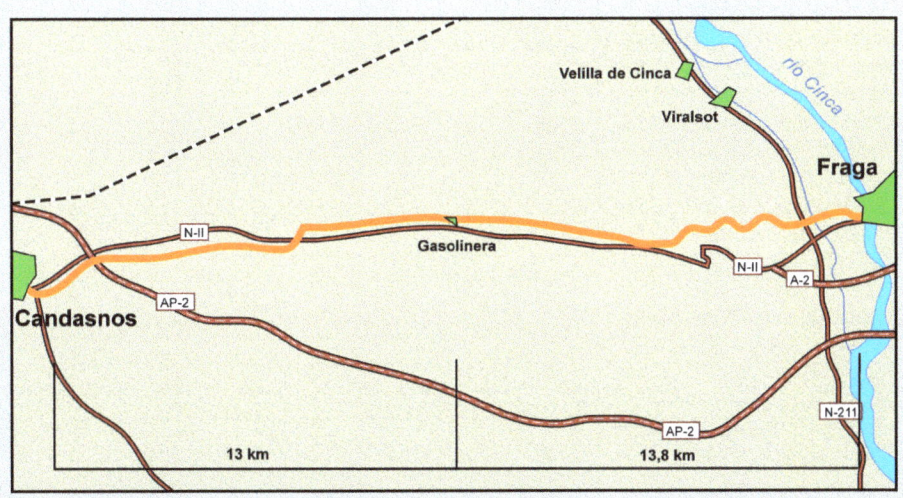

Desnivel acumulado subiendo: 214 m. Desnivel acumulado bajando: 361 m.
Bicicletas: fácil, aunque la bajada de la meseta de los Monegros tiene una fuerte pendiente y algunos tramos del camino muestran surcos profundos a causa de las lluvias.

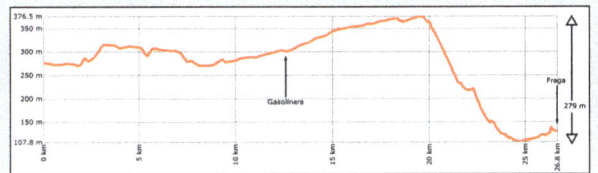

Candasnos:	km 0.
Gasolinera:	km 13.
Fraga:	km 26,8.

Descripción

Desde el centro del pueblo, salimos por la calle de la Balsa del Tejar, que está en la plaza al lado de la iglesia. Dejamos las piscinas municipales a nuestra derecha y seguimos de frente, guiados por la N-II que queda a nuestra izquierda. Entramos en la Cañada Real, asfaltada al principio y luego de tierra. Un puente nos ayuda a cruzar la AP-2 o Autopista del Nordeste. A nuestra izquierda vemos el Hotel Cruzanzana. Seguimos en paralelo a la N-II, que queda a nuestra izquierda. A 3 km del puente, cruzamos la N-II por un túnel y subimos a la derecha para encontrar un camino y seguir paralelos a la N-II, pero ahora dejándola a nuestra derecha. Seguimos así, siempre de frente, alejándonos más o menos de la N-II, pero siempre con ella a la vista. Pasamos junto a una gasolinera y seguimos recto. Una línea de postes de electricidad nos sirve de guía. Seguimos por el lateral de la N-II. Pasado el restaurante El Ventorrillo, tomamos un camino a la izquierda que nos va a separar de la N-II y nos va a mantener en la altura de la meseta, dejando que la N-II se hunda hacia el valle del Cinca. Nuestro camino se bifurca: tomamos por la derecha, dejando el de la izquierda al lado de un poste de electricidad. El camino nos ofrece una vista magnífica del valle y, pasada una edificación en piedra, encontramos de nuevo una bifurcación, al pie de un poste eléctrico, donde vamos a tomar por la derecha, en descenso. Una flecha amarilla a la izquierda nos recuerda nuestra dirección a contracorriente. Seguimos avanzando en fuerte descenso. Casi al llegar al llano, nuestro camino desemboca en otro, que hemos de tomar hacia nuestra izquierda. Lo seguimos de frente unos 200 m y giramos a la derecha en otro camino que empieza aquí y que conduce directamente a la bajada hacia Fraga. Unas señales rojas y blancas nos ayudan a seguir el camino correcto, pero hemos de tener cuidado para no olvidar girar a la derecha, puesto que las pistas blancas y rojas también siguen recto, cosa que nosotros no vamos a hacer. El camino nos hace descender directamente a Fraga. Llegamos a la carretera y giramos a la derecha. A 100 m encontramos una rotonda que nos indica «N-II a Lérida». Entramos en la ciudad por la N-II, que se convierte en la bonita avenida de Aragón. Todo recto llegamos al río Cinca. El Camino Ignaciano continúa pasado el río, en el barrio viejo, al lado del ayuntamiento.

Datos de interés

FRAGA: Con sus más de 13.000 habitantes, es la población más importante del bajo Cinca. De origen ibérico, con vestigios romanos en sus cercanías y con un claro protagonismo en la historia de la Reconquista aragonesa, Fraga es ciudad por concesión de Felipe V en 1709. La torre de los Frailes, bien restaurada, fue construida por los templarios en 1128. Destaca su iglesia dedicada a san Pedro, de estilo románico (siglo XII), edificada sobre una primitiva mezquita. El trazado urbanístico de Fraga responde a la concepción árabe, con casas de adobe, que aún es posible contemplar en algunas zonas. En el barrio de las Atarazanas hubo un astillero de barcas para el río Cinca. Son edificios particularmente evocadores la casa de Junqueras, el palacio del Gobernador, el de los Escolapios y otros muchos de carácter gótico, correspondientes a los siglos XVI y XVII. También es digno de visitar el museo de la ciudad, situado en el palacio Moncada (c/ San José de Calasanz, 12. Tel.: 974 472 533), un edificio del siglo XVII renovado recientemente. En esta ciudad podemos encontrar todo lo que necesitemos: restaurantes, supermercados, centros de salud, bancos, talleres de bicicletas, farmacias y oficina de turismo (Tel.: 974 470 050).

TAXIS
Fraga
Taxi Fraga 24 h   607 434 445
Taxi Eugenio   690 627 475
Taxi Romera SL   974 471 673

ALOJAMIENTO
FRAGA: Hostal Aribau, av. Madrid, 25. Tel.: 974 471 887. Hostal Oasis, ctra. Nacional II, km 442. Tel.: 974 470 654. Hostal Trébol, av. Aragón, 9. Tel.: 974 471 533. Pensión Olles, av. Madrid, 33. Tel.: 974 453 834. Ayuntamiento. Tel.: 974 470 050. Con un certificado de peregrino que ofrecen en la parroquia (Tels: 974 470 183 / 974 470 865) o en la residencia de ancianos de Fraga, hay posibilidad de alojarse a precio reducido en el Hostal Trébol o gratis en los bungalows del camping Fraga, que está a 1 km en las afueras, subiendo por la calle Soses.

Fraga.

Fraga – Lleida

(33 km)

«Cuando el diablo quiere atacar a alguien, lo primero que hace
es estudiar por qué flanco son más débiles
o están peor dispuestas sus defensas, y entonces desplaza
su artillería para abrir brecha en ese punto».

«Como estuve con Moisés estaré contigo; no te dejaré
ni te abandonaré. [...] Tú ten mucho ánimo y sé valiente
para cumplir todo lo que te mandó mi siervo Moisés;
no te desvíes ni a derecha ni a izquierda, y tendrás éxito
en todas tus empresas» (Jos 1,5.7).

La Seu Vella, Lleida.

De nuevo afrontamos una etapa larga para poder unir las dos grandes ciudades de Fraga y Lérida, o Lleida en catalán. Efectivamente, entramos ya en Cataluña, la última de las autonomías que hemos de recorrer para llegar a nuestro destino. El paisaje se vuelve mucho más verde y con gran cantidad de árboles frutales, que nos acompañarán en varias etapas futuras. Así mismo, el encuentro con el río Segre es otro motivo de alegría después de la aridez del pasado reciente.

Salimos de Fraga subiendo en dirección a la N-II y pasamos cerca del cementerio. Seguimos la carretera hasta llegar a una señal que indica la dirección del «Campo de tiro Las Acacias». Subimos por esa carretera para evitar pasar por el túnel de la N-II. Una vez arriba, descendemos por el otro lado hacia el polígono industrial en construcción. Atravesamos el largo terreno no urbanizado del polígono y, finalmente, nos dirigimos al hotel que vemos delante de nosotros, para tomar de frente el lateral de la autovía, que queda siempre a nuestra derecha.

En la rotonda entramos en Cataluña y descubrimos el primero de los enormes postes indicadores de madera que nos acompañarán hasta Manresa. Subimos la colina delante de nosotros y la bajamos para ir a encontrar de nuevo la autovía. El camino va pasando de asfalto a tierra y de nuevo al asfalto.

ETAPA N.º 21

FRAGA – LLEIDA

Llegamos a un puente marcado con el cartel «Camino Real», que nos recuerda el trazado histórico por el que estamos caminando. Lo cruzamos y seguimos el camino lateral y paralelo a la autovía, que así queda a nuestra izquierda. Nos acercamos a un polígono industrial. Seguimos los postes indicadores que nos llevan a través de los campos hasta Alcarràs, un pequeño pueblo con gran dinamismo social.

Salimos del pueblo por la avenida del Onze de Setembre, siguiendo las señales que nos llevan a un camino asfaltado que a través de los campos nos acerca de nuevo a la N-II. Llegamos a un polígono de tiendas. Pasado el polígono tomamos el camino que nos lleva finalmente a la entrada de una granja vacuna y, desde allí, al pueblo de Butsènit. Justo pasada la iglesia, un giro a la derecha nos hace descender por un camino de tierra hacia el río Segre.

Seguimos el río en su curso hacia la ciudad de Lleida, sintiendo la proximidad del agua. Si la temporada es la oportuna, ¡cigüeñas, patos y cisnes no faltan a la cita con el peregrino! No cruzamos el río, sino que nos mantenemos siempre en la misma orilla. Entramos en la ciudad junto al río y muy cerca de los primeros puentes se encuentra la parroquia de San Ignacio.

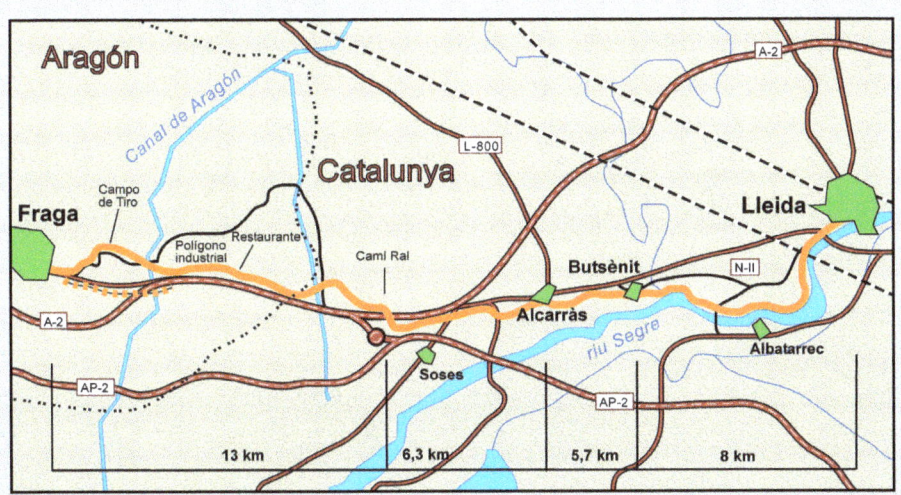

Desnivel acumulado subiendo: 265 m. Desnivel acumulado bajando: 233 m.
Bicicletas: fácil, aunque la salida de Fraga tiene una fuerte pendiente y hay que vigilar el cruce de la carretera si se va por el Campo de Tiro de las Acacias. Si se pasa por el túnel no hay que cruzar. Y más adelante hay que tener cuidado con no entrar en dirección contraria en la vía de servicio. Véanse las alternativas en la descripción detallada de la etapa.

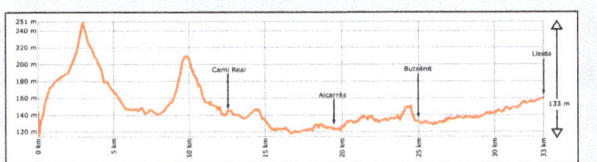

Fraga:	km 0.
Camí Ral:	km 13.
Alcarràs:	km 19,3.
Butsènit:	km 25.
Lleida:	km 33.

Descripción

Salimos de Fraga desde la plaza en la que está el ayuntamiento, la plaza de España. Nos situamos en el paseo de Barrón Segoñe, mirando al frente hacia el Ayuntamiento. A nuestra izquierda sube la calle Obradores Revolt, que, en cuesta empinada, nos lleva hasta la N-II. Llegados a ella, podemos tomar el puente blanco que nos conduce hasta el cementerio y desde allí, siguiendo por la calle, paralelos a la N-II, vamos caminando por la pendiente y alejándonos de Fraga. También podemos seguir paralelos a la N-II, pero por el lado derecho, todo de frente sin cambiar de lado.

Ya sea por la derecha de la carretera Nacional II, ya sea por la izquierda, llegamos a un cartel que nos indica una pista asfaltada que sube a nuestra izquierda: «Campo de tiro Las Acacias». La pista tiene la ventaja de alejarnos del tráfico, aunque nos espera una fuerte subida-bajada. Los ciclistas pueden seguir recto, evitando así la subida, y continuar por el lateral de la N-II unos dos kilómetros, para, después de un pequeño túnel, tomar la «vía de servicio» que anuncian los carteles de la carretera. No hay que entrar en la autovía A-2. Al descender del puente y llegar a la rotonda, los ciclistas pueden tomar por su izquierda y cruzar el túnel debajo de la A-2. Un cartel indica «Zona industrial». Entrando en esa zona industrial y girando por la primera calle a la derecha, los ciclistas enlazan con el camino de los peregrinos de a pie. Si hemos tomado en dirección al «Campo de tiro Las Acacias» y siguiendo las flechas naranjas en el asfalto, al llegar a lo alto continuamos por la pista a nuestra izquierda, para bajar hasta un punto en el que la carretera se bifurca. A nuestra derecha vemos los postes amarillos de la compañía de gas ENDESA GAS. Los seguimos y nos conducen a un polígono industrial. Entramos en el polígono y andamos por cualquiera de sus calles, paralelas a la A-2 y que en 2 km acaban en una rotonda. Vamos siempre en paralelo a la A-2, que queda a nuestra derecha. En la rotonda final, nos encontramos con los que han escogido seguir por la N-II.

Entramos en la rotonda por nuestra derecha y tomamos la segunda pista asfaltada, marcada como «Vía de servicio». Una señal de STOP pintada en el asfalto nos indica el camino que hemos de tomar y que nos dirige a la parte trasera de un hostal-restaurante. Llegados a él, nos acercamos a la vía de servicio de la A-2 y la tomamos hacia nuestra izquierda. Dos señales de STOP rojas nos indican, una vez más, que no vamos bien. ¡Siempre a contracorriente!
Para los ciclistas no es aconsejable ir en dirección contraria por el arcén de la vía de servicio. Por eso, la opción es cruzar el puente sobre la A-2, al que se llega después de la rotonda, y coger la primera a la izquierda, que es la vía de servicio en dirección a Lleida. Si seguimos esa vía durante unos kilómetros, siempre pegados a la A-2, terminaremos llegando a la altura de Soses y nos volveremos a unir al

ETAPA N.º 21
FRAGA – LLEIDA

trazado marcado en el mapa para los peregrinos de a pie.
Los de a pie seguimos por nuestra vía de servicio y pasamos por debajo de un puente que cruza la A-2. Continuamos de frente, siempre por la vía de servicio, hasta llegar a una rotonda. En este punto salimos de la Comunidad Autónoma de Aragón y empezamos nuestro caminar por tierras catalanas. Un poste indicador nos muestra el camino. Tomamos la segunda carretera asfaltada a nuestra izquierda, estrecha y con fuerte subida. Una laguna medio oculta aparece a nuestra derecha y seguimos

subiendo por el camino de la derecha, que la bordea. Al llegar a lo alto, nuestra pista desemboca en otra asfaltada, que tomamos hacia nuestra izquierda. Pero tan solo 100 metros, porque de nuevo giramos a nuestra derecha por un camino de tierra.
Los postes del Camino nos indican claramente la dirección. Giramos a nuestra derecha y luego a la izquierda, para dirigirnos a una torre de alta tensión y hacia una zona de árboles. Empezamos una fuerte bajada. Seguimos de frente nuestro camino, que de forma muy sinuosa va girando a derecha e izquierda, hasta llegar a una carretera asfaltada, la cual seguimos de frente y nos conduce de nuevo a una rotonda en la autopista A-2.
No hemos de entrar en la rotonda, sino que seguimos de frente y nos dirigimos a un puente cercano, para cruzar la A-2 por él. Justo al empezar el puente, nos encontramos con un cartel que nos recuerda que estamos en el «Camí Ral», por el que transitó Ignacio de Loyola. Cruzado el puente y llegados a la rotonda, giramos a nuestra izquierda y nos dirigimos a la A-2, porque nos interesa tomar la vía de servicio que se encuentra paralela a la autovía, que vamos a llevar a nuestra derecha. En unos metros, pasamos el Hostal Cataluña y Aragón y la gasolinera CAMPSA, al otro lado de la A-2, a nuestra izquierda. Seguimos por la vía de servicio y nos encontramos con otro puente, que pasamos por debajo. Continuamos por la vía de servicio y, después de una bajada, llegamos a una amplia rotonda que tomamos a nuestra derecha. Estamos en el km 448 de la N-II. Seguimos por el arcén de la N-II, que nos separa de la A-2 y que nos conduce hacia unas naves industriales. En una rotonda, pasamos junto a una escultura moderna en hierro (con un sol en lo alto), junto a la fábrica CEMESA. A 150 metros de la rotonda de CEMESA en la que estamos, parte una pista a nuestra derecha que hemos de tomar. Un poste nos indica el camino a Lleida. La pista se convierte en tierra y llegamos a la carretera que se dirige a Torres de Segre. La tomamos hacia nuestra derecha durante 250 metros y después seguimos por la pista asfaltada a nuestra izquierda, que nos conduce a Alcarràs. Los postes nos indican bien el camino. Continuamos avanzando sin tomar desviaciones. Llegamos a Alcarràs por la calle Clamor. Seguimos por la Travesia Clamor

y cruzamos la carretera Nacional II. Todo recto por la calle Jacint Verdaguer y tomamos la primera a la derecha. Seguimos recto por la calle Joan XXIII hasta llegar a la calle Dr. Castells que tomamos a la derecha. Si nos fijamos, a nuestra espalda queda la iglesia de Alcarràs. Vamos por el paseo del Riu y en el primer cruce giramos a la izquierda para dirigirnos a la avenida Onze de Setembre.

Llegados al final de la avenida Onze de Setembre, un poste indicador nos señala la dirección hacia el pueblo de Butsènit. Tomamos la pista asfaltada a la derecha y pronto giramos a nuestra izquierda para pasar enfrente de unas naves agrícolas. Seguimos esta pista siempre de frente, sin tomar ninguno de los caminos que se abren a ella o parten de ella. Nos guiamos por los postes indicadores. Tomamos la pista en ángulo recto a nuestra izquierda. Vamos siguiendo de frente la pista, que nos conduce de nuevo a la N-II. Llegamos a ella a la altura de un túnel, pero no lo tomamos, sino que giramos a nuestra derecha y seguimos paralelos a la carretera Nacional II. Dejamos unas grandes naves comerciales a nuestra derecha y llegamos a otra rotonda. Un poste indicador nos invita a tomar una pista asfaltada que parte a nuestra derecha. Seguimos siempre ese camino asfaltado. Encontramos un poste que nos indica que tomemos a la izquierda un sendero que va hacia el cauce de un río. Pasamos por un estrecho puente y seguimos a nuestra izquierda para dirigirnos a una granja de vacas. Cerca de la puerta de la granja, hay un sendero indicado a nuestra derecha. Lo tomamos y llegamos a unas naves agrícolas. Estamos ya entrando en el pueblo de Butsènit. Seguimos y, al llegar a la carretera de entrada al pueblo, giramos a la derecha y nos adentramos en él. Pasamos una escuela primaria y llegamos a la iglesia de Nuestra Señora de la Asunción. Giramos en ángulo recto a nuestra derecha, para tomar un camino que desciende fuertemente, al lado del patio de la escuela.

El camino nos lleva directos al río Segre. Vamos a seguir el curso del río, manteniéndolo siempre a nuestra derecha. Seguimos las curvas del río. Pasamos por debajo de las vías del tren. Siempre de frente, caminando en paralelo al río Segre, llegamos a una carretera asfaltada y la tomamos hacia la derecha. Un poste nos guía. Finalmente, llegamos a la ciudad de Lleida, la gran capital. Seguimos paralelos al río Segre, cruzamos por el puente sobre la N-II y entramos por la avenida Alcalde Areny.

Aunque no muy visible, puesto que se encuentra en los bajos de un edificio, la parroquia de Sant Ignasi de Loiola, regentada por los padres jesuitas, se encuentra a nuestra izquierda, a tan solo 400 metros del puente que acabamos de cruzar siguiendo el río (conviene preguntar después de haber pasado la «Pasarela de los Maristas»).

Siguiendo todo recto de frente por Avenida del Alcalde Areny llegamos a la Estación de Autobuses de Lleida. Girando a nuestra izquierda, subimos por la Avenida de Catalunya y tomamos a nuestra derecha en la calle Sant Antoni. Seguimos recto por esa calle y llegamos a la Catedral de Lleida, a la Oficina de Turismo y al Ayuntamiento de Lleida.

Iglesia de Santa María, Butsènit.

■ Datos de interés

ALCARRÀS: Población de 9.000 habitantes, dedicada a la agricultura y a la ganadería. En tiempos de Ignacio contaba con unas 80 familias. La iglesia de la Asunción (siglo XVIII) se construyó en el lugar que ocupaba el viejo castillo de los señores feudales. Nos ofrece restaurante, supermercado, farmacia, centro de salud y banco.

BUTSÈNIT: Muy cerca de la gran ciudad, tienen un proyecto de crear un refugio para peregrinos (Tel.: 629 312 614).

LLEIDA: Grande y bella ciudad catalana, con museos y edificios singulares que visitar. Es conveniente pasar por la oficina de información turística, para poder realizar un recorrido amplio de la ciudad y sus monumentos (c/ Major, 31 bis. Tel.: 973 700 319. www.paeria.es/turisme). De orígenes íberos y bien conocida por los romanos, que la bautizaron como Ilerda, pasó 4 siglos bajo la influencia musulmana; la ciudad fue reconquistada por el conde Ramón Berenguer a mediados del siglo XII. La Seu Vella, comenzada en el siglo XIII y dedicada a santa María, se construye con planta románica y en el mismo emplazamiento en el que estaba situada la mezquita de la ciudad. La iglesia románica de Santa Maria de Gardeny y su torre conservan restos del monasterio de los caballeros templarios del siglo XII. Muy cerca se encuentran las ruinas de las antiguas murallas que en otro tiempo rodearon la ciudad y algunas paredes de la Zuda, una fortaleza árabe del siglo IX, que fue reconstruida en el siglo XIII por el rey aragonés Jaime I. El edificio románico del ayuntamiento en la plaza de la Paeria es del siglo XIII. En la plaza de la Catedral se halla la Seu Nova o catedral nueva (siglo XVIII) y, cerca de ella, el hospital de Santa María, un antiguo convento con un impresionante patio interior gótico flamígero del siglo XV. También vale la pena visitar la iglesia románica de Sant Llorenç (siglos XII-XIII) y la iglesia de Sant Martí (siglo XII). Otros puntos destacados son el Casino Principal (siglo XIX) y el palacio episcopal. Para el peregrino tiene un especial interés la capilla, en la calle Mayor, en la que se recuerda una leyenda sobre el apóstol Santiago: en su caminar por España, predicando el evangelio, Santiago se clava una espina en el pie y no puede andar. Tampoco llega a ver dónde tiene la espina, puesto que está muy oscuro. En su desesperación, del cielo llegan unos angelitos que, con sus farolillos encendidos, le ayudan a salir del apuro. Cada 24 de julio, los niños de Lleida se pasean por las calles del casco antiguo con farolillos encendidos, en honor al apóstol Santiago.

Padres jesuitas: La parroquia de Sant Ignasi se encuentra en la plaza de Espanya, 4 (Tel.: 973 271 099). Dentro del horario parroquial (de 18 a 21h), ofrecen orientación y atención espiritual al peregrino, así como el sellado de credenciales.

■ TAXIS
Alcarràs
Taxi Joan Alarcón	649 130 431
Taxi Alcarràs	973 791 027

Lleida
Tele Radio Taxi Lleida	973 203 050
	680 203 050

■ ALOJAMIENTO
ALCARRÀS: Refugio de peregrinos del ayuntamiento. Tel.: 973 790 004. Hotel Can Peixan, av. Catalunya, 78. Tel.: 973 791 012. Hotel Restaurant Casa Miquel (a 2 km del pueblo en dirección a la autopista A-2), ctra. de Valmanya, km 2. Tel.: 973 791 627.

LLEIDA: Albergue de Sant Anastasi (precio de temporada baja para los peregrinos acreditados), rambla d'Aragó, 11. Tel.: 973 266 099. Hotel Goya, Alcalde Costa, 9. Tel.: 973 266 788 Hotel Real, av. Blondel, 22. Tel.: 973 271 031. Hotel Catalonia Transit, pl. Berenguer IV, s/n. Tel.: 973 230 008.

Lleida – El Palau d'Anglesola
(25,7 km)

«Es necio descuidar una oportunidad inmediata para servir a Dios con la esperanza de hacer algo mayor en el futuro, ya que bien puede ser que perdamos la una sin ver nunca cumplida la otra».

«El Señor asegura los pasos del hombre y se ocupa de sus caminos. Aunque tropiece, no caerá, porque el Señor lo tiene de la mano. Fui joven, ya soy viejo: nunca he visto a un justo abandonado...» (Sal 37,23-25).

El día nos va a parecer corto en comparación con lo que llevamos caminado, pero no hay que salir tarde si hacemos el Camino en verano: estas tierras catalanas suelen experimentar temperaturas muy elevadas. Como ya nos ha pasado muchas veces, el «Camino Real» que siguió Ignacio hoy son las carreteras y autopistas nacionales, por lo que vamos a caminar bastante tiempo junto a ellas.
La salida de Lleida la hacemos por el puente de Pardinyes, que es el último puente de la ciudad que une ambas ribas del Segre. Vamos por el parque siguiendo el río a contracorriente y dejándolo a nuestra izquierda. Pasado el puente por debajo, subimos al nivel de carretera y seguimos las indicaciones del Camino Ignaciano, hacia las compuertas que regulan el caudal del río.
Seguimos la carretera asfaltada, que cruza un canal de riego y hace bordear el muro del parque de la Mitjana, por el camino de Grenyana. A la entrada del parque giramos a la derecha, pasamos las vías del tren y llegamos al polígono industrial, que nos va a permitir salir de Lleida por la calle Enginyer Mies. Hay que estar atentos a encontrar esta calle, porque nos podemos perder por el polígono con facilidad. Llegados al final, tomamos un camino de tierra frente a nosotros y lo seguimos hasta

ETAPA N.º 22

LLEIDA – EL PALAU D'ANGLESOLA

un puente sobre la autovía. Atención a las señales, porque hay muchos cruces y giros. Los caminos entre campos no suelen ser rectos. Las señales nos van guiando. Antes de llegar al pueblo de Bell-lloc d'Urgell cruzamos de nuevo la autovía.

Llegados a Bell-lloc, cruzamos las vías del tren para entrar por la calle de la Mina hacia el centro del pueblo. Con un poco de suerte encontraremos el mercado en sus calles, pero con toda seguridad podremos pararnos en uno de sus bares a refrescarnos. Salimos del pueblo junto a la iglesia de San Miquel y al llegar a una rotonda, seguimos un camino de tierra para acercarnos a las vías del tren y, después de cruzarlas, a la autovía A-2, que cruzaremos también por un puente junto a la granja El Molinet.

Pasado el puente, hemos de estar atentos: el final de nuestra etapa no se distingue con facilidad y los caminos agrícolas se cruzan muchas veces, pudiendo complicar nuestra peregrinación. Hemos de pasar por un campo con placas solares de generación eléctrica. Siempre por ese camino llegaremos a El Palau d'Anglesola.

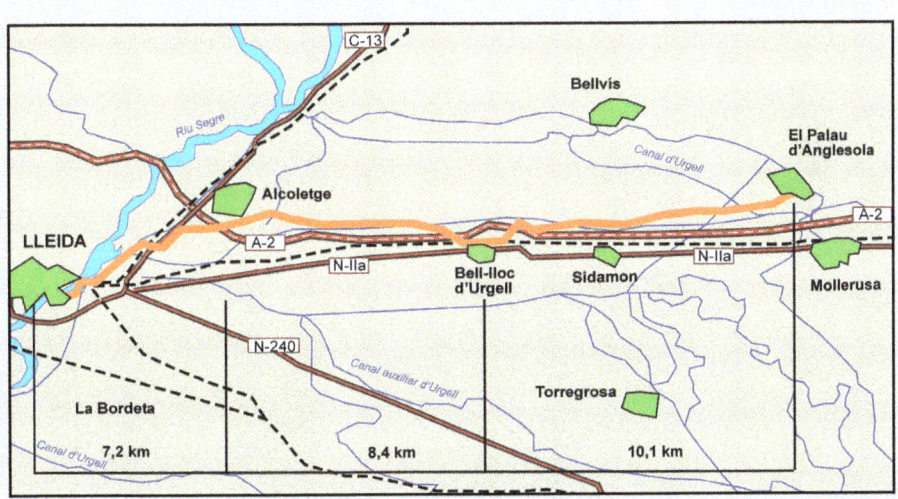

Desnivel acumulado subiendo: 286 m. Desnivel acumulado bajando: 86 m.
Bicicletas: fácil

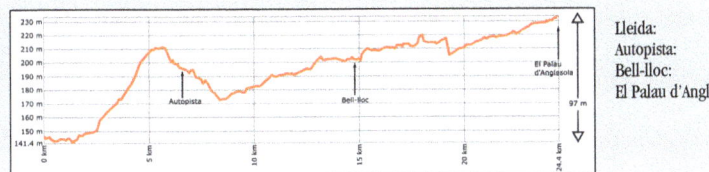

Lleida: km 0.
Autopista: km 7,2.
Bell-lloc: km 15,6.
El Palau d'Anglesola: km 25,7.

Descripción

Para salir de la ciudad, seguimos el curso del río Segre, pasando por debajo del puente de la vía del tren y después por debajo del de Pardinyes. Pasado este, unas escaleras nos permiten subir al nivel de la calle. Unas flechas naranjas y el poste indicador nos confirman que vamos bien hacia nuestro destino. Seguimos paralelos al río Segre, tomando el antiguo camino de Granyena. Giramos 90 grados a la derecha y, después de cruzar el canal, de nuevo a la izquierda. Nos acercamos a las compuertas del río, que quedan a nuestra izquierda. Seguimos recto unos 500 m, giramos a la derecha y cruzamos la vía del tren. Llegamos a la avenida de la Industria, que tomamos hacia la izquierda hasta llegar a la calle Enginyer Mies, que nos desvía hacia nuestra derecha. La seguimos unos 750 metros y, después de pasar un puente sobre la carretera, nos encontramos ya en la salida del polígono y de nuevo rodeados de campos de labranza. Estamos en el camino de Alcoletge. Seguimos la carretera y pasamos junto a una cantera de piedra y arena. Continuamos sin tomar ninguna desviación. Al llegar a una bifurcación de nuestro camino, tomamos por la derecha. Llegamos a un puente para cruzar la autovía A-2. Una vez atravesado el puente, giramos a nuestra derecha en ángulo recto y seguimos unos metros hasta encontrar el camino de tierra que gira a nuestra izquierda. Lo tomamos y seguimos de frente.

A nuestra derecha quedan unas alargadas naves agrícolas. Al llegar a una torre eléctrica, nuestra senda de tierra desemboca en otro camino, pero nosotros seguimos de frente. Nos cruza un camino. Seguimos de frente hasta encontrar otro camino asfaltado, que tomamos hacia la derecha. Nuestro camino sigue a la izquierda. Llegamos a una bifurcación, en la que tomamos el camino de la derecha.

Cruzamos un camino perpendicular al nuestro. Siempre de frente, sin tomar caminos adyacentes, llegamos a un cruce y seguimos en dirección a Mollerussa. Alcanzamos un puente sobre la A-2, lo cruzamos y nos alejamos de la A-2. Nuestro camino desemboca en otro, que tomamos hacia nuestra derecha y que nos introduce en Bell-lloc d'Urgell.

Llegados al pueblo de Bell-lloc, giramos a la derecha para ir a cruzar las vías del tren. Seguimos recto por la calle de la Mina, atravesando en diagonal la plaza. Giramos a la derecha por la calle de Pau Casals y luego a la izquierda por la calle Urgell. Llegamos al final de la calle y nos encontramos con la carretera N-II. La iglesia de San Miquel está a nuestra derecha y seguimos recto. Junto al restaurante Bòria se encuentra la fuente pública. Al llegar a una rotonda, la cruzamos todo recto y entramos en un camino de tierra, dejando la carretera asfaltada a nuestra derecha. En la primera y segunda bifurcación tomamos a la izquierda las dos veces y nos acercamos

ETAPA N.º 22

LLEIDA – EL PALAU D'ANGLESOLA

a la vía del tren. Cruzamos la vía y seguimos recto acercándonos a la autovía A-2. Nos unimos a un camino hacia la derecha que va paralelo a la autovía y nos dirige hacia una granja agrícola (El Molinet) y a un puente para superar la A-2.
Pasado el puente, giramos a la derecha y en el primer camino volvemos a girar a la derecha. En la bifurcación, de nuevo a la derecha. Seguimos siempre recto por este camino que nos lleva hacia una central de energía solar. Dejamos las placas solares a nuestra izquierda y en el siguiente cruce tomamos la derecha. En pocos metros giramos a la izquierda y llegamos al canal de agua de Urgell, que cruzamos y seguimos recto. Siempre de frente, llegamos a una rotonda, que cruzamos con un pequeño ángulo hacia nuestra izquierda, y ya estamos en El Palau d'Anglesola. Entramos por la avenida de Sant Roc, que se convierte en la calle Font y que nos conduce directamente a la plaza Mayor.

■ Datos de interés

BELL-LLOC D'URGELL: Población de 2.500 habitantes, que nos ofrece restaurante, supermercado, farmacia, centro de salud y banco.

PALAU D'ANGLESOLA: Población de 2.000 habitantes, tiene su origen en un palacio árabe que pasó a manos cristianas en 1085. El castillo-palacio fue reformado en el siglo XVII. Hay restaurante, supermercado, farmacia, banco y centro de salud.

■ TAXIS
Bell-lloc d'Urgell
Taxi Miquel Bosch   636 213 070

Palau d'Anglesola
Eurotaxi Albert   619 605 805

Iglesia de San Juan Bautista, Palau d'Anglesola.

■ ALOJAMIENTO
ALCOLETGE: Refugio Peregrinos, c/Mayor 19. Tel.: 973 196 011

BELL-LLOC D'URGELL: El ayuntamiento suele proporcionar alguna posibilidad de alojarse. Pl. Mayor s/n. Tel.: 973 560 100.

PALAU D'ANGLESOLA: Pensión Sant Antoni, c/ Sant Antoni, 7. Tel.: 973 602 158. Ayuntamiento. Tel.: 973 601 314. Albergue de peregrinos: amics.del.cami@gmail.com. Tel.: 629 684 063.

El Palau d'Anglesola – Verdú

(24,7 km)

«Debe ser nuestra constante preocupación ver a Dios en todas las cosas, no solo elevar nuestra mente a él cuando estamos en oración».

«Entonces escuché la voz del Señor, que decía: "¿A quién mandaré? ¿Quién irá de nuestra parte?". Contesté: "Aquí estoy, mándame"» (Is 6,8).

Una vez más tenemos por delante una etapa larga, pero las buenas condiciones de alojamiento que vamos a encontrar en Verdú hacen que merezca la pena el esfuerzo; además, en la próxima etapa tendremos un día de pocos kilómetros que nos compensará de estas últimas largas etapas.

Salimos de El Palau d'Anglesola hacia la carretera LV-3321 en dirección a Vila-Sana, pero nada más pasar el canal a la salida del pueblo, giramos a nuestra derecha para tomar el camino que nos ha de llevar, a través de los campos, hasta Castellnou de Seana. De nuevo hay que estar atentos a las señales, porque las bifurcaciones y caminos laterales son frecuentes. Por suerte, la señalización del Camino Ignaciano es abundante.

Entramos a Castellnou por la calle que nos lleva a la iglesia. Muy cerca está el Café Moderno, cuyos propietarios son grandes promotores de las peregrinaciones: un lugar excelente para un desayuno «de cuchillo y tenedor». Salimos de Castellnou pasando por las escuelas y seguimos siempre recto por la misma calle, en dirección al siguiente pueblo: Bellpuig. Encontramos muchas bifurcaciones y otros caminos que nos pueden desviar, pero continuamos siempre recto en dirección al puente sobre la autopista A-2.

Cruzada la autopista, bajamos siguiendo la vía del tren y la cruzamos más adelante por un túnel, que nos lleva a la entrada de Bellpuig. Nos acercamos a la población y la cruzamos descendiendo por la avenida de Urgell. Nos acercamos al centro del pueblo y tomamos la calle Mayor. Salimos del pueblo por la calle Balmes, que enlaza con un camino asfaltado, el cual nos lleva en unos kilómetros a pasar por la parte trasera del Circuito de *Motocross* de Cataluña.

A partir de aquí y hasta la llegada a Verdú, vamos pasando por campos de olivos, de vides y de cereales que, con sus cambios de colores, nos anuncian las estaciones, siendo de destacar las amapolas en primavera. Por caminos asfaltados y luego de tierra llegamos hasta un canal de riego que cruzamos por un puente, acercándonos a una típica masía catalana no habitada, en la carretera a Preixana. Nosotros vamos siempre de frente por el asfalto, dejando la masía a nuestra derecha. En un kilómetro dejamos el asfalto y giramos a la derecha para tomar un camino de tierra.

Después de algunos cruces de caminos, en los que hay que prestar atención a la señalización, llegamos a una pequeña capilla dedicada a la Madre de Dios del Remedio con una mesa de piedra para descansar y comer. Cruzamos la carretera para seguir nuestro camino. En el siguiente cruce, de cinco caminos, tomamos el segundo a nuestra izquierda y nos dirigimos a la carretera C-14. El pueblo natal de san Pedro Claver se nos esconde aún a la vista, pero estamos ya muy cerca. Cruzada la C-14 y acercándonos al pueblo, nos encontramos con un gran canal de agua; tras cruzarlo por el puente, subimos hasta la ermita de Sant Miquel. Siguiendo recto por la misma calle, llegamos a la calle Sant Pere Claver, al santuario y al albergue de peregrinos.

Café Moderno, Castellnou de Seana.

■ Pista ignaciana

Hoy tampoco hablamos de Ignacio, sino de un jesuita catalán, patrón de la Compañía de Jesús en Cataluña y en Colombia: san Pedro Claver (1580-1654). Pedro Claver nació en Verdú en el seno de una próspera familia. Quería ser sacerdote y a los 17 años se fue a Barcelona. Allí conoció a los jesuitas y entró en la Compañía de Jesús con 22 años. Posteriormente, estuvo tres años en el colegio de Palma de Mallorca. El portero jesuita, Alonso Rodríguez, con fama de santidad, fue para él un amigo y un maestro, que marcó profundamente su vida y lo animó a trabajar en los territorios de América, descubiertos un siglo antes. Siguiendo su consejo, Pedro zarpó de Sevilla el 15 de abril de 1610 y atracó en Cartagena de Indias, en la actual Colombia. Cartagena era uno de los centros del comercio transatlántico de esclavos y recibía a la sazón varios miles de esclavos al mes. Hasta un tercio de los esclavos morían durante el viaje y los que sobrevivían eran vendidos y, en su gran mayoría, tratados horriblemente.

Claver bajaba a las bodegas de los hediondos barcos negreros en cuanto estos atracaban y allí atendía a los hambrientos, aterrados y a menudo enfermos esclavos que habían resistido la agotadora travesía de varios meses. Su ministerio era objeto de controversia, pues lo criticaban no solo los funcionarios locales, que se beneficiaban del tráfico de esclavos, sino incluso algunos de sus compañeros jesuitas. Aunque Claver vivió hace cuatro siglos, la misión de su vida corporeiza en esencia ideales modernos. Su ejemplo nos exhorta elocuentemente a alzar la voz en contra de la injusticia, a defender a quienes son privados de sus derechos más elementales, a perseverar en las causas honrosas a pesar de la oposición de los poderosos, a preocuparnos tanto por el cuerpo como por el espíritu de quienes sufren y a percibir la dignidad y la belleza innatas de los rechazados por la sociedad. Los peregrinos ignacianos pueden pasar algún tiempo en el santuario dedicado a este santo y pedir para sí el coraje, la compasión y la clarividencia ejemplificados por Claver.

La extraordinaria figura de san Pedro Claver la podemos resumir alrededor de tres frases:

1. Fue bautizado el 26 de junio de 1580, como consta en el libro de registro de bautizos que se conserva en el archivo parroquial. El buen párroco acabó la inscripción con estas palabras: *Dios lo haga buen cristiano*. Y así fue.

2. Pedro Claver se encarnó como ángel de amor en una época oscura de la historia, mancillada por la esclavitud. Ofreció el ejemplo inequívoco de un amor humano y evangélico para con el ser humano esclavizado. Consideró siempre a los esclavos como personas dignas de toda atención. Los acogía con el corazón abierto y la sonrisa en los labios, al tiempo que les repartía ropa, comida, bebida y dulces. Como él mismo escribió, les hablaba, no con la lengua sino con las manos y las obras. Era inútil hablarles de otra manera. Se arrodillaba junto a los enfermos y los lavaba y procuraba contentarlos con tantas muestras de cariño como puede hacer la naturaleza humana para alegrar a un enfermo. Cuidaba materialmente a los negros, los instruía en la fe y los bautizaba.

El 3 de abril de 1622 hizo su compromiso solemne como jesuita, que rubricó con estas palabras: *Esclavo de los esclavos negros para siempre*. Lo firmó y lo cumplió.

3. El papa León XIII, que lo canonizó, dijo que *después de la vida de Cristo, ninguna le había conmovido tan profundamente como la de Pedro Claver*. Vivió pobre y libre sobre la tierra hasta los 74 años, sufriendo con los que sufren, blanco entre los negros, siempre esclavo de los esclavos. Fue un catalán corto en palabras y pródigo en heroísmo.

ETAPA N.º 23

EL PALAU D'ANGLESOLA – VERDÚ

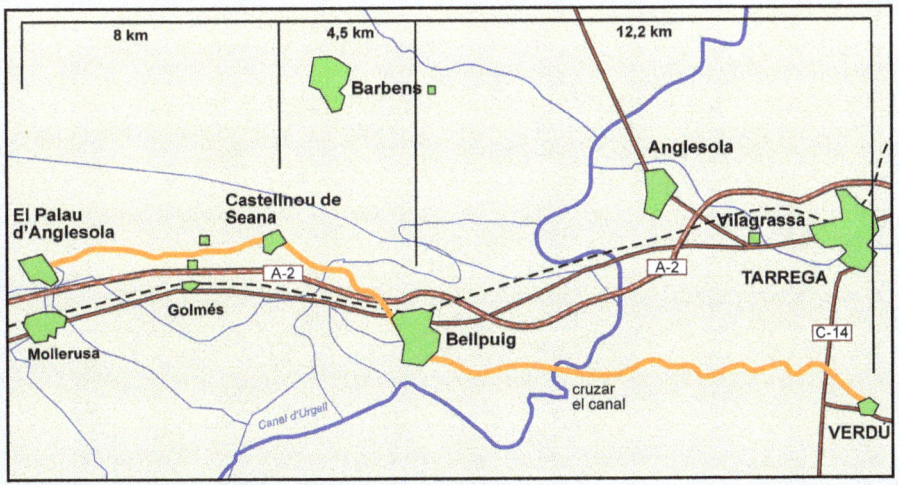

Desnivel acumulado subiendo: 272 m. Desnivel acumulado bajando: 98 m.
Bicicletas: fácil

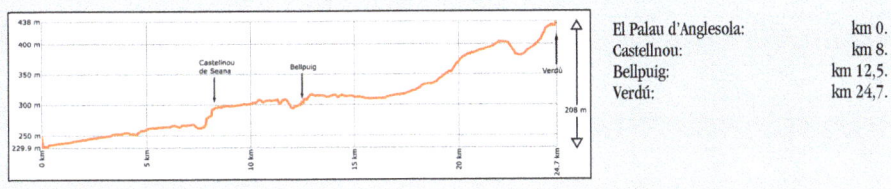

El Palau d'Anglesola:	km 0.
Castellnou:	km 8.
Bellpuig:	km 12,5.
Verdú:	km 24,7.

■ Descripción

Desde la Plaça Major tomamos la calle Sant Josep, pasando por el Ayuntamiento, y seguimos recto hacia la calle Nou. Ya estamos en las afueras del pueblo: cruzamos un canal de riego por un pequeño puente y tomamos a nuestra derecha el primer camino que aparece, justo después del puente y de una casa.

El camino discurre paralelo al canal, que llevamos a nuestra derecha. A 400 metros tomamos, en la bifurcación, por la izquierda. Nos alejamos del canal de riego. A los 600 metros cruzamos una carretera y, un kilómetro después, atravesamos otra carretera.

No nos apartamos de nuestra senda, siempre de frente, dejando de lado las bifurcaciones. A veces el camino parece confundirse con otros, pero nosotros seguimos siempre de frente. A 1,7 km hemos de atravesar otra carretera. Aquí se requiere mucha atención: tras cruzar la carretera, no hemos de tomar el primer camino que se abre a nuestra derecha, sino el segundo, que queda más «de frente» respecto a nosotros.

Lo seguimos y poco después dejamos tres naves agrícolas a nuestra izquierda. Continuamos de frente. Castellnou de Seana ya se perfila ante nosotros. El camino se bifurca antes de llegar al pueblo: tomamos el ramal de la izquierda y así nos ahorramos la rotonda y estamos más encauzados a la calle Mayor y a la plaza de la Iglesia. El ayuntamiento está cerca. Para salir de la población, a partir del edificio de las escuelas, tomamos la calle del Calvari que nos lleva hasta una bifurcación con la calle Marius Tort, que sale a nuestra izquierda, pero no la tomamos y seguimos siempre de frente. Nuestro camino asfaltado va siempre recto, pasando cerca de campos y naves agrícolas. Dejamos una cantera de piedras y arena a nuestra izquierda y nos acercamos al puente que cruza la autopista A-2. Cruzamos y descendemos siguiendo nuestro camino en dirección a las vías del tren. En 800 m vemos un túnel por el que pasar al otro lado de las vías. Pasamos y ya tenemos la población de Bellpuig delante de nosotros.

En la primera rotonda giramos a la izquierda y en la segunda giramos a la derecha para entrar en el pueblo por la avenida de Urgell, que vamos a seguir todo recto hasta llegar a la plaza Ramon Folch. En la rotonda, seguimos recto para llegar a la plaza Sant Roc y, después, a la calle Mayor. Al acabar esta, giramos 90 grados a la izquierda en la calle Balmes y luego, a 80 m, giramos de nuevo 90 grados a la derecha para seguir esa misma calle Balmes, que nos sacará ya del pueblo.

Salimos por un camino asfaltado, que seguimos siempre de frente hasta llegar a una carretera asfaltada de dos carriles que cruzamos, siguiendo recto por el mismo camino. Continuamos siempre por este mismo camino asfaltado, sin tomar ningún otro camino a derecha o izquierda. A 1,5 km del cruce con la carretera dejamos a nuestra izquierda el Circuito de *Motocross* de Cataluña. Seguimos siempre por el mismo camino y llegamos frente a una granja que tiene dos contenedores de pienso, uno marcado con el nombre de TEGAPOL. El camino de tierra que hemos de seguir está a nuestra derecha, siguiendo la valla metálica de la granja. Continuamos siempre por el mismo camino hasta llegar a un puente sobre un canal de agua, que cruzamos para seguir todo recto, de frente.

El camino de tierra se transforma en asfaltado al llegar a una masía catalana y a la carretera que indica la dirección a Preixana. Seguimos todo recto, dejando la casa a nuestra derecha. A 1,3 km de la casa giramos a la derecha por un camino de tierra que en 100 m gira a la izquierda. Seguimos de frente por el mismo camino, sin tomar ninguna desviación ni a la derecha ni a la izquierda. En unos metros, vemos una cantera de arena a nuestra derecha. Seguimos siempre recto por el mismo camino. Llegamos a la carretera LV-2021. A nuestra derecha hay una pequeña capilla dedicada a la Madre de Dios del Remedio. Cruzamos la carretera y seguimos recto por nuestro camino de tierra. Llegamos a un cruce de cinco caminos, en el que tomamos el segundo a nuestra izquierda, que es bastante ancho. Lo seguimos hasta llegar a la carretera, la C-14. La cruzamos y continuamos de frente en dirección a Verdú.

Llegamos al canal de agua, que cruzamos en dirección a Verdú y a la ermita de Sant Miquel, en la entrada del pueblo. Seguimos todo recto y nos adentramos en la población. Siguiendo la calle Sant Miquel, llegamos a un cruce y, continuando recto, encontramos la calle Sant Pere Claver. Al principio de la calle, a mano izquierda, se encuentra el «Santuari - Casa natal de Sant Pere Claver».

Datos de interés

CASTELLNOU DE SEANA: Pequeña población de menos de mil habitantes con restaurante, supermercado, farmacia, centro de salud y banco.

BELLPUIG: Población de cerca de 5.000 habitantes, nos ofrece a la contemplación un impresionante sarcófago en mármol de Ramón Folch de Cardona-Anglesola (1525) en la iglesia parroquial, que está dedicada a san Nicolás (siglo XVI). El sarcófago es una pieza destacada del renacimiento catalán. La escalinata de acceso a la iglesia fue construida en 1792 en estilo barroco. El castillo de Bellpuig se construyó en 1079 y durante el siglo XII se adaptó para que fuera la residencia de los barones de Bellpuig. Se renovó de nuevo en 1472 y fue fortificado durante la Guerra de Sucesión española. Parte del edificio fue volado durante la Guerra de la Independencia. Podemos encontrar restaurante, supermercado, farmacia y banco.

VERDÚ: Población (1.000 habitantes) que posee gran significado para la Compañía de Jesús en Cataluña, puesto que es aquí donde nació y creció quien sería conocido como el santo defensor de los esclavos negros en el puerto de Cartagena de Indias (Colombia), san Pedro Claver. Aunque pequeña, la asociación de amigos del santo acoge al peregrino con los brazos abiertos. El monumento religioso más importante es la iglesia parroquial de Santa María (siglo XIII), con su portada románica. En el interior encontramos la talla gótica de la Virgen (siglo XV), en piedra policromada, y la de Sant Flavià, patrón de la localidad; destacan también un retablo barroco en la nave de la izquierda, en madera policromada, de Agustí Pujol, considerado como la obra cumbre de la escultura catalana del siglo XVII, y el altar mayor, pintado al fresco por Jaume Miguell. Al lado de la iglesia se encuentra el castillo (siglo XII); la población nació alrededor de él. Bajo la influencia del cercano monasterio cisterciense de Poblet, se convirtió en residencia de los abades cuando estaban de visita en Verdú. En el sótano del castillo hay una bodega y un molino de aceite. El otro edificio religioso es la ermita de Sant Miquel (siglo XIV), de estilo gótico. La plaza Mayor se encuentra rodeada de casas de los siglos XVII y XVIII. La cerámica que se produce en este pueblo es bien conocida por su característico color negro. Verdú nos ofrece restaurante, supermercado, farmacia, centro de salud y banco.

■ TAXIS
Bellpuig
Taxis Bellpuig   629 321 623
Castellnou de Seana
Taxi Segarra   630 538 180
Tàrrega
Taxi Jaime Font   973 311 567

■ ALOJAMIENTO
CASTELLNOU DE SEANA: El ayuntamiento ofrece refugio para 8 peregrinos. Tel.: 973 320 705. En el restaurante Cafè Modern se puede recabar información (c/ Sant Blai, 23. Tel.: 973 320 843). Casa Rural Olivé, c/ Abat Carrera, 3. Tel.: 973 321 373.

BELLPUIG: Hotel Stop P **, Tel.: 973 320 865 (a 1 km del pueblo). Refugio Peregrinos (8 camas) Tel.: 973 320 408 (llamar con 2 días de antelación o escribir a oficinaturisme@bellpuig.cat) Hostal Agustín Martín Mingot, av. Catalunya, 32. Tel.: 973 320 076. Ayuntamiento. Tel.: 973 320 408.

VERDÚ: Refugio de Peregrinos de la Asociación de Amigos de San Pedro Claver (30 plazas), c/ Sant Pere Claver, 30. Tel.: 687 095 070. Apartamentos turísticos Cal Senyor Joan, pl. Major, 21. Tel.: 636 990 493. Casa rural Ca N'Aleix, c/ Arquebisbe Terés, 10. Tel.: 973 311 393 / 678 640 343. Casa Rural L'Era de Can Roger, c/ Sant Miquel, 34. Tel.: 973 311 393 / 678 640 343. Oficina de turismo, pl. Bisbe Comelles, 13. Tel.: 973 347 216. El ayuntamiento también puede ofrecer información sobre el albergue de trabajadores del campo. Tel.: 973 347 007.

Verdú – Cervera
(17 km)

«Cuanto más perspicaz seas para percibir las faltas
de los demás, tanto más probable será que pases por alto
las tuyas».

«Porque hiciste del Señor tu refugio, tomaste al Altísimo
por morada, no se te acercará la desgracia ni la plaga llegará
hasta tu tienda. Pues a sus ángeles ha dado órdenes para que
te guarden en tus caminos. Te llevarán en sus palmas
para que tu pie no tropiece con la piedra» (Sal 91,9-12).

Cervera.

La de hoy es una etapa corta que nos permite levantarnos más tarde y disfrutar de Verdú, o bien llegar con tiempo a Cervera para poder visitar a placer esta antigua ciudad universitaria. Salimos de Verdú por detrás de la iglesia, buscando el camino antiguo de Verdú a Tàrrega.
El camino desciende hacia los campos de olivos, viñedos y cereal. Después de una pequeña área de descanso arbolada en torno a la fuente de la Magdalena, seguimos siempre recto por el camino y pronto aparece la villa de Tàrrega en el valle. Pasando por el bonito centro histórico de la villa y después de llegar a la Iglesia de Santa María del Alba, giramos en ángulo recto a nuestra derecha para salir de Tàrrega por la avenida de la Generalitat. Un camino bien asfaltado que encontramos a la salida de la villa nos lleva directamente al siguiente pueblo: El Talladell.

Llegados a El Talladell, seguimos siempre por la misma carretera y atravesamos el pueblo por la calle Mayor, que nos conduce, como lo hizo con Ignacio, por el antiguo Camino Real, directos al final de nuestra etapa. Pasamos delante de la puerta del cementerio y más adelante cruzamos el mismo canal de riego que ya encontramos en Verdú.
El pueblo de La Mora queda a nuestra derecha y seguimos siempre de frente, dejando otro pueblo, Fonolleres, encima del camino, subido en el monte. Más adelante, dejamos a nuestra derecha la antigua casa-torre Saportella y, siguiendo siempre de frente, llegamos a las ruinas de la ermita de Santa Magdalena. Tomamos la carretera hacia la izquierda y, después de unos 800 m, por la primera calle a la derecha podemos subir al centro histórico de la ciudad de Cervera.

ETAPA N.º 24
VERDÚ – CERVERA

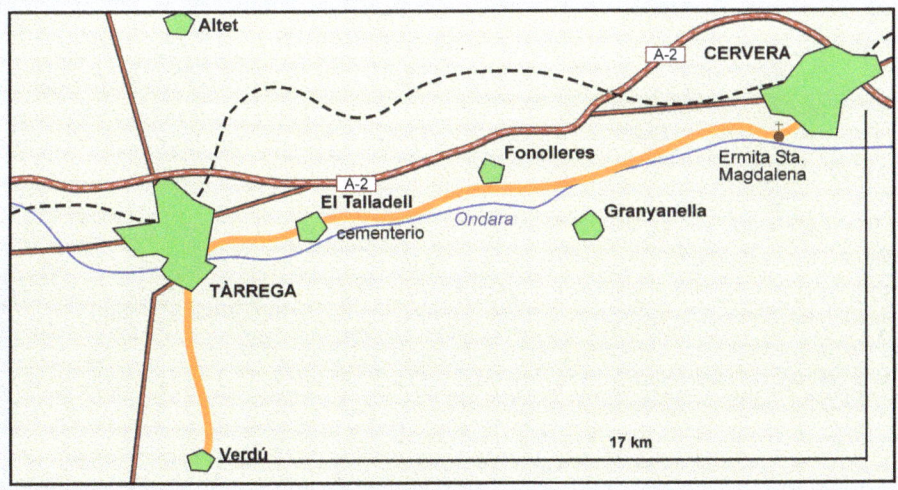

Desnivel acumulado subiendo: 299 m. Desnivel acumulado bajando: 148 m.
Bicicletas: fácil

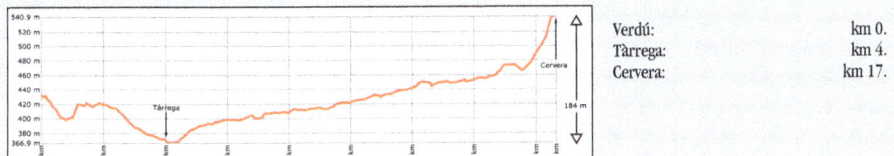

Verdú: km 0.
Tàrrega: km 4.
Cervera: km 17.

Descripción

Carrer Major, Cervera.

Salimos de la entrañable localidad de Verdú, arrancando de la iglesia de Santa Maria. Tomamos la calle de la Font para salir del pueblo y nos encontramos con un camino que empieza enfrente de nosotros y que desciende junto a unas casas, ya en los campos de cultivo. Nuestro camino es más ancho y mejor delimitado que las alternativas que van apareciendo, pero es bueno estar atentos a la señalización. Llegamos a Tàrrega. Entramos en la población por nuestro

ETAPA N.º 24

VERDÚ – CERVERA

Ayuntamiento de Cervera.

camino, que desemboca en la calle de la Guardia Civil. La tomamos hacia nuestra izquierda y seguimos por ella, todo de frente, hasta alcanzar el río Ondara. Lo cruzamos por una pasarela y continuamos rectos por la calle Sant Agustí. Llegamos a la plaza de Sant Antoni y tomamos a nuestra derecha la calle Mayor, para entrar en la plaza Mayor, donde encontramos la iglesia de Santa Maria del Alba. Mirando de frente la fachada de la iglesia, giramos a la derecha y caminamos por la calle Agoders. Seguimos de frente, por la calle Mossèn Jacint Verdaguer, que cambia a avenida de la Generalitat. Siguiendo esta avenida, salimos finalmente de la ciudad por el camino de Tàrrega a El Talladell. Pasamos junto a la ermita de El Pedregal, que dejamos a la izquierda. Seguimos nuestro camino y entramos en El Talladell. Continuamos de frente, atravesamos el pueblo y a la salida hemos de tomar el camino que sigue recto, dejando de lado otros que empiezan a nuestra izquierda.

Estamos en el llamado «Camí Ral». Pasamos por delante del cementerio, que queda a nuestra izquierda. Hemos de seguir nuestra marcha siempre en línea recta, a pesar de que en algún momento el camino gira bruscamente a nuestra derecha: nosotros, siempre recto. Nos vamos acercando a una pequeña población, Fonolleres, que queda un poco en alto y en la que no entramos, sino que la pasamos dejándola a la izquierda.

Seguimos en la misma dirección. Más adelante, a 900 metros de Fonolleres, vemos a nuestra derecha, un poco derruida, la casa-torre Saportella. Seguimos de frente por el camino más ancho y mejor marcado. Otros senderos afluyen al nuestro o lo cruzan, pero proseguimos fieles por el camino que traemos.

El camino termina junto a las ruinas de la ermita de Santa Magdalena. Tomamos la carretera asfaltada a nuestra izquierda, para dirigirnos a Cervera. Marchamos por ella unos 700 metros y en las primeras casas que se sitúan cerca de la carretera, a nuestra derecha, vemos la ermita de Sant Magí. Giramos en ángulo recto a nuestra derecha, para entrar por esa calle en Cervera.

Estamos en la calle del Castell, que nos conduce a las ruinas del viejo castillo. Girando a nuestra izquierda, otra calle nos permite alcanzar el centro antiguo de la ciudad. Llegamos a la iglesia de Santa Maria. El refugio de peregrinos no está lejos.

Datos de interés

TÀRREGA: Ciudad de más de 16.000 habitantes y capital del Urgell, famosa por su Feria de Teatro en la Calle, que se celebra en septiembre y en la que multitud de artistas se congregan para ofrecer su arte. Hay restaurantes, supermercados, farmacias, centro de salud, bancos, taller de bicicletas y oficina de turismo (c/ Agoders, 16. Tel.: 973 500 707).

CERVERA: Con sus más de 9.000 habitantes, conserva huellas en sus edificios y murallas (mucho más antiguas, reformadas en 1368) del esplendor del que disfrutó en el siglo XVIII. La iglesia de San Antonio data de la Edad Media y en la iglesia de Sant Bernat se firmaron las capitulaciones matrimoniales de los Reyes Católicos, Isabel y Fernando. Impresionante resulta la plaza Mayor, con los edificios de la Paeria (siglos XVII-XVIII) y la iglesia de Santa María. Por motivos políticos, la única universidad en Cataluña durante el siglo XVIII tuvo su sede en esta ciudad. Podemos encontrar restaurantes, supermercados, farmacias, centro de salud, bancos, taller de bicicletas y oficina de turismo (Tel.: 973 534 442 / 973 530 025).

TAXIS
Tàrrega
Taxi Jaime Font   973 311 567
Cervera
Auto Taxi Sala 24h   608 608 130
Taxi Agramunt   973 923 327

ALOJAMIENTO
TÀRREGA: Hotel Pintor Marsà, av. Catalunya, 112. Tel.: 973 501 516. Hotel Ciutat de Tàrrega, c/ Sant Pelegrí, 95. Tel.: 973 314 737. Albergue de Ca N'Aleix de la Zarza, pl. del Carme, 5. Tel.: 973 314 635. Ayuntamiento. Tel.: 973 311 608.

CERVERA: Colegio Residencia – Albergue de peregrinos Sagrada Familia, c/ Sabaters, 6 (entrada junto al n.º 51 de la calle Mayor). Tel.: 973 530 805. Hostal Bonavista, av. Catalunya, 14. Tel.: 973 530 027. Hostal La Sabina, Camí dels Horts, 2. Tel.: 973 531 393. Hostal Bona Teca, av. Mil·lenari, 497. Tel.: 973 530 325. Ayuntamiento. Tel.: 973 530 025.

CERVERA – IGUALADA
(38,6 km)

«Hazlo todo sin esperar elogios; pero hazlo todo de tal forma que no puedas con justicia ser culpado».

«Cuando, por haber pecado contra ti [oh, Dios], se cierre el cielo y no haya lluvia, si rezan en este lugar, te confiesan su pecado y se arrepienten cuando tú los afliges, escucha tú desde el cielo y perdona el pecado de tu siervo, tu pueblo, Israel, mostrándole el buen camino que deben seguir, y envía la lluvia a la tierra que diste en heredad a tu pueblo» (1 Re 8,35-36).

Iglesia de Santa Maria del Camí.

Esta es una etapa muy larga, que puede ser recortada a gusto del peregrino. No hay que tener prisa, aunque a estas alturas de la peregrinación seguramente las piernas están fuertes y aguantan esta caminata con soltura. La Panadella y Jorba son dos posibles lugares en los que parar para pasar la noche. Vamos a atravesar pequeñas poblaciones que nos ofrecerán posibilidades de avituallamiento.

Salimos de Cervera por la calle de la Muralla y la puerta de la Muralla, con una magnífica vista del valle que vamos a recorrer hoy. Al llegar abajo tomamos por nuestra derecha para seguir por el camino que va junto al río Ondara. También se puede subir a la carretera e ir por el asfalto hasta el pueblo de Vergós. Los dos caminos son buenos. Por el camino del río vamos pasando por áreas de descanso y por el antiguo molino. Llegados a Vergós y en la carretera que cruza el pueblo, tomamos a la derecha pasando junto a la fuente y en dirección a la vieja iglesia de San Salvador, situada en el Camino Real, y en la que seguramente Ignacio se detendría un momento en actitud de recogimiento y oración. Salimos de Vergós en dirección a la carretera y pasamos por el túnel, tomando luego nuestra derecha y siguiendo paralelos a la autovía hasta un nuevo túnel que nos lleva directos al pueblo de Sant Pere dels Arquells. Al llegar a la fuente, giramos en ángulo recto a nuestra izquierda y atravesamos el pueblo. A la salida, tomamos a la izquierda la carretera que nos lleva al pueblo de Sant Antolí i Vilanova. Vamos manteniendo el nivel, aunque subiendo poco a poco hacia el alto de La Panadella. Llegamos al pueblo de Pallerols y, una vez cruzado este, seguimos recto, pero muy atentos a una doble curva de 90 grados, primero a la izquierda y luego a la derecha: hemos de salir de la carretera en el primer camino que aparece a nuestra izquierda después de esa Z. Conviene estar atentos a las señales en este punto. Llegamos a La Panadella y desde allí podemos descender tranquilamente por la antigua y hoy solitaria carretera Nacional II, que ahora prácticamente no lleva tráfico. Pasamos cerca del pueblo de Porquerisses. En unos kilómetros de bajada encontramos un carril para bicicletas, separado de la carretera, que nos acompañará casi hasta el final de esta etapa. No hay pérdida posible porque seguimos siempre por la N-II. Llegamos al pueblo de Jorba y lo atravesamos siguiendo las indicaciones hasta el pueblo de Sant Genís. Más adelante encontramos una rotonda, en la que giramos a la derecha para poder cruzar la autovía. La siguiente rotonda,

pasado el puente, la atravesamos de frente para tomar la carretera B-222 que lleva a Santa Margarida de Montbui.
Llegamos a Igualada y entramos en la ciudad por el antiguo «Camí Ral» que siguió Ignacio. La ermita de Sant Jaume Sesoliveres (siglo X) queda a nuestra izquierda en lo alto. Avanzamos por las calles de Igualada, sin necesidad de seguir la carretera: vamos en paralelo a ella hasta llegar al puente para cruzar el río y dirigirnos hacia el centro de la ciudad. El albergue de peregrinos se encuentra cerca de la primera rotonda sobre el río.

■ Pista ignaciana

Parece ser que esta población de Igualada es el lugar en el que Ignacio decidió comprar su futuro atuendo de peregrino, tal y como lo describe años más tarde:

«Y llegando a un pueblo grande antes de Montserrat, quiso allí comprar el vestido que determinaba de traer, con que había de ir a Jerusalén; y así compró tela, de la que suelen hacer sacos, de una que no es muy tejida y tiene muchas púas, y mandó luego de aquella hacer veste larga hasta los pies, comprando un bordón y una calabacita, y lo puso todo delante el arzón de la mula. Y compró también unas esparteñas, de las cuales no llevó más de una; y esto no por ceremonia, sino porque la una pierna llevaba toda ligada con una venda y algo maltratada; tanto que, aunque iba a caballo, cada noche la hallaba hinchada: este pie le pareció era necesario llevar calzado».

Aprovechemos el lugar y el momento. Quizá sería bueno hacer una reflexión sobre todo aquello «que llevamos con nosotros» y que es una carga: ¿cuáles son esos «vestidos de buen ver» y otras «joyas» que tal vez deberíamos «descargar» a los pies de la Virgen de Montserrat? ¿No podríamos adoptar en adelante un estilo de vida más acorde con la peregrinación que estamos haciendo? ¿Cuál es hoy día para mí el equivalente de un tejido de saco y unas sandalias de peregrino? ¿Qué dejamos y qué no queremos soltar? Seguro que el Camino nos ha hecho relativizar muchas cosas y poner en cuestión otras. ¿Qué pensamos dejar para siempre ante la Virgen? Seguramente no meros accesorios, sino aquello que nos impide seguir a Jesús más de cerca, ¿verdad?

ETAPA N.º 25

CERVERA – IGUALADA

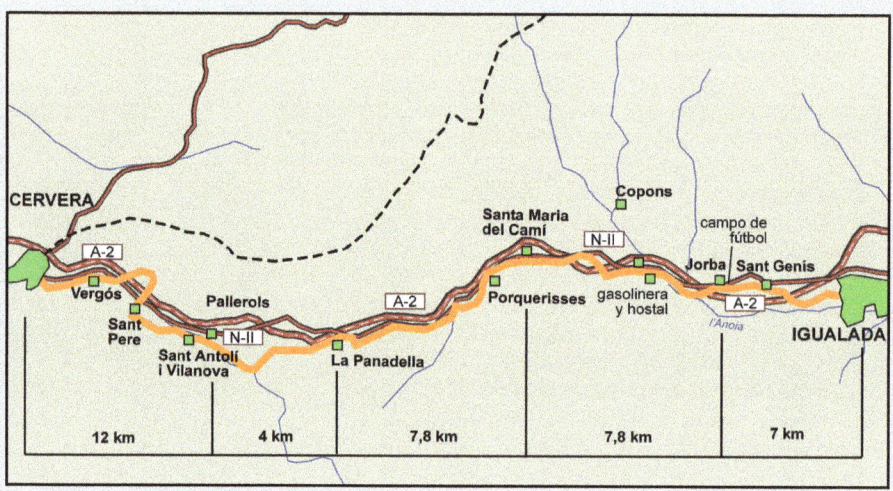

Desnivel acumulado subiendo: 346 m. Desnivel acumulado bajando: 539 m.
Bicicletas: fácil y con una estupenda bajada desde La Panadella hasta Igualada.

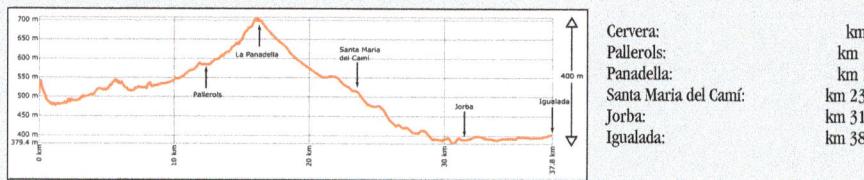

Cervera:	km 0.
Pallerols:	km 12.
Panadella:	km 16.
Santa Maria del Camí:	km 23,8.
Jorba:	km 31,6.
Igualada:	km 38,6.

■ Descripción

Decimos adiós a Cervera, yendo a buscar la carretera Nacional II. Desde la entrada de la Paeria, bajamos por la calle Santa María y más adelante, girando a la izquierda por la calle de la Muralla, nos acercamos a la puerta de salida de la ciudad y bajamos hacia la izquierda, siguiendo la muralla. Llegamos al abrevadero de Sant Francesc y giramos a la derecha para seguir el camino del río Ondara. Pasamos por zonas de descanso y por un viejo molino. Los postes nos indican el camino hacia Vergós. Llegados al centro de Vergós, tomamos por la derecha, pasando delante de la iglesia de San Salvador. Seguimos saliendo del pueblo y alcanzamos la N-II. A nuestra izquierda vemos un túnel, que cruzamos, y seguimos la carretera hacia nuestra derecha, en paralelo a la autovía A-2 durante un tramo.

ETAPA N.º 25

CERVERA – IGUALADA

Encontramos otro túnel, que no cruzamos. A unos 700 metros, nuestro camino gira a la izquierda, alejándonos de la A-2. El camino traza una amplia curva hacia la derecha, llevándonos de nuevo a la A-2. Dejamos a nuestra izquierda una fábrica de cemento tradicional. Cruzamos por debajo de la autovía A-2 y llegamos a una rotonda, que atravesamos para dirigirnos a las casas de Sant Pere dels Arquells. Seguimos adelante, pasados unos aviones, hasta llegar a la fuente de Sant Pere. En ese punto giramos a nuestra izquierda en ángulo recto. A unos 200 metros de la fuente, junto a una granja, el camino se bifurca. El nuestro es el de la izquierda. Lo seguimos sinuosamente pero siempre adelante. A 1,6 km encontramos la carretera L-203, que tomamos hacia nuestra izquierda. Nos acercamos a la N-II. Justo antes de entrar en esta carretera, tomamos la calle que parte a nuestra derecha en ángulo recto y nos adentramos en Sant Antolí i Vilanova.

Atravesamos el pueblo a lo largo, saliendo por la misma carretera por la que entramos. Seguimos de frente hasta encontrar nuestro siguiente pueblo, Pallerols. Lo atravesamos por la misma calle por la que hemos entrado. Seguimos la carretera sin tomar desviaciones. ¡Atención ahora!: la carretera gira 90 grados a nuestra izquierda, y a cien metros vuelve a doblar a la derecha. Seguimos 150 metros más y nos metemos por el camino que sale, con giro de 90 grados, a la izquierda. Pasamos al lado de una zona arbolada, a nuestra derecha. Continuamos andando sin dejar el camino ancho. Pasamos por zonas arboladas sin tomar los caminos que entran o parten del nuestro. En 1,7 km llegamos al área de servicio de La Panadella. Estamos en la carretera Nacional II. Pasamos por delante de las gasolineras y restaurantes de La Panadella, y seguimos hacia la rotonda, que cruzamos para iniciar el descenso, siguiendo siempre la carretera nacional. Tras

5 km de bajada por la N-II vemos el pueblo de Porquerisses, un poco hundido a la derecha. Caminamos pacíficamente por la N-II, que viene a seguir el trazado del Camino Real de Ignacio de Loyola y de tantos otros peregrinos que utilizaron esta carretera antes y después, como nosotros hoy. Siguiendo siempre por ella, llegamos a Santa María del Camí. Seguimos por la N-II y un puente nos ayuda a cruzar la autovía A-2. En 600 metros, atravesamos de nuevo la autopista, pero ahora por debajo. Nos mantenemos paralelos a la A-2 y pasamos por delante de una gasolinera. Siempre de frente, llegamos a una rotonda y tomamos nuestra derecha, continuando por la N-II.
Marchamos en paralelo a la A-2. Llegamos a una rotonda elevada sobre esa autopista. Entramos en la rotonda y, pasada la A-2, tomamos la salida que conecta con la N-II, prosiguiendo en nuestra dirección. Por la N-II llegamos a Jorba. Atravesamos la población sin dejar la N-II y, al acabar

153

el pueblo, una carretera asfaltada sale a nuestra derecha. Caminamos por ella, casi en paralelo a la N-II. Un campo de fútbol queda a nuestra derecha. Sin salir de esta carretera alcanzamos las casas de Sant Genís.

Entramos en el pueblo y lo atravesamos por la calle Mayor. Continuamos por la misma carretera, en dirección a Igualada, que se acerca a la A-2 y la cruza por un puente. Proseguimos y nos encontramos con otra rotonda. La cruzamos en dirección a Santa Margarida de Montbui y tenemos ya a la vista la ciudad de Igualada. Estamos en la carretera de Sant Jaume Sesoliveres, la B-222. Seguimos de frente, siempre por la carretera, bajando hacia Igualada. Pasamos junto a una rotonda y nos encontramos en la avenida Àngel Guimerà. La ermita de Sant Jaume Sesoliveres queda a nuestra izquierda, en lo alto. Nos separamos de la avenida Àngel Guimerà para entrar por la calle Felicià Matheu, y así evitamos seguir por la carretera. Vamos todo recto por la calle Jaume Serra Iglesias y al final de esta buscamos, girando en Z a la derecha y la izquierda, la calle de Les Alzines. Continuamos en la misma dirección, retomando la avenida Àngel Guimerà, hasta dar con una nueva rotonda, después del puente sobre el río Anoia. La atravesamos sin abandonar la avenida hasta llegar a una gasolinera. Giramos a la derecha por la calle Prat de la Riba, que hace curva hacia la izquierda (atención: en esta misma calle, pero girando a la izquierda, a unos 200 m, está el refugio de peregrinos, en el interior de una antigua fábrica). Cruzamos la calle que corta la nuestra y nos hallamos en la calle Sant Ignasi. La seguimos de frente. Cambia de nombre: ahora es la calle Sant Domènec. Vamos a dar a la plaza de la Creu. De ella parte la calle de l'Argent, que nos conduce a la iglesia de Santa María.

■ Datos de interés

VERGÓS: Podemos imaginar que, como tantos otros peregrinos, Ignacio visitaría la pequeña iglesia de San Salvador, del siglo XII, que estaba en el Camino Real. Hay un bar en el pueblo.

SANT PERE DELS ARQUELLS: Una imagen nada habitual es la de los aviones a reacción «aparcados» en un campo a la entrada del pueblo. También es original el detalle de que cada casa tiene su nombre rotulado en azulejos y, dibujado en ellos, el oficio al que se dedicaba la casa. No ofrece servicios.

SANT ANTOLÍ I VILANOVA: Hay restaurante, supermercado y farmacia.
PALLEROLS: Para los peregrinos hacia Santiago, en esta población se encuentra una hermosa iglesia dedicada a sant Jaume, original del siglo XII. Las «conchas jacobeas» se observan en diferentes puntos, un testimonio más de la tradición jacobea de este Camino Real. Carece de servicios para los peregrinos.

Cal Ratés, Igualada.

LA PANADELLA: Una bien conocida área de servicio de la antigua carretera nacional. Nos ofrece panadería, hostal, restaurante y supermercado en la gasolinera.

SANTA MARIA DEL CAMÍ: Iglesia románica del siglo XII. Muy probablemente servía como refugio de peregrinos y viajeros. No hay servicios para los peregrinos del siglo XXI.

JORBA: Su castillo (derruido pero visible en lo alto) data del siglo X. Nos ofrece restaurante y supermercado.

SANT GENÍS: No tiene servicios.

IGUALADA: Ciudad importante en la zona, y en la que parece ser que Ignacio compró las ropas de tela recia que pensaba vestir en el futuro. Aquí Ignacio ya tenía decidido pasar una noche entera de vigilia en Montserrat para despojarse de su identidad de cortesano y asumir la de peregrino; probablemente hizo que le cosieran un sencillo sayal de peregrino en esta población bien conocida por su producción de tejidos y zapatos. La iglesia de Santa María data del siglo XI, aunque la última remodelación es del siglo XVII. Podemos encontrar restaurantes, supermercados, farmacias, centro de salud, bancos, taller de bicicletas y oficina de turismo (Tel.: 938 051 585).

■ TAXIS
Igualada
Taxis Igualada	609 478 219
Marcial Pérez	938 045 503
Taxi Enric Subirana	630 538 033
Radio Taxi Igualada	938 070 308

■ ALOJAMIENTO
LA PANADELLA: Hostal Bayona (con precio especial para los peregrinos, si se pide). Tel.: 938 092 011.

JORBA: Albergue de peregrinos. Ofrecen servicio de comidas. Pl. de la Fuente, 3. Tel.: 938 094 101.

IGUALADA: Refugio de peregrinos (con capacidad para 12 personas), c/ Prat de la Riba, 47. Tel.: 938 045 515. Recepción y recogida de llaves en la residencia de ancianos que se encuentra a 150 m, en la av. Gaudí, 26 (horario de recepción: de 8 a 22h). Hotel América, av. Mestre Montaner, 44-45. Tel.: 938 031 000. Pensión Canaletas, av. Mestre Montaner, 60. Tel.: 938 032 750. Ayuntamiento. Tel.: 938 031 950. Un nuevo refugio municipal será inaugurado en 2018.

Igualada – Montserrat

(27 km)

«No se ha de tomar ninguna decisión sobre lo que sea cuando la mente está sesgada, ya sea por el afecto o por gran abatimiento, sino posponer la decisión hasta que haya desaparecido la ansiedad, de tal modo que se pueda hacer lo que la razón madura y no impulsiva nos dicte».

«Júzgame, Señor, que obro honradamente, confiado en el Señor no flaqueo. Escrútame, Señor, ponme a prueba, aquilata mis entrañas y mi corazón; porque tengo antes los ojos tu lealtad y procedo según tu fidelidad» (Sal 26,1-3).

Monasterio de Santa María de Montserrat.

Esta es una etapa esforzada, con una empinada subida hacia el *coll* de Can Massana. Nos anima el poder descansar junto al monasterio benedictino, que alberga a la famosa Virgen Negra, la «Moreneta», símbolo de Montserrat y patrona de Cataluña. El esfuerzo físico bien merece la pena por la singular belleza del paisaje y la recompensa de visitar este monasterio, estrechamente asociado a la biografía de san Ignacio.

Salimos de Igualada pasando cerca de la estación del tren. Bajamos hacia el polígono industrial, que vamos a cruzar en toda su longitud. Después de 2 km, al llegar al final, en una rotonda con puente que eleva la carretera por encima de nosotros, tomamos a la izquierda un camino asfaltado que nos conduce hasta el próximo pueblo. Túneles y puentes nos ayudan a salvar la autovía para llegar finalmente a Castellolí. Hemos de estar atentos a la señalización para no acabar metiéndonos en la autovía: en un punto hemos de girar a la derecha para entrar en la carretera de Castellolí; si no, entraremos en el carril de aceleración de la autovía. Atravesamos Castellolí y subimos por la carretera paralela a la autovía. El camino está bien señalizado y nos conduce hasta una rampa que sube al puente que cruza la autovía. Seguimos subiendo por la carretera de El Bruc. No tiene mucho tráfico, pero hay que tener cuidado con

IGUALADA – MONTSERRAT

los giros de los camiones. Conviene estar atentos a los senderos de montaña que nos sirven de atajos para no subir todo el rato por la carretera. Los postes nos señalizan las entradas hacia el bosque del parque natural de Montserrat. La pendiente es fuerte, pero se sube bien. Los ciclistas, mejor que suban directamente por el asfalto y no se metan por senderos que los obligarían a empujar las bicicletas. Llegamos a la urbanización Montserrat Parc y la rodeamos, siguiendo siempre por la larga avenida Verge de Montserrat. Acabada la urbanización, seguimos la señalización hacia la ermita y restaurante de Sant Pau de la Guàrdia. Pasado Sant Pau, seguimos siempre de frente el mismo camino y vamos muy atentos a las señales, que no son abundantes. Un castillo derruido nos sirve de punto de referencia: una vez llegados casi hasta él, hemos de descender siguiendo un sendero, poco señalizado, que nos lleva a la masía de Can Massana.

Llegados junto a la casa de Can Massana, vamos a tomar la carretera que nos indica la dirección de Montserrat. Nos queda un largo camino hasta llegar al monasterio, pero con suaves bajadas y subidas. Recomendamos seguir por la carretera a pesar del tráfico de las motos, muy poco respetuosas con los caminantes. La alternativa de subir a la montaña para llegar por senderos hasta el monasterio no

solo es más larga en horas y más dura en desniveles, sino que puede estar cortada en algún punto por derrumbes de piedras, a causa de las lluvias.

Pasados 7 km, después de la ermita de Santa Cecilia y llegando ya casi a la entrada del aparcamiento del monasterio de Montserrat, encontramos una señal a nuestra derecha que indica «Camí dels degotalls». Subimos las escaleras en la montaña y llegamos a un buen camino peatonal que nos conducirá directamente al monasterio.

■ Pista ignaciana

Acercándonos a Montserrat, llegamos a un sitio especial para Ignacio y también para muchos peregrinos de su tiempo. La montaña de Montserrat es reconocida por muchas personas como un lugar de gran presencia espiritual. Llamada por algunos la «montaña mágica», la tradición la recuerda como un espacio en el que la presencia del Espíritu es algo intrínseco. Dejémonos llevar por ese flujo de fuerza espiritual y hagamos como Ignacio: presentemos a la Virgen morena nuestro ofrecimiento de seguir a Jesús, para su mayor servicio y con gran libertad de corazón.

«Y fuese su camino de Montserrat, pensando, como siempre solía, en las hazañas que había de hacer por amor de Dios. Y como tenía todo el entendimiento lleno de aquellas cosas, Amadís de Gaula y de semejantes libros, le venían algunas cosas al pensamiento semejantes a aquellas; y así se determinó de velar sus armas toda una noche, sin sentarse ni acostarse, mas a ratos en pie y a ratos de rodillas, delante el altar de nuestra Señora de Montserrat, adonde tenía determinado dejar sus vestidos y vestirse las armas de Cristo. Pues partido de este lugar, fuese, según su costumbre, pensando en sus propósitos; y llegado a Montserrat, después de hecha oración y concertado con el confesor, se confesó por escrito generalmente, y duró la confesión tres días; y concertó con el confesor que mandase recoger la mula, y que la espada y el puñal colgase en la iglesia en el altar de nuestra Señora. Y este fue el primer hombre a quien descubrió su determinación, porque hasta entonces a ningún confesor lo había descubierto».

ETAPA N.º 26
IGUALADA – MONTSERRAT

«La víspera de nuestra Señora de marzo en la noche, el año de 22, se fue lo más secretamente que pudo a un pobre, y despojándose de todos sus vestidos, los dio a un pobre, y se vistió de su deseado vestido, y se fue a hincar de rodillas delante el altar de nuestra Señora; y unas veces de esta manera, y otras en pie, con su bordón en la mano, pasó toda la noche».

Aprovechemos un momento largo de recogimiento en la basílica de la Virgen de Montserrat y oremos con el texto de 1 Cor 12,1-11, pidiendo que los dones del Espíritu nos acompañen en nuestra vida, para mayor gloria de Dios. Aquí podemos también cambiar nuestros vestidos viejos y ponernos los que tal vez «descubrimos» en Igualada: una nueva vida necesita nuevos vestidos. ¿Qué dejo yo aquí en Montserrat? ¿Qué pienso llevar de vuelta a casa? La basílica de Montserrat fue destruida y reconstruida en diferentes momentos de su historia, siguiendo el ritmo de las guerras que azotaban el territorio. Después que Ignacio fue proclamado santo y queriendo guardar su memoria en el lugar del altar de la Virgen, allí donde Ignacio vivió su vigilia de oración, se puso una piedra negra con una inscripción memorial. Esa piedra, que marcaba el lugar, en las reconstrucciones posteriores fue desplazada hasta la entrada del atrio porticado de la iglesia actual. Cerca de la estatua de Ignacio, en el suelo del arco se puede ver esa piedra circular negra. Una gastada cita escrita en la piedra memorial nos recuerda que fue allí donde Ignacio se ofreció a la Virgen y empezó su nueva vida.

Mare de Déu de Montserrat.

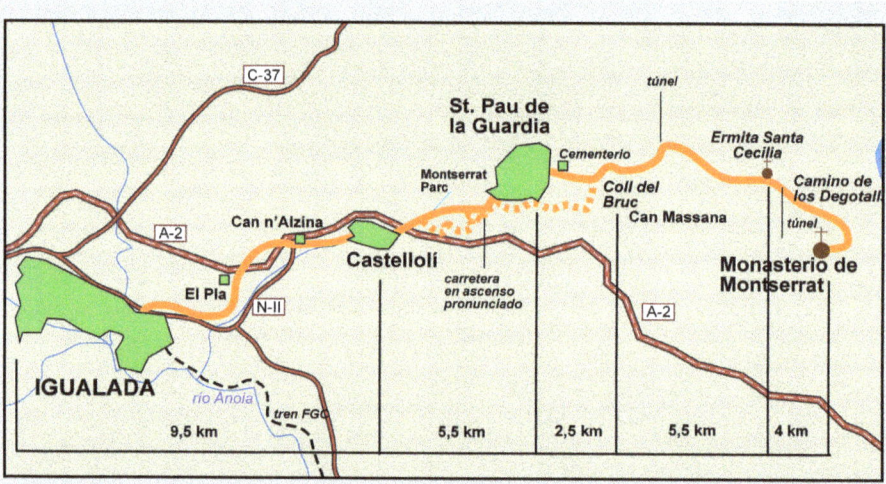

Desnivel acumulado subiendo: 1332 m. Desnivel acumulado bajando: 917 m.
Bicicletas: dificultad media. La pendiente de subida a Montserrat es bastante fuerte. Si se sigue el itinerario de a pie habrá que empujar la bicicleta. Por eso es preferible subir por la carretera de El Bruc e ir a buscar el monasterio por el alto de Can Massana, siguiendo siempre el camino asfaltado.

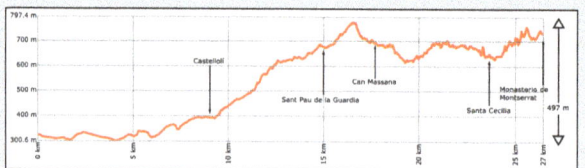

Igualada:	km 0.
Castellolí:	km 9,5.
Sant Pau de la Guàrdia:	km 15.
Can Massana:	km 17,5.
Ermita de Santa Cecilia:	km 24.
Monasterio de Montserrat:	km 27.

Descripción

Salimos de Igualada desde la iglesia de Santa María. Tomamos por la calle Santa Maria del Roser, que nace en la plaza del Ayuntamiento, donde está la iglesia. Continuamos por la calle de la Soledad que, seguida toda de frente, va cambiando de nombre, primero a avenida de Caresmar y luego, en ligero ángulo a la izquierda, a avenida de Montserrat. Cruzamos por encima de las vías del ferrocarril de Igualada a Barcelona. Descendemos un poco más por la avenida de Montserrat y tomamos la primera carretera que parte a nuestra derecha. Nos conduce a una gran rotonda, que cruzamos de frente. Dejamos un gran restaurante, en lo alto, a nuestra derecha. Seguimos por la carretera Nacional II.
Tenemos por delante 2 km de carretera a través de un polígono industrial. Pasamos dos rotondas y en la tercera nos hemos de desviar a la izquierda, por la primera carretera que sale de la rotonda a nuestra izquierda y que nos permite seguir un poco de lejos la carretera nacional, sin la angustia de la circulación rodada. Un poste indicador nos señala la dirección hacia Montserrat.
Siempre de frente por la carretera asfaltada, pasamos por debajo de la A-2. Nos mantenemos en paralelo a ella, que queda ahora a nuestra derecha. Llegamos a un puente y volvemos a cruzar la A-2, ahora por encima. Al otro lado del puente, giramos a la izquierda por la carretera asfaltada. Llegamos a una rotonda, que cruzamos de frente, y seguimos por el asfalto. Desde la carretera tomamos una pista asfaltada enfrente y a nuestra derecha, y entramos por ella en Can Alzina. Un poste indicador nos facilita la orientación. Siempre por la misma carretera, que discurre

en paralelo a la A-2, vamos avanzando hacia Castellolí. Entramos en el pueblo y lo atravesamos por la misma carretera, siempre de frente. Salimos y continuamos en el mismo sentido de marcha. Después de una curva a la izquierda, vemos que la carretera sube a un puente sobre la A-2. No lo tomamos, sino que seguimos por la pista que parte a nuestra derecha y que va paralela a la A-2. Más adelante, siguiendo la señalización, por una rampa de tierra subimos al puente sobre la A-2. Un poste nos lo indica oportunamente.
Cruzamos la A-2 y ya estamos en la carretera que nos sube hasta el alto de Can Massana. Las flechas y los postes indicadores nos muestran el camino. Se puede ir subiendo todo el rato por la carretera, que nos llevará a Can Massana. Para los de a pie hay atajos que van cortando las muchas curvas

de la subida. Pasado el primer y muy pronunciado giro a la derecha, a 100 metros parte una senda a la izquierda, que nos aleja del asfalto y nos introduce en el bosque. Un poste nos guía.

Volvemos a la carretera y seguimos subiendo por ella. En la primera curva entramos a la izquierda en una senda ascendente en el bosque, que se transforma en un camino de tierra que nos conduce a la urbanización Montserrat Parc. A 500 metros desde el cruce con la carretera, hemos de dejar la pista y entrar en un sendero que nos dirige a las primeras casas de la urbanización. Vamos a dar a la asfaltada calle Castellolí. A solo 100 metros giramos a nuestra izquierda, por la avenida Verge de Montserrat, que poco después empieza a girar hacia nuestra derecha, en curva suave. Proseguimos por la misma avenida, que bordea la urbanización. Sin tomar ninguna otra calle adyacente, alcanzamos el final de la misma en un cruce de caminos: tomamos el de enfrente de nosotros y llegamos a Sant Pau de la Guàrdia. Atravesamos la población y salimos por una pista de tierra que se bifurca: tomamos la senda de la izquierda. Seguimos por la pista ancha. Pasamos por delante del cementerio de Sant Pau, que dejamos a la izquierda. Continuamos la subida por la pista, que a veces se pierde un poco. Nos vamos acercando a la carretera y al alto de Can Massana. Por fin lo vemos desde nuestro sendero, que queda elevado sobre la carretera.

Bajamos a la carretera y la seguimos hacia nuestra izquierda hasta el cruce de carreteras de Can Massana. Seguimos siempre por la carretera en dirección a Montserrat (para los peregrinos no es nada recomendable tomar los senderos de

montaña). La carretera nos lleva directamente hasta el monasterio. Antes de llegar, un cartel a nuestra derecha nos señala la senda al monasterio por el «Camí dels Degotalls». Para los peregrinos a pie es muy recomendable subir por este camino, puesto que aligera el último esfuerzo.

Llegados al complejo urbanístico de Montserrat, subimos hasta la plaza que está justo delante del monasterio: el servicio a los peregrinos se encuentra en esa plaza, en una gran puerta a la izquierda.

■ Datos de interés

CASTELLOLÍ: Pequeña población. Su nombre viene de las ruinas del Castillo de Aulí, del siglo X. A nuestra disposición hay una panadería-bar.

MONTSERRAT: La montaña resulta un marco sorprendente, adecuadamente recogido en su nombre: «Montserrat» significa «montaña serrada». Aunque la historia exacta del complejo es incierta, parece que en este sitio fueron construidas capillas ya en el siglo IX (la capilla de San Acisclo, en el jardín del monasterio, es del año 880).

El monasterio benedictino fundado en el siglo XI florece en la montaña de Montserrat como lo hacen las flores silvestres que hemos visto a lo largo de nuestro Camino Ignaciano. La vitalidad de la comunidad benedictina se nos muestra en sus liturgias (eucaristía del monasterio a las 11 h) y en la irradiación de su presencia en todo el espectro sociopolítico de Cataluña. Su presencia y la de la Virgen de Montserrat han sido un referente de fe, esperanza y atención caritativa a los peregrinos a lo largo de los siglos. Nosotros también, en presencia de la Virgen, rendimos gracias a

Dios por todo el Camino hecho hasta ahora y nos encomendamos para la última etapa que nos ha de llevar a Manresa, la ciudad ignaciana.

Según la tradición, la famosa estatua de la Virgen Negra fue tallada por el evangelista san Lucas en el siglo I y pasó largos años oculta a los musulmanes en la Santa Cueva. Los historiadores sugieren que la estatua es probablemente del siglo XII. Al monasterio, y especialmente a la estatua, se han dirigido los peregrinos durante siglos y queda constancia de muchas curaciones milagrosas. Actualmente, Montserrat es un gran centro de atracción turística y peregrina, con más de dos millones de visitantes anuales. En 1592 se consagró la gran basílica, que fue casi completamente destruida durante la invasión napoleónica y quemada en 1811 y 1812. Reconstruido el monasterio, se pudo celebrar el milenario en 1880 y el papa León XIII proclamó a la Virgen de Montserrat patrona de Cataluña en 1881.

La Virgen Negra no está tallada en madera de ese color, sino que su aspecto oscuro se debe al humo de las velas presentadas como ofrenda, que ha actuado sobre el barniz de la estatua durante siglos.

Un largo camino de bajada conduce a la Cova Santa (Santa Cueva), el sitio tradicional del descubrimiento de la Virgen Negra. La gruta, construida en el siglo XVII, tiene base cruciforme. También es posible tomar un funicular que nos deja a medio camino de la gruta. Las vistas desde algunos de los senderos de la montaña son espectaculares, aunque los peregrinos que han recorrido todo el camino desde Loyola no están obligados a hacer un esfuerzo adicional en busca de una buena panorámica trepando por las empinadas colinas.

La colección del Museu de Montserrat incluye retablos góticos y obras de El Greco, Monet y Picasso. El Espai Audiovisual ilustra la vida y la espiritualidad de los monjes a través de exposiciones multimedia.

La fachada de la basílica, que fue acabada en 1968, representa a Cristo y los doce apóstoles. Una vez dentro, seguimos las indicaciones hacia el «Cambril de la Mare de Déu» para visitar el camarín de la Virgen Negra. Al otro lado del patio de la entrada de la basílica hay una sala donde se exponen los exvotos y mensajes de agradecimiento a la Virgen por los favores recibidos por su intercesión.

El complejo ofrece restaurantes, supermercados, farmacias, centro de salud, banco y oficina de turismo (Tel.: 938 777 777).

■ TAXIS
Castellolí
Taxi Castellolí   686 229 384

Montserrat
Taxi Marcel (Monistrol)   607 329 946

■ ALOJAMIENTO
CASTELLOLÍ: Ayuntamiento.
Tel.: 938 084 000. Han inaugurado un refugio nuevo.

SANT PAU DE LA GUÀRDIA: El Celler de la Guàrdia. Es un hostal-restaurante con habitaciones y refugio para peregrinos. Tel.: 937 710 323.

MONTSERRAT: Hotel Abad Cisneros. Tel.: 938 777 701. Refugio del monasterio para peregrinos en el Centre de Coordinació Pastoral (hay que llegar antes de las 17:30). Tel.: 938 777 766. Información del monasterio. Tel.: 938 777 765. También en www.abadiademontserrat.net.

Montserrat – Manresa

(24,6 km)

«Evita toda obstinación; pero cuando hayas empezado
algo bien, adhiérete a ello y no huyas vilmente
por cansancio o desesperación».

«Por la mañana dame noticia de tu lealtad, pues en ti confío.
Indícame el camino que he de seguir, pues acudo a ti.
Enséñame a cumplir tu voluntad, pues tú eres mi Dios.
Tu aliento benéfico me guíe por tierra llana» (Sal 143,8-10).

Santuario de la Cueva de San Ignacio / Santuari de La Cova de Sant Ignasi, Manresa.

Emprendemos con gran ánimo esta última etapa de nuestra peregrinación. Con la alegría en el corazón, caminamos los últimos kilómetros con ligereza, aunque aún tenemos una buena subida antes de llegar a Manresa. Ya la encontraremos. Pero saber que nos espera el puente de piedra y el hospital de Santa Lucía, así como el santuario de la Cova y la gran iglesia de la Seu, nos anima en el último esfuerzo hacia la ciudad de la iluminación de Ignacio. Salimos de Montserrat en dirección al Camí dels Degotalls y desandamos lo andado en la etapa anterior hasta llegar a Santa Cecilia. Aquí tomamos el camino que desciende a nuestra derecha, dejando ya la carretera. Atención: en una curva bastante cerrada a la izquierda, empieza el sendero que nos conduce montaña abajo, en fuerte pendiente, hacia nuestro primer punto de destino: Sant Cristòfol.
El sendero acaba en un camino de tierra, con una casa agrícola delante de nosotros, al otro lado del torrente. Seguimos el camino bajando hacia la urbanización Can Prat y luego hacia el pueblo de Sant Cristòfol. Aquí se narra la leyenda del milagro que hizo San Ignacio hace 500 años, salvando al pueblo de una persistente sequía. El Pozo del Milagro se encuentra a 2 km de distancia. Continuamos después en dirección a Sant Jaume de Castellbell, atravesando campos y con una vista impresionante de Montserrat: tenemos a nuestra izquierda la mejor imagen posible de la montaña sagrada.
Tampoco llegamos a Sant Jaume, sino que vamos hasta la carretera de Marganell, cruzamos el río y, junto al restaurante de la curva, subimos a nuestra izquierda

en dirección a Castellgalí y Manresa. El camino nos lleva hasta una nueva riera, que cruzamos para girar a nuestra derecha, poniendo siempre atención a las señales del Camino Ignaciano.

Entramos en Castellgalí por el camino de Montserrat y nos acercamos al centro antiguo del pueblo. En lo alto está la iglesia, a donde nos dirigimos. Pasamos por delante de ella y bajamos, saliendo del pueblo por el antiguo de los peregrinos del siglo X, por el que Ignacio pasó en múltiples ocasiones en sus visitas a Montserrat. Descendemos por él hasta la carretera C-55. Seguimos a la izquierda sin cruzar la carretera hasta pasar el puente y tomar el camino que empieza a nuestra izquierda, pasado el puente.

Más adelante, un monumento recuerda el martirio en ese lugar de dos religiosas en 1936. Seguimos por ese camino hasta llegar a la masía de Can Cornet, en la que no entramos. Antes de llegar a ella tomamos el camino bien trazado que sube por la derecha hacia una antigua cantera de piedra. Una fuerte subida nos pone a prueba en los últimos cinco kilómetros de nuestra peregrinación. Llegados a lo más alto, seguimos a nuestra izquierda en dirección al castillo de Oller del Mas y, justo al llegar a la casa-castillo, tomamos por nuestra derecha en dirección a una columna, que nos indica la presencia de una vía romana que nos conduce hacia Manresa.

Siguiendo las flechas naranjas, nos dirigimos a unas casas y descendemos hasta el torrente de Marganell, que vamos a atravesar para inmediatamente subir de nuevo y encontrar el camino que nos lleva a la torre de Santa Caterina. Atención a las señales naranjas: hemos de girar a la derecha en la torre de electricidad y más adelante a la izquierda, para dirigirnos a la torre, señalizada con una bandera catalana que se ve a lo lejos.

Nos acercamos a la torre y, una vez allí, tenemos frente a nosotros toda Manresa, en la que destacan la basílica de la Seu y el edificio de la casa de Ejercicios Espirituales de la Cova de Sant Ignasi. Abajo, salvando el río Cardoner, vemos el puente viejo y la ermita de Nuestra Señora de la Guía. Dice la tradición que, al llegar Ignacio a este punto, se encontró al pueblo en romería en honor de la Virgen. Muy probablemente se encomendó a la Virgen de la Guía para que lo guiase en su peregrinar.

Bajamos directamente hacia el río, pasando por la ermita de La Guardia y cruzando el puente viejo, siguiendo los pasos de Ignacio de Loyola. Lo cruzamos con la emoción de quien está llegando al final de un largo trayecto, a un lugar largamente deseado. Así como hizo Ignacio en 1522, también nosotros nos dirigimos hacia el hospital de Santa Lucía. Pasada la ermita

de San Marcos y subiendo por la calle San Marcos, llegamos al antiguo hostal y a la Oficina de Acogida del Peregrino. El santuario de la Cova se encuentra a la derecha y también habrá de ser visitado en su momento.

Acabamos nuestro caminar por el Camino Ignaciano, celebrando la llegada y recibiendo el certificado de peregrino ignaciano en la Oficina del Peregrino habilitada para la acogida final por el Ayuntamiento de Manresa.

MONTSERRAT – MANRESA

Pista ignaciana

Aquí tenemos a Ignacio ya camino de Manresa, con un nuevo atuendo exterior y un gran deseo interior de hacer todo a mayor gloria de Dios… pero tomando conciencia, de una forma brusca, de que las cosas nunca son fáciles, incluso cuando se hacen con el mejor corazón.

«Y en amaneciendo se partió por no ser conocido, y se fue, no el camino derecho de Barcelona, donde hallaría muchos que le conociesen y le honrasen, mas se desvió a un pueblo, que se dice Manresa, donde determinaba estar en un hospital algunos días, y también notar algunas cosas en su libro, que llevaba él muy guardado, y con que iba muy consolado. Y yendo ya una legua de Montserrat, le alcanzó un hombre, que venía con mucha prisa en pos de él, y le preguntó si había él dado unos vestidos a un pobre, como el pobre decía; y respondiendo que sí, le saltaron las lágrimas de los ojos, de compasión del pobre a quien había dado los vestidos; de compasión, porque entendió que lo vejaban, pensando que los había hurtado. Mas por mucho que él huía la estimación, no pudo estar mucho en Manresa sin que las gentes dijesen grandes cosas, naciendo la opinión de lo de Montserrat; y luego creció la fama a decir más de lo que era: que había dejado tanta renta, etcétera».

«Y él demandaba en Manresa limosna cada día. No comía carne, ni bebía vino, aunque se lo diesen. Los domingos no ayunaba, y si le daban un poco de vino, lo bebía. Y porque había sido muy curioso de curar el cabello, que en aquel tiempo se acostumbraba, y él lo tenía bueno, se determinó dejarlo andar así, según su naturaleza, sin peinarlo ni cortarlo, ni cubrirlo con alguna cosa de noche ni de día. Y por la misma causa dejaba crecer las uñas de los pies y de las manos, porque también en esto había sido curioso».

Los «algunos días» que pensaba pasar Ignacio en Manresa se convirtieron en más de diez meses de crecimiento personal. Dios no tenía prisa con él y, gracias a Dios, Ignacio tampoco tuvo demasiada prisa en dejar esta ciudad, que lo acogió con los brazos abiertos a pesar de algunas excentricidades suyas. Probablemente el peregrino o la peregrina ignaciana también deseará imitar en algo a este caballero recientemente convertido; de todos modos, tal vez sea ya momento de pasar por el peluquero y recibir un buen corte de pelo. En la oficina de turismo de Manresa y en la Cova de san Ignacio se ofrecen al peregrino materiales escritos con la continuación de esta interesante historia personal y los elementos propios de la experiencia de Ignacio en Manresa.

Iglesia de La Seo en Manresa.

ETAPA N.º 27

MONTSERRAT – MANRESA

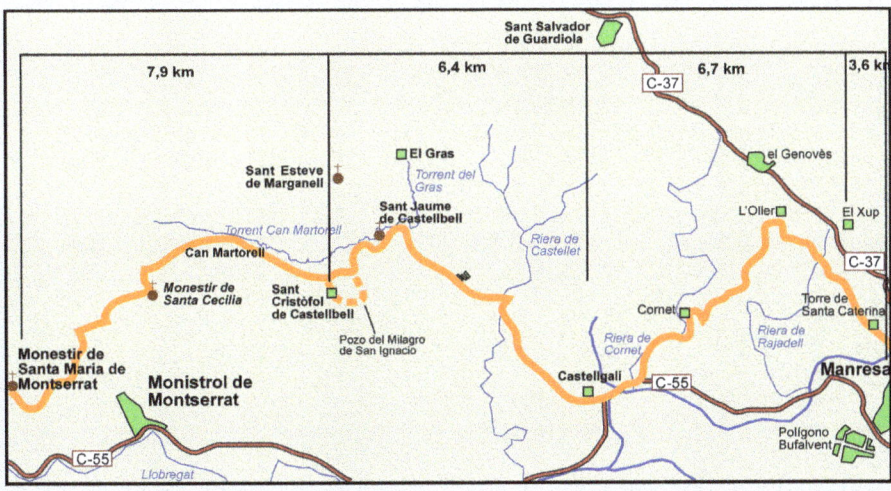

Desnivel acumulado subiendo: 406 m. Desnivel acumulado bajando: 896 m.
Bicicletas: dificultad media. Para bajar desde Santa Cecilia es mejor no tomar la senda de a pie, sino seguir todo recto por la pista de tierra, pasando una casa que dejaremos a nuestra izquierda, y cruzar el torrente para encontrar el punto en el que los caminantes se unen al camino de tierra que conduce a Sant Cristòfol. En la bajada desde Castellgalí hay que llevar la bicicleta al lado y también se debe circular con cuidado por la carretera C-55.

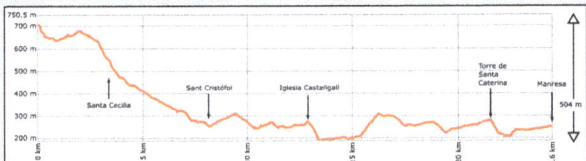

Montserrat:	km 0.
Ermita de Santa Cecilia:	km 3,5.
Sant Cristòfol:	km 7,9.
Iglesia de Castellgalí:	km 14,3.
Riera de El Xup:	km 21.
Torre de Santa Caterina:	km 23,5.
La Cova de Manresa:	km 24,6.

■ Descripción

Nos despedimos de la Mare de Déu de Montserrat y emprendemos la marcha por el mismo Camí dels Degotalls por el que llegamos al Monasterio. Desandamos lo andado en la jornada anterior, así que volvemos a la misma carretera, puesto que nos dirigimos de nuevo a la ermita de Santa Cecilia, que ya conocemos. Caminamos por el sendero paralelo a la carretera y, después de pasar por la derecha del túnel, vemos la ermita en lo alto, junto a la carretera.
Llegados a ella, tomamos un camino asfaltado que baja a nuestra derecha. Un poste nos indica «GR-4 a Sant Cristòfol». Seguimos su indicación. Dejamos la ermita a nuestra izquierda y vamos bajando por el camino asfaltado. Caminamos en paralelo a la carretera, pero por debajo de ella. Cruzamos torrenteras que bajan de la montaña.

Para los peregrinos en bicicleta, es mejor tomar el camino vecinal de tierra que sigue descendiendo, haciendo curvas, en dirección a unas granjas, que dejarán a su izquierda.

ETAPA N.º 27

MONTSERRAT – MANRESA

Ante cada nueva pista, los ciclistas toman siempre la que sale a su derecha, siempre descendiendo. Han de llegar hasta un cauce y pasar al otro lado, para subir por el camino de tierra y encontrar al final del camino vecinal (unos hierros cruzados indican el punto) a los peregrinos a pie, que han bajado directamente por la ladera de la montaña.

Los peregrinos a pie hemos de seguir las indicaciones del sendero GR-4 que nos lleva a Sant Cristòfol. Así nos lo indica un poste situado en una curva cerrada del camino vecinal. Es una senda de montaña que desciende con fuerte pendiente. Seguimos las señales rojas y blancas del GR-4 y llegamos a una pista ancha de tierra: la tomamos hacia la derecha. Los peregrinos en bicicleta se unen a nosotros. No hay flechas naranjas, puesto que están prohibidas en este tramo del Camino Ignaciano.

Entramos en la urbanización Can Prat, por la calle de les Agulles. Seguimos las marcas rojas y blancas. Siempre hacia delante por la misma calle. A veces las señales en los postes de la luz están cubiertas con pintura rosa, pero no hay pérdida posible. Llegamos a una curva muy cerrada a nuestra derecha y en ella un poste nos indica el camino hacia Manresa, a nuestra izquierda. Seguimos las señales rojas y blancas del GR-4. Señal vertical hacia Sant Cristòfol de Castellbell. En este punto nos podemos desviar 2 km a nuestra derecha, siguiendo las señales, para visitar el pueblo y el Pozo del Milagro de San Ignacio. También podemos seguir recto, siguiendo la dirección hacia Sant Jaume de Castellbell.

Siguiendo hacia Sant Jaume llegamos a un cruce y tomamos a la izquierda, dejando Sant Cristòfol a nuestra espalda. Descendemos hacia un torrente, guiándonos por las marcas del GR-4. Cruzamos el cauce y dejamos una casa a nuestra izquierda. Aparece otra bifurcación, en la que tomamos la derecha, siguiendo las señales rojas y blancas, sin ir ya a Sant Jaume.

Llegamos a la carretera asfaltada y la tomamos hacia la izquierda para bajar hasta el puente. Tras pasar el puente y al lado del restaurante aparece un camino a la izquierda, que nos hace subir. Un poste nos indica la dirección de Manresa.

El camino de tierra se une a otro que aparece a nuestra derecha. Seguimos siempre de frente y nos encontramos con una granja porcina de grandes dimensiones a nuestra izquierda. Pasadas las edificaciones de la granja, llegamos a una bifurcación: tomamos por la izquierda, siguiendo el camino. Un poste nos confirma la dirección. Dejamos las pistas del GR-4 (rojas y blancas) y ahora seguimos las marcas de color azul y blanco. Se presenta otra bifurcación, en la que tomamos la derecha. El camino nos lleva a cruzar un cauce y, tras ello, empieza otro camino a la derecha del nuestro. Un poste nos indica la dirección de Manresa y Castellgalí y tomamos, pues, el camino de la derecha, obedeciendo la señal.

Nuestro camino cruza otro, que tomamos hacia la derecha. Más adelante empieza un camino a nuestra izquierda, pero nosotros continuamos con el que llevamos. Al llegar a las primeras casas de Castellgalí, tomamos la primera calle a nuestra izquierda, siguiendo las pistas blancas y azules. Estamos en el camino de Montserrat, después llamado calle Montserrat, y seguimos siempre de frente por ella.

Nos acercamos al núcleo del pueblo y vemos la iglesia en lo alto, enfrente de nosotros. Subimos hacia ella por la calle Sant Antoni, y aquí decimos adiós a las pistas azules y blancas y al Camino de Santiago catalán, puesto que nuestro Camino Ignaciano sigue recto, pasando por delante de la fachada de la iglesia. Continuamos adelante y, al final de las casas del pueblo, empieza un camino de tierra junto a un poste de electricidad. Un cartel nos indica que entramos en el antiguo camino de los peregrinos de Manresa a Montserrat, que data del siglo X. Empezamos un fuerte descenso en dirección a la carretera C-55. Vamos bajando hasta llegar a ella y la tomamos hacia nuestra izquierda. Continuamos unos 500 metros y, pasado el puente sobre un torrente, dejando el campo de golf a nuestra izquierda, entramos por un camino que empieza a la izquierda.

Vamos bordeando el campo de golf y el cauce del torrente de Can Cornet, que queda a nuestra izquierda. En la bifurcación, tomamos nuestra derecha, para evitar cruzar el río. Después de 600 m llegamos ante la casa privada de La Masía y tomamos el camino que sigue a nuestra derecha, y que nos hace subir hacia una vieja cantera de piedra. Es una senda empinada y que va haciendo zigzag. Grandes piedras en el camino nos permiten adivinar la presencia de la cantera, que no llegamos a ver, puesto que el sendero sigue su ascensión sin pasar por ella. Al llegar casi a lo alto, delante de unos campos de cultivo, nuestro camino gira a la izquierda y, a unos 200 metros, acaba en otro, que tomamos hacia la izquierda. Enseguida alcanzamos a ver ya, a distancia, la ciudad de Manresa. Siempre por nuestro camino, hacia delante, sin meternos por otros caminos que van surgiendo a derecha e izquierda, nos dirigimos al castillo de Oller del Mas. Tras recorrer kilómetro y medio, se nos une un camino por la izquierda y, en unos metros más, llegamos a 100 m de las puertas del castillo. Nosotros giramos a la derecha y pasamos junto a una columna, que nos indica que estamos cerca de la antigua calzada romana que conducía a Manresa. Dejamos un camino que baja a nuestra derecha y seguimos hacia unas casas,

Iglesia de San Miguel, Castellgalí.

que pasamos dejándolas a nuestra izquierda. Después de una corta bajada, llegamos a la entrada de otra casa y en ese punto tomamos a la izquierda un camino que baja hacia la riera. Descendemos y la cruzamos por un pequeño puente.

Pasado el torrente, giramos a nuestra derecha unos 50 m y subimos por un camino que vamos a seguir, junto a un muro de piedra. Una vez arriba tomamos por la izquierda y nos dirigimos hacia unas casas, que pasamos. Seguimos recto hasta un nuevo cruce, con unos postes de electricidad muy visibles. En el cruce tomamos por nuestra

derecha, alejándonos del barrio de El Xup. Continuamos de frente. El camino gira bruscamente a la derecha para entrar en una granja, pero nosotros seguimos de frente, por un camino antiguo, no muy bien marcado, que pasa por entre los campos de labranza. A unos 200 metros se bifurca. Tomamos el sendero estrecho que sigue recto a nuestra derecha, junto al muro de piedra. Nuestro camino cruza un camino asfaltado. Seguimos recto en dirección a la torre de Santa Caterina, una antigua atalaya. Vamos rectos hacia ella. Un *parking* a nuestra izquierda nos allana el camino para llevarnos hasta la torre. Bajamos del torreón por un camino que parte justo delante, en dirección a la Cova. La fuerte bajada nos lleva casi hasta la ermita de la Virgen de la Guía, que vemos a nuestra derecha. Tomamos la carretera hacia nuestra izquierda, para cruzar por un puente las vías del tren. Bajamos a la carretera del río Cardoner y giramos a la derecha hacia el puente viejo. De frente, en lo alto, contemplamos el edificio de la Cova de san Ignacio. El Camino Ignaciano acaba en el hospital de Santa Llúcia, también conocido como la capilla del Rapto. Para llegar allí se sube por la calle San Marcos, justo la que pasa junto a la capilla que está al otro lado del puente. Subimos hasta alcanzar la plaza de San Ignacio y el antiguo colegio de los jesuitas en Manresa, hoy Museo Comarcal. En la Oficina del Peregrino sellan la credencial y otorgan el certificado final de la peregrinación ignaciana.

■ Datos de interés

CASTELLGALÍ: Pequeña población de 1.700 habitantes, pero de gran tradición peregrina. Sus orígenes también son muy antiguos, ya de tiempos de los íberos, dada su ubicación privilegiada en lo alto de una montaña con vigilancia sobre el valle del río Cardoner. Los pobladores romanos dieron el nombre de Boades a este asentamiento. En la Edad Media, con la afluencia de peregrinos que transitan por el Camino Real y que se dirigen al monasterio de Montserrat, Castellgalí es conocido por su hospedaje y por las herrerías. Con toda seguridad, el peregrino Ignacio de Loyola pasó varias veces por Castellgalí en sus idas y venidas a Montserrat, durante su larga estancia en Manresa. Ya muy cerca de nuestro destino final, esta población nos ofrece restaurantes, supermercados, farmacia y banco.

SANTA CATERINA: Torre de vigía, atalaya.

MANRESA: Esta ciudad ignaciana acogió a los primeros jesuitas en 1602. Desde entonces, la ciudad ha mantenido una presencia ignaciana constante, que hoy recibe un nuevo impulso con la llegada de los peregrinos ignacianos. Visitar los múltiples lugares ignacianos en Manresa y sus edificios monumentales merece un tiempo largo de permanencia (se puede consultar la página web de turismo www.manresaturisme.cat). El santuario de la Cova de Sant Ignasi es un lugar ideal para acabar nuestra peregrinación, recoger nuestra experiencia interior y discernir las luces y sombras que seguramente habremos experimentado a lo largo de nuestro Camino Ignaciano. No hemos de tener prisa en marcharnos de este lugar tan emblemático para la espiritualidad ignaciana. En la Cova obtendremos toda la información necesaria para planificar nuestro tiempo personal (véase la página web www.covamanresa.cat). La ciudad de Manresa tiene todo lo que el peregrino pueda

necesitar. Es imprescindible consultar su oficina de información turística (Tel.: 938 784 090).

Nota: Manresa, final de camino. Manresa constituye, junto con Montserrat, la culminación del Camino Ignaciano. Resulta imposible sobrestimar su importancia en la vida de Ignacio, en la espiritualidad de la Compañía de Jesús y en el desarrollo de los *Ejercicios Espirituales*. Manresa corporeiza una máxima central de la espiritualidad ignaciana: a Dios lo encuentra uno «en todas las cosas», no solo en los espacios tranquilos, sino también en las ciudades modernas y heterogéneas. La moderna Manresa está llena, no obstante, de recuerdos históricos de la estancia del peregrino. Cabe imaginarse a Ignacio antes de cruzar el río, rezando en la pequeña *ermita de la Virgen de la Guía* (la ermita fue desplazada unos cuantos metros en 1856 para hacer sitio a las vías del ferrocarril) y en la cercana cruz alzada. De lo que no cabe duda es de que Ignacio cruzó el grácil *puente viejo*, de origen romano y diseño medieval. También vio la diminuta *capilla de Sant Marc* en la que, según aseguraron algunos de los testigos que declararon en el proceso de canonización de Ignacio, este rezaba con frecuencia, cabiendo la posibilidad de que allí hubiera tenido visiones místicas. La exquisita *seu de Manresa*, la colegiata basílica de Santa María, una de las iglesias más espaciosas de Europa, se acabó unas tres décadas antes de la llegada de Ignacio y atestigua la gran prosperidad de la que disfrutaba Manresa en esa época de la historia. Uno de los testigos que fueron interrogados durante el proceso de canonización declaró que Ignacio estuvo rezando en la colegiata durante dos horas nada más llegar a Manresa, antes de encaminarse al *hospital de Santa Lucía,* donde se alojó. En lo que hoy es el *santuario de la Cova de Sant Ignasi,* en la pequeña cueva que se conoce como la *Santa* Cova, la tradición sostiene que Ignacio compuso algunos pasajes claves de los *Ejercicios Espirituales*. Los habitantes de Manresa asociaban este lugar con Ignacio, y la primera capilla se construyó en 1603, con suficiente proximidad al «recuerdo vivo». La autobiografía de Ignacio también relata que experimentó extraordinarias iluminaciones espirituales, que terminarían cambiando su vida, mientras contemplaba el río Cardoner. ¿Dónde ocurrió eso exactamente? El río atraviesa la ciudad, así que los peregrinos pueden imaginar otros lugares, aparte de la Cova, en los que Ignacio quizá descansara y disfrutara de consolaciones místicas. Según una tradición, fue de camino a la *iglesia de San Pablo,* que dista kilómetro y medio del centro de Manresa, cuando Ignacio experimentó aquella iluminación clave en las riberas del río Cardoner. El lugar está señalizado en la actualidad por una obra de arte moderno y puede ser alcanzado subiendo por detrás de la casa de ejercicios por el camino viejo de Santa Clara y girando a la derecha antes de llegar al convento de Santa Clara, para salir a la calle del Peix y a un parque, en el que se encuentra un banco señalizando el lugar. El peregrino actual puede encontrar fácilmente muchas huellas de Ignacio, porque residió en diferentes lugares, visitó iglesias y conventos, ayudó al cuidado de los enfermos y los pobres o se detuvo aquí y allá para orar. Durante varias semanas vivió en el piso bajo de una casa, donde ahora se encuentra el número 25 de la *calle Sobrerroca;* al final de esta calle puede verse lo que se conserva de una de las puertas medievales de la población. Y durante algún tiempo, estando enfermo, fue alojado por la hacendada familia Amigant; la *capilla de Sant Ignasi malalt* conmemora este lugar. La actual plaza de *Sant Domènec* está situada en lo que fue un convento de dominicos, otro de los lugares donde residió Ignacio, que visitaba con regularidad las iglesias de Manresa. Además de las ya mencionadas, una de sus

MONTSERRAT – MANRESA

Iglesia de Nuestra Señora de la Salud, Viladordis.

favoritas era la *iglesia del Carme,* un templo carmelita construido en el Puig Mercadal, la colina más elevada del pueblo. La iglesia fue destruida durante la guerra civil española, pero la reconstrucción conserva algunas partes del antiguo claustro. *Santa María de la Salut de Viladordis,* situada fuera de las murallas originarias, data del siglo X y era otro de los lugares favoritos de oración de Ignacio; dentro de esta iglesia hay una piedra en la que solía arrodillarse para orar a la Virgen. A Ignacio le gustaba también detenerse a rezar junto a la *Cruz del Tort* –y a gozar de la vista que desde allí se disfruta– en su camino hacia el *convento de Santa Clara.*

La oficina de turismo de Manresa es un excelente recurso para obtener mapas y orientaciones sobre cómo llegar a los mencionados lugares ignacianos, así como otras informaciones. La oficina está ubicada en la plaza del Ayuntamiento.

■ TAXIS

Castellbell i el Vilar
Asociación Taxistas del Valle   938 282 475
Manresa
Taxis Manresa   938 770 877
Manuel Artero   630 918 900
Radio Taxi Manresa   938 744 000

■ ALOJAMIENTO

CASTELLGALÍ: Refugio de peregrinos. Ayuntamiento. Tel.: 938 330 021

MANRESA: Alberg del Carme, pl. Milcentenari s/n. Tel.: 938 750 396. Apartaments Grup Urbi, c/ Codinella, 9, entresol 2.ª Tel.: 938 768 241 / 606 993 537. Apartaments La Farola, c/ Canyelles, 5. Tel.: 938 731 300. Casa d'Exercicis La Cova de Sant Ignasi, pasaje de la Cova. Tel.: 938 720 422. Hostal Turó de la Torre, c/ Sallent s/n, Polígon Els Dolors. Tel.: 938 733 286. Hotel 1948, ctra. de Santpedor, 54-58. Tel.: 938 748 216. Hotel Els Noguers, av. Països Catalans, 167. Tel.: 938 743 258. Pensión La Masia, pl. Sant Ignasi, 21. Tel.: 938 724 237. Pensión Roser Manila Sant Andreu, c/ Sant Andreu, 9. Tel.: 938 725 908. Manresa Apartaments. Tel.: 660 551 333 Apartamentos Somiarte. Tel.: 630 538 838.

Torre de la catedral de Barcelona.

Nota: Barcelona ignaciana. Al terminar el Camino Ignaciano, numerosos peregrinos pasarán por Barcelona camino de casa. También Barcelona tiene considerable importancia en la vida de san Ignacio. Tras su larga estancia en Manresa, pasó unas semanas en Barcelona para preparar la continuación de su viaje hacia Tierra Santa. La odisea de Ignacio no se interrumpe aquí: zarpó de Barcelona camino de Roma y, con el tiempo, de Tierra Santa. Cuando los frailes franciscanos, que supervisaban a los peregrinos en Tierra Santa, lo hicieron volver al cabo de tan solo tres semanas, Ignacio se encontró de regreso en Barcelona, donde realizó dos años de estudios básicos de gramática latina.

En conjunto, Ignacio visitó Barcelona en cinco ocasiones, y en la ciudad hizo muchos amigos y encontró familias benefactoras que le ayudaron abundosamente en sus años de estudio y en los inicios de la Compañía de Jesús. Por ello escribía: «Me parece, y no dudo, que más cargo y deuda tengo a esa población de Barcelona que a ningún otro pueblo de esta vida».

Lugares ignacianos en Barcelona: la ciudad está llena de historia ignaciana y jesuítica. En la web del Camino Ignaciano, en el apartado «Peregrinando por la España ignaciana», se halla un enlace al muy detallado y erudito estudio de Miguel Lop, SJ, *Recuerdos ignacianos en Barcelona*. Existe una guía en la web de los jesuitas que responde a ese estudio (http://www.jesuites.net/es/sant-ignasi-i-barcelona).

En la visita hemos de tener presente que la Barcelona de Ignacio tenía un número de habitantes que rondaba los cuarenta mil, en vez del millón seiscientos mil de hoy.

La ciudad tenía su centro en lo que hoy se denomina barri Gòtic. Puesto que pasó más de dos años en Barcelona, podemos dar por sentado que Ignacio recorrería la mayor parte de las calles de la antigua ciudad. Callejeando por el barrio de la Ribera, centro económico de la ciudad en su tiempo, junto a Santa María del Mar, o por el barrio Gótico nos podemos empapar de la atmósfera del lugar, que mantiene muchos de los edificios y calles del 1500.

La puerta de acceso a la amurallada ciudad medieval estaba en la plaza de Sant Agustí Vell, donde desemboca la calle del Portal Nou. Ignacio seguramente se detendría en la *capella d'en Marcús* (del siglo XII, en la confluencia de las calles dels Carders y de Montcada), en la que los viajeros veneraban una imagen de la Madre de Dios de la Guía. Paralela a la vía Laietana transcurre una calle pequeña y corta, llamada calle de Sant Ignasi. En tiempos de Ignacio, Inés Pascual, su gran amiga y benefactora manresana, vivía en una casa que se alzaba allí donde la calle de Sant Ignasi va a dar a la de la Princesa. La casa fue derruida al construir la nueva calle.

Ignacio estudió latín con un caballero llamado Jeroni Ardèvol, quien vivía en el distrito de la Ribera, en la *calle dels Mirallers*. La *basílica de Santa María del Mar* (siglo XIV) es otro importante lugar ignaciano. Junto a la puerta lateral izquierda hay una capilla dedicada a san Ignacio y, allí mismo, una placa que recuerda el lugar donde el santo solía pedir limosna. Otra iglesia importante es la *basílica de los Santos Mártires Justo y Pastor,* donde a Ignacio le gustaba sentarse, a menudo en compañía de niños, a escuchar los sermones de los franciscanos. Su devoción atrajo la atención de Isabel Roser, quien con el tiempo se convirtió en una buena amiga e importante benefactora. Su casa estaba enfrente de la basílica, en el edificio que tiene motivos florales en la fachada.

Otros lugares ignacianos pueden señalarse en la ciudad, pero destacamos tan solo dos más. El primero en la calle Casp, 27, donde se encuentra la iglesia jesuita del Sagrado Corazón. En el altar dedicado a san Ignacio puede verse la espada que Ignacio ofreció a la Moreneta en el santuario de Montserrat. Y el segundo, un poco alejado, puesto que quedaba en las afueras de la ciudad en tiempos de Ignacio, es el lugar donde hoy está la gran cascada en el parque de la Ciutadella. Aquí se alzaba un convento femenino de dominicas, que Ignacio trató de reformar en su comportamiento moral, lo que le valió una buena paliza que lo dejó casi muerto.

Como bien puede imaginar el peregrino, una ciudad como Barcelona no acaba en los recuerdos ignacianos, y a buen seguro el modernismo catalán y las obras de Gaudí, entre otras cosas, llenarán su tiempo final en tierras catalanas.

Iglesia del Sagrado Corazón de Jesús, Barcelona

TERCERA PARTE
Guía para el camino interior

Como ya se dijo al inicio de esta guía, esta tercera parte se enlaza con la segunda, día a día. Para aquellos que desconozcan la dinámica de los Ejercicios Espirituales ignacianos, recomiendo que miren en la web del Camino Ignaciano (www.caminoignaciano.org) las explicaciones pertinentes, que pueden ayudar a comprender la profundidad y el sentido de la propuesta de san Ignacio. En la pestaña de la web titulada «Peregrinación» hay buenos y útiles consejos para el recorrido espiritual que se propone. No dejes de acudir a ellos en tu preparación previa.

Como verás, cada día tiene su meditación propia, que va acompañada por textos del Nuevo Testamento y algunos del Antiguo Testamento; estos últimos están incluidos en la página, a diferencia de los textos del Nuevo Testamento, que no lo están. Esta opción se ha tomado para favorecer que el peregrino o peregrina lleve consigo un pequeño y ligero volumen del Nuevo Testamento, que sea un compañero de camino. Así, siempre se pueden ampliar las lecturas sugeridas, con la libertad del peregrino o peregrina, y alcanzar otros textos. Nunca se sabe dónde nos puede sorprender Dios con una inspiración necesaria para nuestro momento vital.

Para los peregrinos que no realicen el conjunto del Camino Ignaciano y que deseen hacerlo por secciones, es recomendable seguir la estructura de cuatro semanas que Ignacio introdujo en su experiencia, y cada año realizar una semana completa. De esta forma, los Ejercicios cobran todo su sentido y el peregrino o la peregrina experimenta el enlace que forman las meditaciones con el Camino. Si solo se piensa realizar una peregrinación corta, el mismo peregrino o peregrina puede adecuar las meditaciones a su propia experiencia.

Una última aportación, muy rápida, para ayudar a entender el vocabulario ignaciano: las *anotaciones* son instrucciones muy cortas, que ayudan a situarse en el clima de oración; las *peticiones* son aquello que se desea alcanzar, como dirá Ignacio, aquello que deseo obtener como fruto de la oración; las *reflexiones* quieren ayudar a situarse en el tema del día; los *textos* son el cuerpo real de la meditación; y el *coloquio* final es como la conclusión del rato de oración, el momento en que el alma se deja ir en el contacto final con el Creador.

Nada más, y que el Señor se haga peregrino junto a nosotros.

Etapa n.º 1: Loyola – Zumarraga

- **Anotaciones:** Iniciamos nuestro camino de forma suave, pero entrando ya en materia. Es muy conveniente dedicar un buen tiempo a la oración preparatoria: pedir que todo lo que voy a hacer en este rato, todas mis intenciones, acciones y operaciones sean puramente ordenadas al servicio y la alabanza de Dios. En el curso de la oración, si se encuentra «fondo» en alguna palabra o en algún momento, es mejor no ir más lejos, sino quedarse en ese mismo sitio espiritual, dejando que su profundidad nos hable. Nos dice Ignacio que «sentir y gustar interiormente» es más importante que saber mucho.

- **Petición:** Deseo, Señor, que me concedas la gracia de sentir internamente tu amor en mi vida, con una profunda acción de gracias.

- **Reflexiones:** La espiritualidad se ha definido como «hacer un viaje a través de la vida, convirtiéndolo en un camino hacia Dios». Así, esperamos poder transformar nuestro viaje por España en un viaje espiritual.

Empezamos por una contemplación de lo que nos rodea, en estos bellos parajes cercanos a Loyola. Caminamos con calma, conscientes del don que representa el poder dedicar un tiempo de nuestra vida a este encuentro con Dios, con el mundo y con nosotros mismos. ¡Es un privilegio el poder hacer estos «ejercicios»! Nuestro corazón exulta de agradecimiento al comenzar nuestra peregrinación. Aquel que nos ama desde nuestro origen y nos conduce en nuestras vidas es quien nos ha traído hasta aquí. Y con ese convencimiento, nos ponemos a caminar. Dios Padre/Madre se encuentra en todo lo que vemos y su presencia nos llena de gratitud.

- **Textos**

Is 55,1-11: Dios, en su amor por mí, me invita a acercarme a él.

«¡Atención, sedientos!, acudid por agua, también los que no tenéis dinero: venid, comprad trigo, comed sin pagar, vino y leche de balde. ¿Por qué gastáis dinero en lo que no alimenta y el salario en lo que no da hartura? Escuchadme atentos y comeréis bien, saborearéis platos sustanciosos. Prestad oído, venid a mí, escuchadme y viviréis. Sellaré con vosotros alianza perpetua, la promesa que aseguré a David: a él lo hice mi testigo para los pueblos, caudillo y soberano de naciones; tú llamarás a un pueblo desconocido, un pueblo que no te conocía correrá hacia ti: por el Señor, tu Dios; por el Santo de Israel, que te honra. Buscad al Señor mientras se deje encontrar, invocadlo mientras esté cerca; que el malvado abandone su camino y el criminal sus planes; que regrese al Señor, y se apiadará, a nuestro Dios, que es rico en perdón. Mis planes no son vuestros planes, vuestros caminos no son mis caminos –oráculo del Señor–. Como el cielo está por encima de la tierra, mis caminos están por encima de los vuestros y mis planes de vuestros planes. Como bajan la lluvia y la nieve del cielo, y no vuelven allá, sino que empapan la tierra, la fecundan y la hacen germinar, para que dé semilla al sembrador y pan para comer, así será mi palabra, que sale de mi boca: no volverá a mí vacía, sino que hará mi voluntad y cumplirá mi encargo».

Sal 63: Respondo a Dios, expresando mi deseo de encontrarme con él.

«Oh Dios, tú eres mi Dios, por ti madrugo: mi garganta tiene sed de ti, mi carne desfallece por ti, en un páramo reseco, sin agua. Así te contemplé en el santua-

Cervera

rio, viendo tu fuerza y tu gloria. Pues vale más tu lealtad que la vida, te elogiarán mis labios; así te bendeciré mientras viva, alzando las manos en tu nombre. Como de enjundia y de manteca me saciaré, y con labios jubilosos te alabará mi boca. Si en el lecho me acuerdo de ti, velando medito en ti: que fuiste mi auxilio y exulto a la sombra de tus alas. Mi aliento se pega a ti y tu diestra me sostiene. Los que buscan mi perdición entrarán en lo profundo de la tierra, serán entregados a la espada, y echados como pasto a las raposas. Pero el rey celebrará a Dios, se gloriarán los que juran por él, cuando tapen la boca a los mentirosos».

- **Coloquio final:** Intento hacer un resumen de lo meditado en el rato de oración, hablando con Jesús como un amigo lo hace con otro y sincerándome con él sobre los puntos hallados en este rato de camino hecho.

Etapa n.º 2: Zumarraga – Arantzazu

- **Anotaciones:** Insistimos en la oración preparatoria, objetivo fundamental de nuestra peregrinación interior. Recordamos que si se encuentra «fondo» en alguna palabra o en algún momento, es mejor no ir más lejos, sino quedarse en ese mismo sitio espiritual, dejando que su profundidad nos hable. Hoy se recomienda pasar un largo tiempo de oración una vez llegados al santuario de Arantzazu, al igual que Ignacio hizo. Orar con agradecimiento por toda nuestra vida, por los dones que hemos recibido hasta ahora, sin olvidar el último, que no es pequeño, ¡el estar aquí!

- **Petición:** Deseo, Señor, que me concedas la gracia de sentir internamente tu amor en mi vida, con una profunda acción de gracias.

- **Reflexiones:** Mientras nos acercamos al santuario de Nuestra Señora de Arantzazu, dedicamos un segundo día a profundizar, mediante la oración, en nuestra historia de felicidad. Caminando y orando, vamos a recordar momentos de nuestra historia de gracia y de bondad, sobre todo aquellos que ahora vemos en la vida como puntos de inflexión. ¿Hubo momentos en los que en la presencia de Dios tomamos una decisión importante, o momentos de gran tribulación superados con él? ¿Tal vez hubo momentos en que sentíamos que Dios estaba ausente? ¿Momentos en que no podíamos creer que Dios pudiese estar presente? Pero él siempre estuvo ahí, como el mejor Amigo, como un seguro Padre, como una tierna Madre. Retengamos en el corazón todos esos momentos y sintamos que se nos llena de gratitud hacia las personas y los acontecimientos de nuestra vida pasada: Dios está siempre trabajando en nuestro entorno. ¿Por qué no presentar esos momentos y todas esas personas a Dios y dar gracias a todos por ser sus manos y sus brazos?

- **Textos**

Lc 1, 46-55: Engrandece mi alma al Señor.

Lc 12, 22-34: Tú conoces, Señor, todas mis necesidades. No he de preocuparme.

- **Coloquio final:** Trato de hacer un resumen de lo meditado en el rato de oración, hablando con María como un hijo o una hija lo hace con su madre. Ahora que he llegado a su santuario, aprovecho para sincerarme con ella sobre los puntos hallados en este rato de camino hecho.

Etapa n.º 3: Arantzazu – Araia

- **Anotaciones:** Insistimos en dedicar un buen tiempo a la oración preparatoria. Recordemos que Ignacio nos dice que «sentir y gustar interiormente» es más importante que saber mucho, por lo que no hemos de tener prisa. Hoy entramos en la consideración de nuestro Principio y Fundamento, la consideración del fin para el cual hemos sido creados. Una visión global es imprescindible para poder concretar más adelante.

- **Petición:** Deseo, Señor, que me concedas la gracia de sentir internamente tu amor en mi vida, con una profunda acción de gracias. Ayúdame, Señor, a descubrir el fundamento de mi vida según tu deseo.

- **Reflexiones:** Empezamos recordando que toda nuestra vida ha sido un viaje espiritual. Caminando, dedicamos algún tiempo a recordar de nuevo nuestra propia historia, es decir, dejamos que nuestra mente vague a través de la oración. Recordamos y dejamos que Dios nos muestre los momentos claves de nuestro pasado, un álbum de fotos de todo tipo, algunos dolorosos y otros alegres: es la historia que nos ha traído a este momento presente de nuestra vida. ¿Quién soy? ¿Cómo he llegado a este punto en mi vida? ¿Qué personas, lugares o momentos tienen un lugar destacado y ayudaron a moldear la persona que soy hoy? Que nos acompañen estas imágenes que afloran a la superficie, junto con los sentimientos de gratitud o dolor.

Seguramente, en contraste con los buenos, hay momentos, personas o aspectos de la vida que conllevan sentimientos de vergüenza, momentos de los que deseamos renegar y de los que no podemos imaginar a Dios aceptándolos. Presentemos esos momentos a Dios, pidiendo crecer en la aceptación de nosotros mismos. No hemos de sentir la necesidad de encontrarnos completamente reconciliados o de «solucionar» hoy nada: la gente, momentos y sentimientos que surgen hoy bien pueden convertirse en semilla para nuestro caminar con Dios, a medida que vayamos desarrollando nuestra peregrinación. Estamos viviendo el proceso de «presentar toda nuestra vida a Dios», lo cual nos llena de alegría y agradecimiento y también nos puede llenar de arrepentimiento o vergüenza. Los frutos que buscamos serán la gratitud, la comprensión y la aceptación de sí mismo, así como la comprensión de que somos aceptados por Dios. Pensemos en nosotros mismos como si estuviésemos «lavando oro», tamizando nuestra vida a través de la multitud de ideas que nos llegan, hasta que nos quedamos solo con el «oro», descubriendo también los aspectos de la vida en los que podemos aprender más o hacer un crecimiento, situaciones a las que Dios nos conduce para reflexionar.

- **Textos**

Oseas 11,1-9: Su amor por mí es un amor lleno de ternura.

«Cuando Israel era niño, lo amé, y desde Egipto llamé a mi hijo. Cuanto más los llamaba, más se alejaban de mí: ofrecían sacrificios a los Baales y quemaban ofrendas a los ídolos. Yo enseñé a andar a Efraín y lo llevé en mis brazos, y ellos seguían sin darse cuenta de que yo los cuidaba. Con correas de amor los atraía, con cuerdas de cariño. Fui para ellos como quien alza una criatura a las mejillas; me inclinaba y les daba de comer. Pues volverá a Egipto, asirio será su rey, porque no quisieron convertirse. Irá girando la espada por sus ciudades y destruirá sus cerrojos; por sus maquinaciones devorará a mi pueblo, propenso a la apostasía. Aunque invoquen a su Dios, tampoco los levantará. ¿Cómo podré dejarte, Efraín; entregarte a ti, Israel? ¿Cómo dejarte como a Admá, tratarte como a Seboín? Me da un vuelco el corazón, se me conmueven las entrañas. No ejecutaré mi condena, no volveré a destruir a Efraín; que soy Dios y no hombre, el Santo en medio de ti y no enemigo devastador».

Sal 139,1-14.17-18: Con temor y reverencia recuerdo cómo Dios ha cuidado de mí en los momentos de alegría y dolor, en tiempos de éxito y fracaso, en la fidelidad y también en la infidelidad.

«Señor, tú me sondeas y me conoces. Me conoces cuando me siento o me levanto, de lejos percibes mis pensamientos. Disciernes mi camino y mi descanso, todas mis sendas te son familiares. No ha llegado la palabra a la boca y ya, Señor, te la sabes toda. Me estrechas detrás y delante, apoyas sobre mí tu palma. Tanto saber me sobrepasa, es sublime y no lo abarco. ¿Adónde me alejaré de tu aliento? ¿Adónde huiré de tu presencia? Si escalo el cielo, allí estás tú; si me acuesto en el abismo, ahí estás. Si me traslado al ruedo de la aurora o me instalo en el confín del mar, allí se apoya en mí tu izquierda y me agarra tu derecha. Si digo: que me sorba la tiniebla, que la luz se haga noche en torno a mí, tampoco la oscuridad es oscura para ti, la noche es clara como el día: da lo mismo tiniebla o luz. Tú has creado mis entrañas, me has tejido en el seno materno. Te doy gracias porque te has distinguido con portentos y son maravillas tus obras. Conoces perfectamente mi aliento. […] ¡Qué admirables, Dios, tus pensamientos, qué densos sus capítulos! Los cuento: son más que granos de arena; lo desmenuzo: aún me quedas tú».

Ejercicios Espirituales [5]:

«Al que recibe los Ejercicios mucho aprovecha entrar en ellos con grande ánimo y liberalidad con su Criador y Señor, ofreciéndole todo su querer y libertad, para que su Divina Majestad, así de su persona como de todo lo que tiene se sirva conforme a su santísima voluntad».

● **Coloquio final:** Hago un resumen de lo meditado en el rato de oración, hablando con Jesús como un amigo lo hace con otro, sincerándome con él sobre los puntos hallados en este rato de camino hecho.

Urbia

Etapa n.º 4: Araia – Alda

- **Anotaciones:** Insistimos en dedicar un buen tiempo a la oración preparatoria. Recordemos que Ignacio nos dice que «sentir y gustar interiormente» es más importante que saber mucho, por lo que no hemos de tener prisa. Hoy seguimos en la consideración de nuestro Principio y Fundamento.

- **Petición:** Te ruego, Señor, que todas mis acciones sean inspiradas por ti, y llevadas a cabo con ayuda de tu gracia; que todas mis intenciones y operaciones siempre tengan comienzo en ti y por ti se terminen felizmente.

- **Reflexiones:** Las meditaciones anteriores nos han recordado dónde ha estado Dios y lo que ha sido y seguirá siendo: una presencia fiel en el camino de nuestra vida. Hoy nuestra atención se desplaza hacia el panorama general, un cuadro más grande, más amplio, para considerar el sentido del «camino de la vida» de la humanidad: ¿cuál es el plan de Dios para nosotros, los seres humanos? ¿Cuál es el propósito de nuestro peregrinar por este mundo? En los Ejercicios Espirituales, Ignacio responde a estas preguntas con una respuesta sencilla pero profunda: Dios nos ha creado para alabar, hacer reverencia y servir a Dios, y de esta manera salvar nuestras almas. Dios creó todo el resto de la creación para que nos ayude a lograr el propósito para el cual nos creó.

Esta afirmación es simple pero profunda. Dios nos creó para unirnos a él («salvar nuestras almas», como dice Ignacio). En esta vida terrenal, nos acercamos a Dios por la alabanza y la gratitud por las maravillas de este planeta, por la reverencia que mostramos en el profundo respeto hacia la humanidad y hacia los dones que Dios ha creado, y por el servicio a Dios sirviendo a nuestros semejantes.

Poseo la verdadera libertad espiritual cuando estoy cautivado tan completamente por el amor de Dios que todos los deseos de mi corazón y todas las acciones, afectos, pensamientos y decisiones que emanan de ellos se dirigen tan solo a Dios, mi Padre/Madre, y a su servicio y alabanza.

Comencemos a reflexionar por nosotros mismos: sabemos para lo que es una cafetera, pero ¿para qué son los seres humanos?

- **Textos**

Sal 104: El Dios que me llama es el Dios que me creó y que hizo todo lo demás, porque él me amó.

«Bendice, alma mía, al Señor: Señor, Dios mío, eres inmenso. Te revistes de belleza y majestad, la luz te envuelve como un manto. Despliegas los cielos como una tienda, tus altos salones techados sobre las aguas. Las nubes te sirven de carroza y te paseas en las alas del viento. Los vientos te sirven de mensajeros; el fuego llameante, de ministro. Asentaste la tierra sobre su cimiento y no vacilará nunca jamás. La cubriste con el vestido del océano, y las aguas asaltaron las montañas. Pero a tu bramido huyeron, al fragor de tu trueno se precipitaron, mientras subían los montes y bajaban los valles, cada cual al puesto asignado. Trazaste una frontera infranqueable, para que no vuelvan a cubrir la tierra. De los manantiales sacas torrentes que fluyen entre los montes; en ellos se abrevan los animales salvajes, el asno salvaje apaga su sed. Junto a ellos habitan las aves del cielo, desde las frondas envían su canción. Desde tus salones riegas las montañas, y la tierra se sacia de tu acción fecunda. Haces brotar hierba para el ganado y forraje para las tareas del hombre: para que saque pan de los campos y vino que le alegra el ánimo, y aceite que da brillo a su rostro, y alimento que lo fortalece. Se llenan de savia los árboles del Señor, los cedros del Líbano que él plantó. Allí anidan los pájaros, en su cima pone casa la cigüeña. Los riscos son para los cabras y las peñas, madrigueras de tejones. Hiciste la luna con sus fases, y el sol conoce su ocaso. Traes tinieblas y se hace de noche, y ron-

ARAIA – ALDA

Zezama - Parzonería de Entzia - Puerto de Opakua

dan las fieras de la selva. Los cachorros rugen por su presa reclamando a Dios su comida. Cuando brilla el sol, se recogen para tumbarse en sus guaridas. El hombre sale a sus faenas, a su labranza hasta el atardecer. ¡Cuántas son tus obras, Señor, y todas las hiciste con maestría: la tierra está llena de tus criaturas! Ahí está el mar: ancho y dilatado, en él bullen sin número animales pequeños y grandes; lo surcan las naves y el Leviatán, que hiciste para jugar con él. Todos ellos aguardan a que les eches comida a su tiempo; se la echas y la atrapan, abres la mano y se sacian de bienes. Escondes el rostro y se espantan, les retiras el aliento y perecen y vuelven al polvo. Envías tu aliento y los recreas y renuevas la faz de la tierra. ¡Gloria al Señor por siempre y goce el Señor con sus obras! Cuando mira la tierra, ella tiembla; toca los montes, y echan humo. Cantaré al Señor mientras viva, tañeré para mi Dios mientras exista. Que le sea agradable mi poema, y yo me alegraré con el Señor. Que se acaben los pecadores en la tierra, que los malvados no existan más. Bendice, alma mía, al Señor. Aleluya».

Gn 22,1-18: El texto de la fe de Abrahán cuestiona la libertad de mi fe y mi propia libertad.

«Después de esto, Dios puso a prueba a Abrahán, diciéndole: – ¡Abrahán! Respondió: – Aquí me tienes. Dios le dijo: – Toma a tu hijo único, a tu querido Isaac, vete al país de Moria y ofrécemelo allí en sacrificio, en uno de los montes que yo te indicaré. Abrahán madrugó, aparejó el asno y se llevó a dos criados y a su hijo Isaac; cortó leña para el sacrificio y se encaminó al lugar que le había indicado Dios. Al tercer día, levantó Abrahán los ojos y divisó el sitio a lo lejos. Abrahán dijo a sus criados: – Quedaos aquí con el asno; el muchacho y yo iremos hasta allá para adorar a Dios, y después volveremos a vosotros. Abrahán tomó la leña para el holocausto, se la cargó a su hijo Isaac y él llevaba el fuego y el cuchillo. Los dos caminaban juntos. Isaac dijo a Abrahán, su padre: – Padre. Él respondió: – Aquí estoy, hijo mío. El muchacho dijo: – Tenemos fuego y leña, pero ¿dónde está el cordero para el holocausto? Abrahán le contestó: – Dios proveerá el cordero para el holocausto, hijo mío.

Y siguieron caminando juntos. Cuando llegaron al sitio que le había dicho Dios, Abrahán levantó allí un altar y apiló la leña, luego ató a su hijo Isaac y lo puso sobre el altar, encima de la leña. Entonces Abrahán tomó el cuchillo para degollar a su hijo; pero el ángel del Señor le gritó desde el cielo: – ¡Abrahán, Abrahán! Él contestó: – Aquí estoy. Dios le ordenó: – No alargues la mano contra tu hijo ni le hagas nada. Ya he comprobado que respetas a Dios, porque no me has negado a tu hijo, tu único hijo. Abrahán levantó los ojos y vio un carnero enredado por los cuernos en los matorrales. Abrahán se acercó, tomó el carnero y lo ofreció en sacrificio en lugar de su hijo. Abrahán llamó a aquel sitio "El Señor provee"; por eso se dice aún hoy: el monte donde el Señor provee. Desde el cielo, el ángel del Señor volvió a gritar a Abrahán: – Juro por mí mismo –oráculo del Señor–: por haber obrado así, por no haberte reservado tu hijo, tu hijo único, te bendeciré, multiplicaré tus descendientes como las estrellas del cielo y como la arena de la playa. Tus descendientes conquistarán las ciudades de sus enemigos. Todos los pueblos del mundo se bendecirán nombrando a tu descendencia, porque me has obedecido».

Mc 12,28-34: Mi Principio y Fundamento es el amor de Dios.

- **Coloquio final:** Hago un resumen de lo meditado en el rato de oración, hablando con Jesús como un amigo lo hace con otro, sincerándome con él sobre los puntos hallados en este rato de camino hecho.

Etapa n.º 5: Alda – Genevilla

- **Anotaciones:** Ya sabemos que es muy importante la oración introductoria. Recordamos también que no debemos tener prisa mientras meditamos. Hoy queremos considerar todos los «medios» que emplea nuestro Dios para comunicarnos su amor, y el uso que se debe dar a estos «medios».

- **Petición:** Te ruego, Señor, que todas mis acciones sean inspiradas por ti, y llevadas a cabo con ayuda de tu gracia; que todas mis intenciones y operaciones siempre tengan comienzo en ti y por ti se terminen felizmente.

- **Reflexiones:** Hoy meditamos sobre el propósito de la vida humana, mediante una reflexión más profunda sobre esta frase de Ignacio en los Ejercicios: «las otras cosas sobre la haz de la tierra son criadas para el hombre, y para que le ayuden en la prosecución del fin para que es criado». Y el mismo Ignacio nos descifra algunas de las difíciles implicaciones de esa frase: «De donde se sigue que el hombre tanto ha de usar de ellas cuanto le ayudan para su fin, y tanto debe quitarse de ellas cuanto para ello le impiden. Por lo cual es menester hacernos indiferentes a todas las cosas criadas […], en tal manera que no queramos de nuestra parte más salud que enfermedad, riqueza que pobreza, honor que deshonor, vida larga que corta, y por consiguiente en todo lo demás; solamente deseando y eligiendo lo que más nos conduce para el fin que somos criados».

Ser «indiferentes», en palabras de Ignacio, significa ser «libres»: hemos de sentirnos libres de estar apegados, adictos, esclavizados o embrujados por algo meramente «creado» o humano, que tantas veces se interpone en el camino de vivir nuestro verdadero fin. Es decir, ser indiferentes es no querer llegar a existir obsesionados con vivir una vida hermosa, de tal forma que nuestra vida se convierte en un servicio a nosotros mismos y ya no sirve al plan de Dios. Queremos ser indiferentes ante cualquier cosa que pueda impedirnos el ser libres para nuestro verdadero propósito. Queremos poner el amor de Dios por encima de cualquier simple apego humano. Debemos vivir una vida equilibrada, ordenada a la vida; es decir, tener una relación adecuada con las otras personas, con el dinero y con las cosas, de tal modo que no nos conviertan en esclavos, que no vivamos enganchados al mundo. Mientras que las cosas terrenales pueden ayudarnos a lograr nuestro propósito, también pueden distraernos de nuestro objetivo si vivimos concentrados en ellas y obsesionados con ellas más que con nuestro propósito mayor. No debemos confundir las cosas creadas con el propósito de la vida y hacer de ellas nuestro Dios.

Podemos hacer una lista de personas a las que admiramos a este respecto. ¿Qué es lo que más admiramos en ellos? Tal vez podemos pensar en personas que han destacado por su santidad en el pasado, o en personas que conocemos ahora y que parecen vivir en este sano, equilibrado, libre estilo de vida. Ahora no es el momento para juzgarnos nosotros y tomar conciencia de nuestras faltas. Por el momento, estamos tratando de desarrollar un sentido claro de nuestro principio y fundamento y de los ideales a los que queremos aspirar en nuestra vida.

- **Textos**

Sal 8: ¿Qué es un frágil ser humano para que tú seas tan consciente de él?

«Señor, dueño nuestro, ¡qué ilustre es tu nombre en toda la tierra! Quiero servir a tu majestad celeste con la boca de chiquillos y criaturas. Has cimentado un baluarte frente a tus adversarios para reprimir al adversario y al rebelde. Cuando contemplo tu cielo, obra de tus dedos, la luna y las estrellas que has dispuesto, ¿qué es el hombre para que te acuerdes de él, el hijo de Adán para que te ocupes de él? Lo has hecho poco menos que un dios, de gloria y esplendor los has coronado, le has dado poder sobre las obras de tus manos; todo lo has sometido bajo sus pies: ovejas y toros en masa, también las bestias salvajes, las aves del aire, los peces del mar que trazan sendas por los mares. Señor, dueño nuestro, ¡qué ilustre es tu nombre en toda la tierra!».

Rom 8,5-6.12-18: Todos los que son guiados por el Espíritu de Dios son hijos de Dios. Los que viven según el Espíritu ponen la mente en las cosas del Espíritu.

Flp 1,21-26; 3,7-16; 4,10-13: Aquí y ahora, ¿en qué medida me puedo identificar con la actitud de san Pablo?

- **Coloquio final:** Hago un resumen de lo meditado en el rato de oración, hablando con Jesús como un amigo lo hace con otro, sincerándome con él sobre los puntos hallados en este rato de camino hecho.

San Vicente de Arana

Etapa n.º 6: Genevilla – Laguardia

- **Anotaciones:** Hoy entramos en la consideración de la presencia del mal en nuestras vidas. Estamos llamados a sentir el dolor de nuestra manera pecaminosa de actuar. Se trata de experimentar un «día triste» al descubrir esa realidad en nuestro mundo. Ignacio nos invita a estar en ese humor apesadumbrado durante la meditación, en nuestro caminar, en nuestro día, para ayudarnos a entrar mejor en esta consideración del mal. El pecado no nos es ajeno. Los jesuitas se definieron así: «¿Qué significa ser jesuita? Es saber que uno es pecador, pero llamado a ser compañero de Jesús como lo fue Ignacio [...] ¿Qué es ser hoy un compañero de Jesús? Es comprometerse a participar, bajo el estandarte de la cruz, en la lucha crucial de nuestro tiempo: la lucha por la fe y la lucha por la justicia que aquella incluye» (Congregación General 32, [11-12]).

- **Petición:** Consciente del fin para el que fui creado y de la vocación a la que Dios me invita, te ruego, Señor Jesús, me concedas comprender en profundidad la presencia en mí del pecado y de las tendencias desordenadas en mi vida, para que, sintiendo vergüenza y confusión, pueda yo así obtener la curación y el perdón.

- **Reflexiones:** Hemos estado reflexionando sobre el plan de Dios para la humanidad, la armonía que se produce cuando nuestras relaciones con otras personas y el mundo están en buen estado. Hoy reflexionamos sobre la realidad del pecado, es decir, sobre el grave desorden en nuestro mundo. El pecado no es lo mismo que un accidente o un error. Más bien, el pecado es el ser humano que está eligiendo conscientemente causar el desorden y el caos en las vidas de otros (y en la suya), movido por sus deseos desorientados del verdadero fin: el vendedor que engaña a los clientes para enriquecerse él mismo, el proxeneta que vende a niños para la esclavitud sexual, el funcionario del gobierno que roba el dinero y permite a los ciudadanos vivir en la miseria, el cónyuge cuyos hijos no reciben el amor que se merecen.

Hoy meditaremos, no tanto en nuestra propia historia personal como pecadores (que será el tema de mañana), sino en la realidad dura y cruel del pecado en nuestro mundo y el desorden, dolor y caos que provoca. El pecado tiene consecuencias. Meditaremos también en la imagen de Cristo clavado en la cruz, una imagen a la que nos confrontamos cada vez que entramos en una iglesia. Cristo entró en la historia y sufrió también las consecuencias de la pecaminosidad humana. Cristo optó por redimir a los seres humanos y convertir nuestro camino de

Lapuebla de Labarca

mal en un camino de bien. Meditaremos sobre lo que hoy en día tal vez nuestra cultura ha perdido: la conciencia de la realidad del pecado. Proponemos ir recorriendo las imágenes del mundo sufriente a causa de la injusticia que se está construyendo en todos los intercambios mundiales, repasar imágenes de la crisis económica mundial, de las revoluciones frustradas y las causas de las mismas, ir pasando por las situaciones que nos muestran las raíces del pecado y el egoísmo en el mundo. Al caminar por este mundo sufriente, oremos para tener una visión clara del pecado que está actuando sin ningún tipo de vergüenza en nuestras vidas. Y roguemos que podamos sentir la vergüenza de tanto desorden en nuestro interior.

- **Textos**

Jr 18,1-10: El pote de barro que trabajaba se echó a perder en la mano del alfarero, y lo reelaboró en otro pote.

«Palabras que el Señor dirigió a Jeremías: – Anda, baja al taller del alfarero y allí te comunicaré mi palabra. Bajé al taller del alfarero, y lo encontré trabajando en el torno. A veces, trabajando el barro, le salía mal una vasija; entonces hacía otra vasija, como mejor le parecía. Y me dirigió la palabra el Señor: – Y yo, ¿no podré, israelitas, trataros como ese alfarero? Como está el barro en manos del alfarero, así estáis vosotros en mis manos, israelitas. Primero me refiero a un pueblo y a un rey y hablo de arrancar y arrasar; si ese pueblo al que me refiero se convierte de su maldad, yo me arrepentiré del mal que pensaba hacerles. Después me refiero a un pueblo y a un rey y hablo de edificar y plantar: si me desobedecen y hacen lo que yo repruebo, yo me arrepentiré de los beneficios que les había prometido».

1 Jn 1,5-2,2: Si decimos «Somos libres de la culpa del pecado», nos engañamos y la verdad no se encuentra en nosotros. Pero si confesamos nuestros pecados, podemos confiar en aquel que es el Justo para perdonar nuestros pecados y limpiarnos de toda maldad.

- **Coloquio final:** «Imaginando a Cristo nuestro Señor delante y puesto en cruz, hacer un coloquio; cómo de Criador es venido a hacerse hombre, y de vida eterna a muerte temporal, y así a morir por mis pecados. Otro tanto, mirando a mí mismo, lo que he hecho por Cristo, lo que hago por Cristo, lo que debo hacer por Cristo; y así viéndole tal, y así colgado en la cruz, discurrir por lo que se ofreciere. El coloquio se hace propiamente hablando, así como un amigo habla a otro, o un siervo a su Señor; cuándo pidiendo alguna gracia, cuándo culpándose por algún mal hecho, cuándo comunicando sus cosas, y queriendo consejo en ellas; y decir un Padre nuestro».

Etapa n.º 7: Laguardia – Navarrete

- **Anotaciones:** Seguimos en la consideración de la presencia del mal en nuestras vidas, pero hoy de forma más personal. De nuevo buscamos tomar conciencia de nuestras faltas e Ignacio nos aconseja experimentar otra vez un «día triste», al descubrir esa realidad de pecado en nuestra vida. Mantengamos ese humor apesadumbrado durante la meditación, para ayudarnos a entrar mejor en esta consideración del mal.

- **Petición:** Consciente del fin para el que fui creado y de la vocación a la que Dios me invita, te ruego, Señor Jesús, me concedas comprender en profundidad la presencia en mí del pecado y de las tendencias desordenadas en mi vida, para que, sintiendo vergüenza y confusión, pueda yo así obtener la curación y el perdón.

- **Reflexiones:** Ayer orábamos por la gracia de comprender más profundamente la realidad de un mundo pecador; hoy meditamos sobre nuestra torpe e incómoda realidad: mi propio pecado. Que somos pecadores es verdad no solo de los criminales más reprobados, sino que cada uno de nosotros es un pecador, comenzando por el papa y bajando a los pobres desgraciados que ocupan las noticias de sucesos de esta mañana. Cada uno de nosotros tiene patrones habituales de rebelión contra el plan de Dios: ¿cuál es el mío? El salmo proclama: «El Señor escucha el grito de los pobres». ¿Qué hay de nosotros? ¿Hay estilos en los que hemos mostrado ser habitualmente sordos a «los necesitados» con los que nos encontramos: los pobres, los ancianos, los «amigos» poco populares, los marginados, etc.? ¿Hay estilos en nosotros en los que usamos y abusamos de otras personas o situaciones para satisfacer nuestras propias necesidades: para llamar la atención, obtener dinero sucio, disfrutar abusiva-

Iglesia de Fuenmayor.

mente del sexo, comprar la aprobación, buscar de forma egoísta la comodidad, el abandono, la no implicación?

Hoy pedimos la gracia de comprender nuestra propia pecaminosidad. Con demasiada frecuencia, nuestra cultura nos «anestesia» para que no asumamos la responsabilidad de nuestro mal. Aristóteles, una vez, declaró que «la vida no examinada no vale la pena ser vivida». Con esto nos referimos a la necesidad de examinar hoy nuestros defectos y fallos habituales, esos rincones oscuros de nuestra vida, incluso los defectos que ya son un hábito «normal», que nos arrastran hacia abajo y nos impiden regresar y vivir en correcta relación con Dios, los demás y el mundo de Dios. Podemos rogar a Dios que nos ofrezca la valentía de enfrentarnos a nosotros y a nuestros pecados, a nuestros puntos ciegos, de manera que los podamos descubrir y aborrecer.

Asegurémonos de hablar con Dios y con Jesús. El sentirse abandonados en nuestro pecado es exactamente lo contrario de la gracia que buscamos para el día de hoy. La conciencia de nuestros pecados no nos ha de dejar revolcados en la autocompasión o la depresión, sino que pedimos la gracia contraria: un sentimiento de admiración y agradecimiento hacia aquel que «nos amó siendo pecadores», hacia el Dios que nos quiso tanto que creyó que valía la pena entregar a su Hijo unigénito. Jesús nos amó de tal manera que, aun sabiendo que somos pecadores, su deseo de colaborar con la voluntad del Padre fue total.

Ignacio nos invita a experimentar una auténtica vergüenza de nuestro pecado, junto con la gran maravilla de que todavía estemos aquí vivos: la maravilla de sentirse pecador, amado y redimido. Buscamos la curación interior, sabiendo que somos pecadores amados.

● Textos

Lc 15,1-7: Jesús es el hombre que recibe a los pecadores y come con ellos.

Lc 5,1-11: Yo digo a Jesús: «Aléjate, Señor, déjame, ¡pecador de mí!».

2 Cor 12,8-10: Cuando soy débil, entonces soy fuerte.

● Coloquio final: «Imaginando a Cristo nuestro Señor delante y puesto en cruz, hacer un coloquio; cómo de Criador es venido a hacerse hombre, y de vida eterna a muerte temporal, y así a morir por mis pecados. Otro tanto, mirando a mí mismo, lo que he hecho por Cristo, lo que hago por Cristo, lo que debo hacer por Cristo; y así viéndole tal, y así colgado en la cruz, discurrir por lo que se ofreciere. El coloquio se hace propiamente hablando, así como un amigo habla a otro, o un siervo a su Señor; cuándo pidiendo alguna gracia, cuándo culpándose por algún mal hecho, cuándo comunicando sus cosas, y queriendo consejo en ellas; y decir un Padre nuestro».

Laguna de Carravalseca, Laguardia.

Etapa n.º 8: Navarrete – Logroño

- **Anotaciones:** Seguimos en la consideración de la presencia del mal en nuestras vidas, pero hoy de otra forma totalmente diferente: hoy nos abrimos a la misericordia de nuestro Padre. Ignacio nos invita a experimentar la sorpresa que nos produce el encontrarnos cara a cara con la misericordia infinita de Dios en nuestra propia realidad de pecado. Hoy nuestra actitud en el Camino es la del pecador arrepentido, pero sobre todo la del pecador inmensamente amado.

- **Petición:** Querido Padre, te pido el don de conocer internamente mi pecado y así poder experimentar también tu profundo amor, un deseo creciente de conversión y un entusiasmo renovado para seguir a Jesús.

- **Reflexiones:** Hemos reflexionado sobre la realidad del pecado humano y nuestro propio pecado. Hoy reflexionamos sobre la increíble presencia de la misericordia de Dios: somos amados y perdonados por completo. «Arrepentíos y creed en la buena nueva». Las dos cosas van de la mano, es decir, primero hemos de aceptar la realidad de nuestro pecado, arrepentirnos verdaderamente de haber introducido la discordia y el desorden en nuestra vida y en el mundo, y después recibir la buena noticia: Dios es misericordioso, siempre lo ha sido y siempre lo será. Lo que importa no es nuestra fidelidad a Dios (ninguno de nosotros es capaz de tener una plena fidelidad), sino la fidelidad de Dios hacia nosotros. Es el mismo Dios quien nos acompaña: en los momentos de mayor orgullo, cuando todos nos aplauden, y en los momentos más vergonzosos, cuando sabemos que todos nos recriminan con razón. Nosotros no podemos ganar el amor de Dios: ¡y no tenemos que hacerlo! El amor de Dios se da libremente, ¡tan libremente que nos parece imposible! El padre de la parábola, a pesar de tener todas las razones para estar enojado, no abriga ningún resentimiento: el hijo ha ofendido al padre y ha despilfarrado lo que él había acumulado trabajando tan duro. Es casi imposible para nosotros, los seres humanos, aceptar su recibimiento. De hecho, el hijo mayor no puede aceptar la bondad del padre.

    En nuestra vida de pecado, no estamos solos. Somos perdonados. Somos amados. Y esto es lo que nos lleva al arrepentimiento, a la voluntad de corregirnos. Pero hemos de pedir la gracia de Dios para proponernos las correcciones adecuadas: no se trata de escoger solos la manera correcta de actuar. Pidamos a Jesús. Oremos pidiendo querer aceptar plenamente lo que Dios nos ofrece con tanta libertad: el perdón. Muchos de nosotros pasamos por la vida cargando con culpas paralizantes. Dios nos pide que caminemos en su amor y que experimentemos la libertad que nos ofrece.

- **Textos**

    Lc 15,11-32: Este hijo mío estaba muerto y ha vuelto a la vida, estaba perdido y ha sido hallado.

    Lc 5,17-26: Al ver Jesús la fe que tenían dijo: «Hombre, tus pecados te son perdonados».

    Jn 8,2-11: Y Jesús dijo: «Tampoco yo te condeno. Ve y no peques más».

    Rom 5,1-8: Dios muestra su amor para con nosotros en el hecho de que, siendo aún pecadores, Cristo murió por nosotros.

- **Coloquio final:** Hablando con Jesús como un amigo lo hace con otro, experimento con crecido afecto la maravilla de estar vivo en este momento, de sentirme vivo en un mundo llamado a salvarse en el amor de Dios. Al contemplar la creación y la historia, después de meditar sobre la destrucción del pecado, hablo con Jesús sobre la gracia del perdón recibida. Es un coloquio de misericordia, razonando y dando gracias a Dios nuestro Señor porque me ha dado vida hasta ahora, proponiendo enmienda con su gracia para adelante. Acabo con un sincero Padre nuestro.

Etapa n.º 9: Logroño – Alcanadre

- **Anotaciones:** Hoy entramos en la «segunda semana» de los Ejercicios Espirituales. La entrada principal es a través de una meditación que nos invita a sentir la invitación de Cristo Rey a seguirle. Como estamos caminando por una gran ciudad, podemos ver las maravillas de un «reino terrenal» e imaginar el reino de Dios. Hoy meditamos sobre la orientación de nuestra vida: ¿caminamos con Jesús o detrás de otros líderes?

- **Petición:** Con todas mis limitaciones y sintiendo el amor del Padre en mí, pido la gracia de sentirme llamado personalmente a caminar junto a Jesús, como su compañero y colaborador.

- **Reflexiones:** La conciencia profunda del amor misericordioso de Dios (la gracia pedida ayer) a menudo lleva a un deseo de responder a ese amor. Hoy comenzamos a meditar en la invitación de Jesús a caminar junto a él en su trabajo. En los Ejercicios Espirituales, Ignacio sitúa la meditación de la llamada de Dios a colaborar con Jesús justo después de las meditaciones que tocan nuestra pecaminosidad humana, y esa yuxtaposición es importante: Dios nos llama a trabajar con él plenamente, después de conocernos y querernos como somos. Somos llamados como pecadores amados, tal y como Pablo nos explica, después de haber pedido al Señor reconciliarse con él: «Él me dijo: "Mi gracia te basta, que mi fuerza se muestra perfecta en la flaqueza". Por tanto, con sumo gusto seguiré gloriándome sobre todo en mis flaquezas, para que habite en mí la fuerza de Cristo» (2 Cor 12,9). A pesar de ser pecadores, nos sentimos hoy llamados a afanarnos en ese mismo mundo tocado por nuestro pecado, y trabajar por la paz y la justicia, con el amor misericordioso que hemos recibido. Creemos en un Dios que es justicia, porque es amor. El camino hacia la justicia en nuestro mundo y el camino de la fe son caminos inseparables. La fe y la justicia son indivisibles en el evangelio. Somos profundamente conscientes de la frecuencia y gravedad con la que hemos pecado contra el evangelio; sin embargo, sigue siendo nuestra ambición el proclamarlo dignamente, es decir, en el amor, en la pobreza y la humildad. Esto es lo que dijo la Congregación General 32 de los jesuitas.

  En su famosa meditación conocida como «la llamada del Rey Eternal», Ignacio imagina lo convincente que sería la llamada de un rey verdaderamente digno, alguien que trabaje en nuestro mundo solo por la fe y la justicia. Después de esta consideración, nos dirigimos a Jesús, cuya llamada es aún más valiosa porque Cristo nuestro Señor, el Rey eterno, llama a cada persona en particular y le dice: «Mi intención es lograr lo mejor de todo el mundo y construir el reino del amor eterno». Ignacio ve que todo aquel que quiera ir con Cristo deberá trabajar con él, de tal forma que, siguiéndole en el dolor, se le pueda seguir también en la gloria de ese reino.

  La llamada del Rey es llamada a hacerle compañía, para aprender más acerca de él, para experimentar su cariño y nuestra unión con él en el servicio de su pueblo. Y este Rey viene a nosotros como uno de nosotros, totalmente dispuesto a compartir nuestra suerte. Hoy nos centramos en la maravilla de ser llamados y en la naturaleza amorosa de la convocatoria; mañana podremos empezar a centrarnos en nuestra respuesta a esta convocatoria.

- **Textos**

Sal 102: El Señor es compasivo y benigno.

«Señor, escucha mi súplica, que mi grito de socorro llegue a ti. No me escondas el rostro en mi aprieto. Préstame oído cuando te llamo, respóndeme pronto el día en que te invoco. Que mis días se desvanecen como humo y mis huesos queman como brasas.

Tú, en cambio, Señor, reinas siempre, tu nombre pasa de una generación a otra. Tú te levantarás y te compade-

ETAPA N.º 9

LOGROÑO – ALCANADRE

Río Ebro

cerás de Sión, que es hora de piedad, ha llegado el plazo. Tus siervos aman sus piedras, les duele hasta su polvo. Los paganos respetarán tu nombre, Señor, y todos los reyes del mundo, tu gloria. Cuando el Señor reconstruya Sión y aparezca en su gloria, y se vuelva a las súplicas de los indefensos y no desprecie su súplica, quede esto escrito para la generación futura, y el pueblo recreado alabará al Señor: que el Señor se ha asomado desde su excelso santuario, desde el cielo se ha fijado en la tierra, para escuchar los lamentos de los cautivos y librar a los condenados a muerte. Así se anunciará en Sión la fama del Señor y su alabanza en Jerusalén, cuando se reúnan unánimes los pueblos y los reinos para servir al Señor.

Al principio cimentaste la tierra, el cielo es obra de tus manos: ellos perecerán, tú permaneces; se gastarán como la ropa, serán como vestido que se muda. Tú, en cambio, eres aquel cuyos años no se acaban. Los hijos de tus siervos y su linaje habitarán establemente en tu presencia».

Lc 5,27-32: Sígueme.

Miq 5,1-3: Un poderoso rey vendrá a liberar a su rebaño con el poder de Yahvé. «Pero tú, Belén de Efrata, pequeña entre las aldeas de Judá, de ti sacaré el que ha de ser jefe de Israel: su origen es antiguo, de tiempo inmemorial. Pues los entrega solo hasta que la madre dé a luz y el resto de los hermanos vuelva a los israelitas. En pie pastoreará con la autoridad del Señor, en nombre de la majestad del Señor, su Dios; y habitarán tranquilos cuando su autoridad se extienda hasta los confines de la tierra».

- Coloquio final: Como un amigo habla con otro, así lo hacemos con Jesús. Recogemos las reflexiones y emociones de la meditación sobre el reino y el valor del seguimiento. Dialogamos con Jesús y, si así lo sentimos, le pedimos nos acoja en su caminar.

Etapa n.º 10: Alcanadre – Calahorra

- **Anotaciones:** No olvidemos la «oración preparatoria», que es el fruto final de toda la experiencia. No debemos descuidar esta importante oración. Esta «segunda semana» de la peregrinación interior se caracteriza por la intimidad: queremos conocer mejor a nuestro Señor y Rey, para seguirlo más de cerca. ¡La intimidad es imperativa! Tratemos de encontrar esa gracia de la intimidad con Jesucristo.
- **Petición:** Ruego al Padre tres cosas que necesito y que solo él puede conceder: un conocimiento más íntimo de Jesús, que se ha convertido en uno de nosotros;

Tudela

una experiencia más personal de su amor por mí, para que le ame más tiernamente; y una más estrecha unión con Jesús en su misión de llevar la salvación a la humanidad.
- **Reflexiones:** El compañero/a de Jesús crece en la conciencia de lo que el Rey es, por lo que se implica, quiénes son sus enemigos, cuáles son sus aspiraciones y planes. Uno/a crece en intimidad al experimentar la presencia amorosa de este Rey que llama, enseña, cura, desafía, acepta y alimenta a sus seguidores tal y como son. El compañero/a de Jesús, el Rey, anhela pasar con él todos los males, los abusos y la pobreza, si eso es lo que se requie-

re para la comunión íntima con él. El compañero/a sabe que nunca está solo en la empresa. Se halla en constante comunión con el Rey en el trabajo, la oración y el descanso. El seguidor/a de las acciones del Rey entra totalmente en su misión: llevar la buena noticia de la salvación, la liberación, la justicia y la paz a todos los pueblos. Tomemos conciencia de que la llamada de Jesús es tal que nadie puede predecir dónde lo llevarán la peregrinación de la vida, los cambios en la carrera y las relaciones, las muertes inesperadas o la extraordinaria buena suerte. No sabemos más de nuestro camino junto a Jesús de lo que sabemos respecto a quién vamos a encontrar al final de la caminata de hoy. Por lo tanto, se nos invita a unirnos a Jesús con gran generosidad y fe en él.

Esta gran generosidad y la relación de unión íntima son también el deseo profundo de Dios para con la humanidad. Dios mira a la humanidad y siente ese deseo de intimidad llamando en él. La Encarnación es la respuesta al deseo de intimidad generosa de Dios. Ignacio nos invita a mirar a la Santísima Trinidad, que está mirando a la humanidad, y compartir con Dios su visión: «ver a las personas diferentes [...] sobre la faz de la tierra, tan diversos en el vestir y el comportamiento: unos blancos y otros negros, algunos en paz y otros en guerra, unos llorando y otros riendo, algunos sanos y otros enfermos, unos naciendo y otros muriendo, y así sucesivamente». A continuación, nos invita a ver y considerar las tres divinas personas, sentadas, por así decirlo, en el trono real de su majestad divina. Están mirando el globo de la tierra, y ven la ceguera enorme de todos los pueblos y cómo están sufriendo y muriendo en el absurdo del pecado: «escuchar lo que las personas divinas están diciendo, que es "Vamos a comprometernos en la redención de la raza humana"».

Antes reflexionábamos sobre la realidad del pecado y la rebelión contra el plan de Dios. Ahora reflexionamos sobre la compasiva y libre decisión de Dios con respecto a este mundo pecador: que Jesús vendrá a nuestra historia humana, para así mostrarnos una nueva manera de ser, redimirnos y traer el amor a nuestro corazón de piedra.

- Textos

Lc 1,26-38: Dios solicita la colaboración de María en el misterio de la Encarnación. A pesar de poder decir «no», María dijo libremente «sí». Sentimos la esperanza y la maravilla presente en la escena: todo es posible para Dios. Isabel pensó que era estéril y ya está en su séptimo mes, porque nada es imposible para Dios. Si Dios puede llevar a cabo esto en el mundo, ¿¡qué es lo que no puede hacer Dios!?

Flp 2,5-11: Me sitúo en la imagen de la presencia de la Trinidad, que determina que el Hijo sea uno de nosotros, y al contemplar a Jesús presente en el vientre de María, este antiguo himno expresa el misterio maravilloso de Dios: que el ser infinito se haga finito; el espíritu ilimitado y puro, ser humano encarnado.

Jn 1,1-14: Oro con el prólogo del Evangelio de Juan y dejo que Dios me llene de admiración y asombro ante el don de sí mismo para mí y para todo su pueblo.

Lc 1,39-55: Contemplando la visita de María a Isabel, tratamos de estar alerta al drama humano y divino que se desarrolla en el encuentro. Estamos particularmente atentos a Jesús, presente ya en el vientre de María. La humanidad, en Juan Bautista, da la bienvenida a Jesús, el Hijo de Dios.

- Coloquio final: Hago un resumen de lo meditado en el rato de oración, hablando con Jesús como un amigo lo hace con otro, sincerándome con él sobre los puntos hallados en este rato de camino hecho. Acabo con el Padre nuestro.

Etapa n.º 11: Calahorra – Alfaro

- Anotaciones: En esta «segunda semana» Ignacio introduce otro tipo de oración: la contemplación de los misterios del evangelio.

El objetivo de estas meditaciones no es el de recoger «hechos» de la vida de Jesús, sino «verle más claramente, amarle más profundamente, seguirle con más cercanía». No olvidemos la «oración preparatoria», que es el fruto final de toda la experiencia.

Ignacio nos pide que nos «ejercitemos» en la oración contemplativa, un tipo de oración imaginativa donde todos nuestros sentidos están involucrados. Aquí ofrecemos una pequeña guía: «Leemos el texto de la narración evangélica y después dejamos el texto a un lado. Comenzamos lentamente a repasar la narración, imaginando la escena de la forma más completa que podamos. ¿Dónde sucede? Observamos todas las cosas en la escena y alrededor de ella. ¿Quién está ahí? ¿Quién es toda la gente que aparece? ¿Qué temperatura hace? ¿Calor o frío? ¿Qué olores me llegan? Entonces entramos en la escena aún más, convirtiéndonos en un personaje más de ella. Imaginamos que podríamos ser un miembro de la multitud o que podríamos convertirnos en uno de los personajes principales de la historia. Cuando me sienta allí, entonces dejo que la narración progrese, y la dejo ir a donde vaya. Una vez que estamos dentro de la escena, las palabras y acciones no son ya una repetición grabada del texto. Dentro de la escena, imaginamos con libertad y vamos allí donde deseamos estar, recibiendo lo que se nos revela en la oración, lo que se nos muestra en las palabras y los gestos de los personajes de la narración, o simplemente podemos hablar nosotros, compartiendo la experiencia de nuestra propia reacción interior. Los detalles del texto dejan de ser importantes, porque lo importante es la experiencia de la narración, que ahora mueve nuestro corazón. Por último, terminamos con una oración, hablando con nuestro Señor, de corazón a corazón, de amigo a amigo, de cualquier manera que se nos ofrezca, expresando nuestra gratitud por las gracias que acabamos de recibir».

Hoy comenzamos este tipo de ejercicio con la contemplación del misterio de la Encarnación. No nos decepcionemos si encontramos este tipo de oración un poco difícil: ¡se nos pide orar con nuestra propia vida, por lo que cada uno tiene su propio camino delante de Dios! Pero Ignacio encontraba este tipo de oración muy útil, así que ¡sería bueno intentarlo un poco!

- **Petición:** Pedimos una continua apreciación del milagro de la Encarnación a través de las personas y la respuesta de María y José; la gracia de creer y aceptar la noticia increíblemente buena de que Jesús está entre nosotros y aceptar nuestra parte en ella; la profundización en la apreciación de la maravilla de que Dios haya nacido en forma humana.

- **Reflexiones:** Demos un enfoque actual al milagro de la Encarnación, tratando de hacerlo real en nosotros. Las representaciones de la Natividad en nuestras iglesias nos muestran típicamente a un Jesús angelical, rodeado de limpieza, sonriendo a sus padres y a los pastores y reyes. Pero la tradición nos dice que Jesús nació después de un viaje largo e incómodo, en un lugar que debió de estar bastante dejado y sucio. Sus padres, cansados de viajar, probablemente se sintieron abandonados y preocupados por dar a luz a un niño en un lugar insalubre, desconocido y sin el apoyo de los familiares. El Príncipe de la Paz se hizo presente entre nosotros, pero no de cualquiera de las maneras que nosotros podríamos haber imaginado. Jesús experimenta las dificultades de ser hombre en nuestro mundo desde el primer momento. Nosotros podemos sentir también ahora las tribulaciones del sentirse un peregrino viajero, como la familia de Jesús: ¿y si me pierdo? ¿Y si algo va mal en el camino? ¿Habrá alojamiento adecuado? ¿Qué pasa si me enfermo? Todas esas tribulaciones que podemos imaginar las multiplicamos ahora por 100, nos situamos en el tiempo de Jesús y nos imaginamos junto a un ser querido y con un bebé.

Ignacio nos invita a «ver a nuestra Señora, José y el niño Jesús después de su nacimiento. Yo me hago un pobre esclavo, pequeño e indigno, mirándolos, contemplándolos y sirviéndolos en sus necesidades, como si yo estuviera allí, con todo el respeto y reverencia posible. [...] Considero lo que están haciendo, por ejemplo, caminando o trabajando, para que el Señor sea bien nacido aunque en la mayor pobreza, y que ese bebé, después de tantos trabajos de hambre, sed, calor, frío, lesiones e insultos, ¡vaya a morir en la cruz! ¡Y todo esto por mí!».

- **Textos**

Mt 1,18-25: Contemplando el misterio de la Encarnación, entramos en los sentimientos de José y su lucha personal entre la ley y el amor.

Lc 2,1-20: María dio a luz a su hijo primogénito, lo envolvió en pañales y lo acostó en un pesebre, porque no había lugar para ellos en la posada. Con paz interior, presente en su nacimiento, recibo a Jesús con alegría y gratitud como un don del Padre para mí y para su pueblo.

- **Coloquio final:** Por último, terminamos con una oración, hablando con nuestro Señor, de corazón a corazón, de amigo a amigo, de cualquier manera que se nos ofrezca, expresando nuestra gratitud por las gracias que acabamos de recibir. Concluimos con el Padre nuestro.

Alfaro.

Etapa n.º 12: Alfaro – Tudela

- Anotaciones: Recordemos que el objetivo de estas meditaciones de segunda semana es el de ver a Jesús más claramente, amarle más profundamente y seguirle con más cercanía. No olvidemos la «oración preparatoria», que es el fruto final de toda la experiencia.

- Petición: Ruego al Padre tres cosas que necesito y que solo él puede conceder: un conocimiento más íntimo de Jesús, que se ha convertido en uno de nosotros; una experiencia más personal de su amor por mí para que le ame más tiernamente; y una más estrecha unión con Jesús en su misión de llevar la salvación a la humanidad.

- Reflexiones: En algún momento, alrededor de sus treinta años, Jesús dejó su trabajo y el hogar a fin de comenzar su ministerio público. Tratemos de imaginar qué pensamientos podrían ser los suyos en ese momento de su vida.

La vida pública de Jesús empezó con un viaje, una especie de peregrinación. Salió de su casa en Nazaret y peregrinó hasta el río Jordán, donde fue bautizado por Juan el Bautista. El ministerio de Juan había consistido en llamar a los pecadores al arrepentimiento. Juan era conocido y respetado: sin duda Jesús conocía su mensaje, como un profeta de Dios enviado al pueblo judío. Jesús sabía lo que estaba haciendo. Ponderemos lo que significa que Jesús, el hombre sin pecado, decida comenzar su ministerio colocándose en la fila de los pecadores, en solidaridad con ellos. El simbolismo de esta acción, recogida en los primeros versos de los Evangelios, nos evoca ricas imágenes de una peregrinación interior hacia una nueva forma de vida. El ministerio de Juan el Bautista se presentó con unas palabras de Isaías: «¡Preparad el camino del Señor! ¡Enderezad sus sendas!». Juan llama a los pecadores al arrepentimiento y a la «conversión», palabra cuyas raíces bíblicas sugieren un «giro»: Juan nos invita a girarnos en una nueva dirección y seguir un nuevo camino en la vida.

Tudela.

En algún momento, Jesús hace una elección consciente y deliberada para comenzar su ministerio, para cambiar su vida mundana en Nazaret: imaginemos lo que podría haber estado pasando por su mente, lo que él veía a su alrededor para que sintiese que ese era el momento adecuado. Consideremos también cómo elige iniciar su ministerio no con un discurso o con un milagro, sino con una peregrinación para ser bautizado por Juan. Y consideremos también la experiencia de Jesús en el Jordán, su descubrimiento, su comprensión de la misión que el Padre le invita a realizar en plenitud.

Podemos pedir al Padre que nos coloque con Jesús, su Hijo, en la fila de Juan el Bautista. Imaginemos que somos uno de sus compañeros y que estamos justo detrás de él, porque quiere que lo conozcamos mejor, lo amemos más y seamos más fieles en su servicio y para la humanidad.

Tratemos de contemplar la escena del evangelio. ¿Qué nos dice Juan?

- Textos

Rom 6,3-4: Cristo resucitó de entre los muertos por la gloria del Padre; así también nosotros caminaremos en la vida nueva.

Lc 3,1-22: «Entonces, ¿qué vamos a hacer?». En el momento de su bautismo por Juan, la voz de Dios confirma la filiación y la misión de Jesús.

Mt 3,13-17: Jesús, después de haber meditado en su corazón el misterio de la paternidad de Dios y la misión que él le encomienda, decide abandonar Nazaret. Contemplemos la escena. Tratamos de estar presentes junto a él y ver cómo llega a esa decisión, la comparte con su madre, se despide y deja todo aquello que lo ha configurado como ser humano adulto y responsable. Caminamos con él hacia el río Jordán y nos quedamos en la orilla del río, contemplando su bautismo. ¿Qué es lo que oímos? ¿Qué debemos comprender?

- **Coloquio final:** Hago un resumen de lo meditado en el rato de oración, hablando con Jesús como un amigo lo hace con otro, sincerándome con él sobre los puntos hallados en este rato de camino hecho. Acabo con el Padre nuestro.

Etapa n.º 13: Tudela – Gallur

- **Anotaciones:** Seguimos persistentes en la «oración preparatoria». Hoy entramos en una consideración muy típica de los Ejercicios Espirituales: la meditación de dos banderas. San Ignacio nos ofrece un ejercicio de contraste para poder ver hacia dónde se decanta nuestra vida en este seguimiento de Jesús. A lo largo del día podemos ir considerando y pidiendo obtener la gracia de este ejercicio y sentir que Jesús nos quiere peregrinando con él. El típico «triple coloquio» que propone san Ignacio en los ejercicios puede ser hecho tal cual... o bien podemos hacerlo tal y como el corazón nos diga, según la disposición de la peregrinación que estamos haciendo.

- **Petición:** Como amigo de Jesús, le pido a Dios que me conceda el don de ser capaz de reconocer los engaños del mal y poder así protegerme contra ellos, y le pido también un verdadero conocimiento de Jesucristo, mi verdadero líder y Señor, y la gracia de imitarlo.

- **Reflexiones:** Durante los próximos días vamos a reflexionar sobre el ministerio terrenal de Jesús, su manera de vivir y trabajar los valores del reino. Hoy nos acercamos a una meditación comúnmente conocida como la de las «dos banderas». Podemos imaginar a Jesús preparándose a emprender su propio viaje, parado en un cruce crítico en el camino. Jesús no tiene dudas de en qué dirección va a seguir y nos pide a unirnos a él. Los valores de Jesús «el Camino» nos invitan a la sencillez (incluso la pobreza), lo que lleva muchas veces a la deshonra, y la humildad: en otras palabras, seguir a la manera de la gente que comparte su vida con Dios y lo espera todo de él en confianza. El otro «camino» es la elección del mundo de las riquezas, que sigue con los honores y el inflarse de orgullo: en otras palabras, poseer las cosas y buscar el prestigio que nos hace sentirnos y ser importantes en el mundo, y así convertirnos en los dioses de nuestra propia vida y ser «únicos en el mundo». Al inicio de esta peregrinación espiritual, Ignacio nos invitaba a tomar una decisión básica: ser fieles a nuestro Principio y Fundamento. Ahora no hacemos una nueva elección; más bien es un recordatorio, ahora que podemos tener una visión más clara del camino de Jesús, y un modo de comprobar nuestro deseo, escogiendo aquel camino que es fundamentalmente diferente a los caminos del mundo. ¿Quiénes somos? ¿Somos nuestras posesiones y reputación? ¿O nos sentimos criatura amada de Dios? ¿Por qué somos importantes: por lo que los demás saben de nosotros? ¿O porque Dios nos ha elegido? Jesús nos invita a aligerar nuestra carga, a ser capaces de caminar junto a él libremente en esta peregrinación espiritual a través de la vida.

El propósito de esta meditación es tomar conciencia de las dos «estrategias», la de Jesús y la del mal, para que podamos discernir con precisión esos «espíritus» que experimentamos con frecuencia antes de tomar nuestras decisiones: ¿hacia dónde voy? ¿Con Jesús? Como dice Ignacio: «En nuestro próximo ejercicio observamos la intención de Cristo nuestro Señor y, por el contrario, la del mal, el enemigo de la naturaleza humana. [...] Imagina que el líder de todos los enemigos en esa gran llanura de Babilonia llama a los suyos [...] y los envía a la gente para que la tienten a codiciar las riquezas, para que puedan llegar más fácilmente al vano honor del mundo, y finalmente al creciente orgullo. Y desde ahí todos los desastres en el mundo están asegurados. Del mismo modo, por el contrario, pon la mirada de la imaginación en el líder supremo y verdadero, que es Cristo nuestro Señor, que reúne a los suyos [...] y los envía a atraer a todas las personas, en primer lugar, a la pobreza espiritual más perfecta, y también, si la Divina Majestad tuviera a bien y deseara elegirlas para ello, incluso a un cierto grado de pobreza real, y en segundo lugar, atraerlas a un deseo de reproches y de desprecio más que a los falsos honores, porque de allí se alcanza la verdadera humildad. Y de ahí se obtienen todas las buenas obras que se hacen en el mundo». Debemos considerar estas dos banderas y hacer una elección desde nuestro corazón: ¿debo ir con Jesús? ¿Lo siento así realmente? ¿Lo deseo?

- **Textos**

1 Tim 6,6-10: Los que desean enriquecerse caen en la tentación, en una trampa, en muchas codicias insensatas y dañinas que hunden a los hombres en la ruina y la destrucción.

Gal 5,16-25: Ruego poder saber lo que es estar «con» y «sin» el Espíritu.

Ef 6,10-20: la guerra espiritual.

- **Un triple coloquio final:** «1°. Un coloquio a nuestra Señora, porque me alcance gracia de su hijo y Señor, para que yo sea recibido debajo de su bandera, y primero en pobreza espiritual, y si su Divina Majestad fuere servido y me quisiere elegir y recibir, no menos en la pobreza actual; segundo, en pasar oprobios y injurias, por más en ellas le imitar, solo que las pueda pasar sin pecado de ninguna persona ni displacer de su Divina Majestad, y con esto una Ave María. 2° coloquio: pedir otro tanto al Hijo, para que me alcance del Padre, y con esto decir Alma de Cristo. 3° coloquio: pedir otro tanto al Padre, para que él me lo conceda, y decir un Padre nuestro».

La oración del *Anima Christi* es una oración que tiene su origen en el siglo XIV. Todavía hoy es ampliamente utilizada después de recibir el Cuerpo y la Sangre de nuestro Señor Jesucristo en la sagrada comunión. Ciertamente, san Ignacio oró con ella muy a menudo y por eso la recoge en sus Ejercicios Espirituales.

> Alma de Cristo, santifícame.
> Cuerpo de Cristo, sálvame.
> Sangre de Cristo, embriágame.
> Agua del costado de Cristo, lávame.
> Pasión de Cristo, confórtame.
> ¡Oh, buen Jesús!, óyeme.
> Dentro de tus llagas escóndeme.
> No permitas que me aparte de ti.
> Del maligno enemigo, defiéndeme.
> En la hora de mi muerte, llámame
> y mándame ir a ti
> para que con tus santos te alabe
> por los siglos de los siglos.
> Amén.

Canal Imperial

Etapa n.º 14: Gallur – Alagón

- **Anotaciones:** Seguimos caminando con Jesús, para verle más claramente, amarle más profundamente y seguirle con más cercanía. No olvidemos la «oración preparatoria», siempre antes de ponernos en oración y también a lo largo del día. A partir de hoy, el coloquio final se hace cada vez más importante: vamos entrando en ese conocimiento interno de Jesús

Antiguo colegio de los jesuitas en Alagón.

que ha de dar fuerza a nuestro compromiso de vida. Esto se discute con nuestro «amigo» en el coloquio al final de la oración y durante el día.

- **Petición:** Ruego al Padre tres cosas que necesito y que solo él puede conceder: un conocimiento más íntimo de Jesús, que se ha convertido en uno de nosotros; una experiencia más personal de su amor por mí para que le ame más tiernamente; y una más estrecha unión con Jesús en su misión de llevar la salvación a la humanidad.

- **Reflexiones:** Jesús como una persona que sanaba a la gente podría ser la imagen más destacada de toda su vida pública. El ministerio de sanación de Jesús es también un ministerio de salvación. Jesús sana los cuerpos, los espíritus y las relaciones rotas con Dios y con los demás a través del perdón. Jesús le dice a un paralítico que se levante y camine, da un masaje de lodo sobre los ojos de un ciego. Su preocupación no es solo recuperar la rama seca o el órgano que no funciona. Es también que aquel a quien sana pueda apartarse del pecado y creer en él. Sabemos de su compasión maravillosa, de su disposición a entablar contacto con los parias y los intocables de la sociedad antigua. Utilicemos la práctica ignaciana de la contemplación, es decir, imaginar una o varias de estas escenas del ministerio de Jesús, e imaginarme a mí en la escena, tal vez como compañero de viaje con Jesús, o tal vez siendo yo aquel a quien llevan a Jesús: ¿qué es lo que quiere hacer para sanarme? Al entrar en estos misterios en nuestra peregrinación, nos presentamos a Jesús con necesidad de curación en el cuerpo, mente y espíritu. Sigamos pidiendo la gracia de este día.

- **Textos**

Lc 18,35-43: «Jesús, Hijo de David, ¡ten misericordia de mí!».

Jn 5,1-9: La pregunta de Jesús a un hombre enfermo y lisiado se dirige también a mí en la contemplación: «¿Quieres ser sanado?». Muestro al Señor mi necesidad de curación: mi pequeñez, mi orgullo, mi ambición, mi afán de seguridad y control, mi auto-engaño. «Sí, Señor, quiero ser curado».

Lc 8,40-56: Pido a Jesús que venga a mi casa. Me esfuerzo por tocar el borde de su manto.

- **Coloquio final:** Hago un resumen de lo meditado en el rato de oración, hablando con Jesús como un amigo lo hace con otro, sincerándome con él sobre los puntos hallados en este rato de camino hecho. Si así lo siento, puedo pedir a Jesús el ser aceptado bajo su bandera y convertirme en un sanador como él. Acabo con el Padre nuestro.

Etapa n.º 15: Alagón – Zaragoza

- **Anotaciones:** Seguimos caminando con Jesús, para verle más claramente, amarle más profundamente y seguirle con más cercanía. No olvidemos la «oración preparatoria», siempre antes de ponernos en oración y también a lo largo del día. Recordemos que el coloquio final se hace cada vez más importante: vamos entrando en ese conocimiento interno de Jesús que ha de dar fuerza a nuestro compromiso de vida. Esto se discute con nuestro «amigo» en el coloquio al final de la oración y durante el día.

- **Petición:** Ruego al Padre tres cosas que necesito y que solo él puede conceder: un conocimiento más íntimo de Jesús, que se ha convertido en uno de nosotros; una experiencia más personal de su amor por mí para que le ame más tiernamente; y una más estrecha unión con Jesús en su misión de llevar la salvación a la humanidad.

- **Reflexiones:** Después de ver a Jesús curando, otra gran imagen que podemos admirar en Jesús es la de predicador: ¡fue un verdadero innovador! ¡Y un hombre libre de verdad! Admiremos la claridad y la pureza del mensaje de Jesús, y su valentía al proclamar el reino, aunque era muy consciente del peligro que conllevaba. Jesús mantiene su enfoque inquebrantable sobre la justicia del reino de Dios. Él no acepta la hipocresía, el doble juego. Rechaza las posiciones legalistas o ritualistas que alzan la letra de la ley por encima de su verdadero espíritu.

Jesús promulga la nueva alianza, su plan de vida, su plan de acción sobre cómo nosotros, sus seguidores, le ayudaremos a restaurar en este mundo lo que Dios había previsto inicialmente para los seres humanos: que nos tratemos unos a otros con su amor. El famoso «Sermón de la montaña» o «manifiesto del reino» aparece muy tempranamente en el ministerio de Jesús. Hemos oído estas palabras antes, pero no dejemos que su familiaridad vaya en detrimento de su llamada radical. Que la escucha reverente de este discurso permita que la semilla de la palabra de Jesús sea implantada en mí y pueda echar raíces. Imaginémonos sentados en medio de la gente sencilla y humilde que se reunió en una colina, escuchando a Jesús exponer su «camino». Entonces como ahora, su camino es muy a contracorriente: nos invita a vivir unos valores

Paseo de la Independencia, Zaragoza.

exactamente contrarios a los que nos invitan a vivir la cultura contemporánea y la oferta de publicidad consumista. En su tiempo, también Jesús estuvo en contradicción con su mundo.

- **Textos**

Mt 23,11-12.23-24: El que es mayor entre vosotros será vuestro servidor; el que se enaltece será humillado, y el que se humilla será enaltecido.

Mt 5,1-48: Al ver las multitudes, subió a la montaña, y cuando se sentó sus discípulos se le acercaron. Y hablando les enseñaba, diciendo…

Jn 12,44-50: Me deshago de mí mismo para escuchar a Jesús: en su mensaje escucho la voz del Padre.

- **Coloquio final:** Hago un resumen de lo meditado en el rato de oración, hablando con Jesús como un amigo lo hace con otro, sincerándome con él sobre los puntos hallados en este rato de camino hecho. Si así lo siento, puedo pedir a Jesús el ser aceptado bajo su bandera. Acabo con el Padre Nuestro.

Etapa n.º 16: Zaragoza – Fuentes de Ebro

- **Anotaciones:** Seguimos caminando con Jesús, para verle más claramente, amarle más profundamente y seguirle con más cercanía. Estamos entrando ya en nuestra «tercera semana» de la peregrinación interior. No olvidemos la «oración preparatoria», siempre antes de ponernos en oración y también a lo largo del día. Recordemos que el coloquio final se hace cada vez más importante: vamos entrando en ese conocimiento interno de Jesús que ha de dar fuerza a nuestro compromiso de vida. Esto se discute con nuestro «amigo» en el coloquio al final de la oración y durante el día.

- **Petición:** Pido al Padre que me atraiga a Jesús para que yo pueda oír y entender su desafío, sentir la emoción de su aventura y un ardiente deseo de servirle a él y a su pueblo, compartiendo su suerte y su sufrimiento.

- **Reflexiones:** Los Evangelios nos dicen que Jesús andaba por la orilla del lago de Galilea y llamó a dos que estaban echando la red en el mar: «Seguidme y os haré pescadores de hombres», y de inmediato dejaron sus redes y lo siguieron. Tan misteriosamente convincente es este Jesús que los pescadores, se nos dice, simplemente dejan caer sus redes, dejan su vida pasada y siguen a Jesús hacia una nueva vida, una nueva peregrinación. Recemos pidiendo conocer mejor a este Jesús, poder tener una visión más profunda del atractivo de su llamada, y pidamos la gracia de sentir un creciente deseo de estar con él, de tal forma que un criterio importante en las decisiones de nuestra vida sea ya menos «lo que a mí me place» y más «lo que me ayude más a estar con y como Jesús».

A los seguidores del Rey mucho se les pedirá. Habrá que descubrir la «única cosa necesaria» y aquella «una cosa más» que se nos invita a dejar. Reflexionando sobre estos desafíos, permanecemos atentos a los movimientos internos que están teniendo lugar en mi peregrinación interior. ¿Hacia dónde voy? ¿Lo sé? ¿Me importa?

- **Textos**

Lc 9,57-62: Ruego no quedarme en un aspirante a discípulo de Jesús.

Lc 10,1-9: Después de esto el Señor designó otros setenta y los envió por delante de él.

Lc 10,38-41: Jesús me dice: «Solo una cosa es necesaria». El reto para mí es vivir, como Marta y María, la contemplación en la acción, en la que el servicio activo al Señor está animado por una intimidad constante con él.

Mc 10,17-27: Mirando con amor a un buen hombre cuya vida había sido un modelo de bondad y fidelidad, Jesús lo desafía, así como a mí, con estas palabras: «Hay una cosa más que hacer». Sé lo que dijo el hombre del Evangelio. Escucho ahora cómo Jesús me dice en mi propio contexto que «una cosa más es necesaria».

Burgo de Ebro

- **Coloquio final:** Hago un resumen de lo meditado en el rato de oración, hablando con Jesús como un amigo lo hace con otro, sincerándome con él sobre los puntos hallados en este rato de camino hecho. Si así lo siento, puedo pedir a Jesús el ser aceptado bajo su bandera. Acabo con el Padre nuestro.

Etapa n.º 17: Fuentes de Ebro – Venta de Santa Lucía

- **Anotaciones:** No olvidemos la «oración introductoria». Estamos ya en la «tercera semana» de nuestros ejercicios espirituales. Ignacio nos pide que seamos conscientes de las dificultades con las que, cada vez más, Jesús se enfrenta en su «peregrinación de la vida». Entramos así en una parte más «árida» de nuestra peregrinación, tratando de tener en cuenta el esfuerzo generoso de Jesús por nosotros. Mantenemos en nuestro corazón un «estado de ánimo triste» a medida que caminamos con Jesús hacia Jerusalén, ya por última vez en su vida. En nuestro coloquio final, seguimos avanzando en el conocimiento interno de Jesús, que va a sufrir la muerte en cruz, a pesar de ser inocente. Esta tristeza la dialogamos con nuestro «amigo» en el coloquio al final de la oración, y también durante el día.

Pina de Ebro, Los Monegros

- **Petición:** Pido al Padre que me atraiga a Jesús para que yo pueda oír y entender su desafío, sentir la emoción de su aventura y un ardiente deseo de servirle a él y a su pueblo, compartiendo su suerte y su sufrimiento.

- **Reflexiones:** En el evangelio, Jesús va en peregrinación desde Galilea hasta Jerusalén, donde va a celebrar la última cena y someterse a su pasión y muerte. Ha pasado casi tres años en compañía de sus discípulos; sin embargo, este viaje final revela que todavía no ha conseguido totalmente pasarles su mensaje. Discuten, por ejemplo, sobre quién será el más grande en el reino de Dios. Una vez más, Jesús trata de hacerles entender que el liderazgo en el reino de Dios consiste en servir a los demás. Como ellos, no entendemos –o, quizás, no nos decidimos a escuchar y aceptar– que el camino de Jesús implica un cierto sufrimiento, un sacrificio: negarse a uno mismo. Con la imaginación contemplativa nos vemos peregrinando en este largo viaje a Jerusalén con Jesús. Presentémosle nuestras propias preguntas y oremos para que nuestros ojos se abran para ver su mensaje con más claridad y nuestros oídos se abran cada vez más a escuchar su llamada.

En su caminar, Jesús se siente débil y cansado. Los discípulos van a buscar agua y alimento, pero él se queda fuera de la aldea. El sol está alto y hace calor en Samaria. El Evangelio de Juan nos habla de la llegada de una mujer samaritana. Había enemistad profunda entre los judíos y los samaritanos. Jesús se encuentra al lado de un pozo para sacar agua, pero no tiene con qué. Necesita ayuda. Jesús siente sed, pide a la mujer que le ofrezca agua, y así, en la conversación que sigue, la samaritana llega a descubrir quién es Jesús y lo acepta como el Cristo, a pesar de verlo en un hombre cansado y débil, que necesita agua.

¿Quién soy yo? ¿Quién es Jesús? En el encuentro con Jesús, Dios nos ayuda a comprendernos más profundamente a nosotros mismos y, en el proceso, también comprendemos a Dios más profundamente. El Camino Ignaciano pasa a través de los Monegros, una región cercana a la climatología desértica en España. Caminando por esta región caliente, de paisaje árido y polvoriento, nos podemos imaginar lo importante que era el agua en la realidad y en la imaginación de los oyentes de Jesús. Sin comida ni agua no hay vida. Nos encontramos así con una de las imágenes simbólicas más importantes de los Evangelios: Jesús es el agua de la vida eterna, el manantial que nunca se seca, el agua abundante. La transformación personal es consecuencia inevitable del verdadero encuentro con Jesús: de la misma forma que cambió la vida de las personas con discapacidades, así ha cambiado la vida de esta mujer al hablar con ella. Acerquémonos a Jesús en el pozo, como hizo esta mujer samaritana: ¿quién soy yo realmente? ¿Y quién es Jesús? ¿Qué me dice Jesús? ¿Qué respondo yo?

● **Textos**

Mc 10,32-45: «Si alguno quiere ser el primero, que sea el último de todos y el servidor de todos».

Jn 4,6-15: «Todo el que beba de esta agua volverá a tener sed, pero el que beba del agua que yo le daré, nunca más tendrá sed».

Jn 6,30-44: Creo que Jesús es el pan vivo, el agua que da vida, y le ruego al Padre que me acerque más a él para que, comiendo y bebiendo, pueda tener una nueva vida.

● **Coloquio final:** Hago un resumen de lo meditado en el rato de oración, hablando con Jesús como un amigo lo hace con otro, sincerándome con él sobre los puntos hallados en este rato de camino hecho. Si así lo siento, puedo pedir a Jesús el ser aceptado bajo su bandera. Acabo con el Padre nuestro.

Etapa n.º 18: Venta de Santa Lucía – Bujaraloz

● **Anotaciones:** Seguimos caminando con Jesús, en su subida hacia la cruz. No olvidemos la «oración preparatoria»: ahora más que nunca hemos de pedir orientar nuestra vida a la voluntad de Dios, única fuente de salvación y felicidad. Recordemos que el coloquio final es muy importante: vamos entrando en ese conocimiento interno de Jesús sufriente que ha de dar fuerza a nuestro compromiso de vida. Esto se discute con nuestro «amigo» en el coloquio al final de la oración y durante el día.

● **Petición:** Ruego al Padre el don de ser capaz de sentir dolor con Cristo en su dolor, angustia en la angustia de Cristo, e incluso la experiencia de las lágrimas y el dolor profundo por todas las aflicciones que Cristo ha de soportar por mí al final de su vida.

● **Reflexiones:** Después de tantos días caminando con Jesús, ya sabemos que su vida está en peligro. Él lo sabe también. La gente no entiende. El reino de Dios está luchando por su supervivencia, pero el enemigo es poderoso. Como dijo el profeta, nuestros corazones están hechos en piedra y no estamos dispuestos a cambiar eso. Nos sentimos fuertes con nuestro núcleo duro y el tierno corazón misericordioso de Dios no es una opción atractiva. Jesús nos confronta. Pero no queremos oír. Jesús se siente enojado, pero no puede cambiar eso. Como discípulo suyo, me siento incómodo en esta situación. No entiendo tampoco. Me siento cansado. Jesús me ve y me pide que vaya con él y me relaje. Las cosas no van a ser más fáciles en Jerusalén.

En Jerusalén, Jesús celebra su última cena en la tierra, unido a sus discípulos. A través de un gesto de gran alcance, casi chocante, Jesús refuerza una vez más la naturaleza del siervo como liderazgo en el reino de Dios: Jesús, el Señor, toma sobre sí el trabajo de un siervo del hogar lavando los pies sucios de los invitados a la cena. ¿Podríamos imaginarnos a Jesús lavándonos los pies? Durante la cena, Jesús parte el pan y el vino, que comparte con sus discípulos, pidiéndoles: «Haced esto en memoria mía». Imaginemos los muchos lugares y la cantidad de generaciones en que, a lo largo de la historia, este momento concreto de la eucaristía se ha repetido. No es solo la forma en que los cristianos recuerdan a Jesús, sino la comunicación de la vida, la conexión íntima con Jesús: el pan y el vino que Jesús nos ofrece son su propio cuerpo y su propia sangre, entregados por nosotros.

Recordemos que Ignacio nos invita a rezar contemplativamente, insertándonos en las escenas que se desarrollan, llenando los espacios en blanco de las historias del evangelio. Las narraciones de la pasión, sobre todo, se prestan a este tipo de oración contemplativa. Respecto a la última cena, por ejemplo, Ignacio habla de Jesús, que, «después de comer el cordero pascual y acabada la cena, les lavó los pies y dio su santísimo Cuerpo y la preciosa Sangre a sus discípulos» y propone al ejercitante «mirar a las personas en la cena; y luego, al reflexionar sobre sí mismo, tratar de sacar algún provecho de ellos; oír lo que dicen [...], ver lo que hacen».

- Textos

Mc 8,34-38: Cualquiera que desee venir en pos de mí debe renunciar a sí mismo, tomar su cruz y seguirme.

Mt 11,2-30: Solo el sencillo puede reconocer al Mesías. El mundo no puede entenderlo. Con mi corazón deseo el compañerismo y la intimidad que Jesús ofrece, acojo con satisfacción la invitación a compartir su descanso como él comparte mi carga. Deseo ardientemente entregarme totalmente al amor y al servicio de Jesús y su pueblo.

Mt 26, 26-31: Mientras comían, Jesús tomó pan y lo bendijo, lo partió y lo dio a sus discípulos y les dijo: «Tomad, comed, este es mi cuerpo».

Jn 13,1-17: Cuando acabó de lavarles los pies, tomando su ropa, volvió a su lugar y les dijo: «¿Sabéis lo que he hecho con vosotros?».

- Coloquio final: Igual que en las situaciones humanas de cuidado de enfermos o moribundos, nuestra presencia es a me-

Ermita de San Jorge, Bujaraloz.

nudo más importante que nuestras palabras vacilantes o torpes acciones; esto mismo es lo que hemos de pensar acompañando ahora a Jesucristo. Previamente habíamos descrito el coloquio como una conversación íntima entre amigos. Ahora abrimos esa descripción para incluir la profundidad del sentimiento, el amor y la compasión, que nos permite el «solo estar» allí. Una vez más, si lo deseas, pide ser aceptado bajo su bandera, el estandarte de la cruz. Acaba con el «Padre nuestro».

Etapa n.º 19: Bujaraloz – Candasnos

- **Anotaciones:** Seguimos caminando con Jesús, en su camino hacia la muerte. No olvidemos la «oración preparatoria»: una vez más hemos de pedir orientar nuestra vida a la voluntad de Dios, única fuente de felicidad y resurrección. Insistimos en el coloquio final: nos ponemos al lado del Jesús sufriente, pidiendo que nos dé fuerzas para seguir nuestro compromiso de vida. Lo hacemos en el coloquio al final de la oración y durante el día.

- **Petición:** Ruego al Padre el don de ser capaz de sentir dolor con Cristo en su dolor, angustia en la angustia de Cristo, e incluso la experiencia de las lágrimas y el dolor profundo por todas las aflicciones que Cristo ha de soportar por mí al final de su vida.

- **Reflexiones:** Después de la última cena, Jesús agoniza mientras ora en el jardín, al parecer deseando poder evitar haber de pasar por el sufrimiento que está ya anunciado. Ha sido traicionado. Es abandonado por amigos y discípulos, que habían sido sus compañeros más cercanos en los últimos tres años. Es humillado públicamente. Su misión en la vida tiene, al parecer, el fracaso y el ridículo como punto final. Nada de esto es un «hecho de ficción». Los cristianos creemos que Jesús, siendo Dios, se encarnó de forma «plenamente humana», y Getsemaní es el momento en el que se revela la plena solidaridad de Jesús con nuestra condición humana. Cada uno de nosotros conoce y sufre la humillación, el rechazo, la duda, o nuestras agonías privadas. Intentemos insertarnos en esta trágica narración. Roguemos el llegar a experimentar una gran solidaridad con Jesús y una gran compasión por él. Tomemos nota de la fidelidad absoluta y definitiva de Jesús a su misión, a su Padre y, por extensión, a nosotros. Jesús es el único que permanece fiel a lo que está llamado a hacer, y que permanece fiel a nosotros en nuestros propios momentos de pena, dolor o incertidumbre.

Utilicemos la contemplación ignaciana y sigamos a Jesús a Getsemaní con sus discípulos. Quedémonos con ellos esperando a Jesús, o tal vez vayamos allí donde está Jesús y miremos cómo ora a su Padre. Queremos seguir a Jesús en su dolor y oscuridad, en su humillación y en sus dudas al abrazar la voluntad del Padre. Miremos a Judas, que viene con orgullo o con asombro, sin comprender realmente cuál es el papel que está jugando. Nos sentimos en la escena, junto a Jesús en la casa de Caifás. Tratemos de mantener los ojos en Jesús: ¿qué está sintiendo? ¿Qué está pensando? ¿Qué haría en ese momento? Intentemos estar cerca de él y mirar a la gente que está hablando: ¿qué están diciendo? ¿Qué siento en este momento? Vayamos un poco más allá y sigamos a Pedro fuera de la casa. Miremos a Jesús: él sabía que Pedro también iba a ser un traidor. Siente el dolor de la traición a través de una muestra de cariño, la mirada de Jesús a Pedro. Ha sido negado por aquel a quien había llamado «roca» –esta es la suerte de Jesús, que se me pide compartir–. Este es un momento de verdad en nuestra vida. ¿Cómo me siento?

- **Textos**

Mt 26,30-75: Luego fue a los discípulos y les dijo: «¿Aún dormidos? ¿Aún en reposo? ¡Ha llegado la hora!».

Is 42,1-9: Aquí está mi siervo, a quien sostengo.

«Mirad a mi siervo, a quien sostengo; mi elegido, a quien prefiero. Sobre él he puesto mi espíritu, para que promueva el derecho en las naciones. No gritará, no clamará, no voceará por las calles. La caña cascada no la quebrará, el pabilo vacilante no lo apagará. Promoverá fielmente el derecho, no vacilará ni se quebrará, hasta implantar el derecho en la tierra, y su ley que esperan las islas. Así dice el Señor Dios, que creó y desplegó el cielo, afianzó la tierra con su vegetación, dio el respiro al pueblo que la habita y el aliento a los que se mueven en ella: "Yo, el Señor, te he llamado para la justicia, te he tomado de la mano, te he formado y te he hecho alianza de un pueblo, luz de las naciones. Para que abras los ojos de los ciegos, saques a los cautivos de la prisión y de la cárcel a los que viven en tinieblas. Yo soy el Señor, este es mi nombre, no cedo mi gloria a nadie ni mi honor a los ídolos. Lo antiguo ya ha sucedido, y algo nuevo yo anuncio; antes de que brote, os lo comunico"».

Sal 54: ¡Sálvame, Señor!

«Oh Dios, por tu honor sálvame, con tu autoridad júzgame. Oh Dios, escucha mi oración, atiende a mis palabras. Porque unos arrogantes se alzan contra mí, me persiguen a muerte, sin contar con Dios. Pero Dios es mi auxilio, el Señor sostiene mi vida. Que su maldad se vuelva contra mis contrarios, por tu fidelidad destrúyelos. Te ofreceré un sacrificio voluntario, dándote gracias, Señor, porque eres bueno, cuando me hayas librado de todo peligro y haya visto la derrota de mis enemigos».

Candasnos.

- **Coloquio final:** Igual que en la oración de ayer, nuestra presencia hoy al lado del Jesús sufriente es más importante que nuestras palabras vacilantes o torpes acciones. Seguimos incluyendo en nuestro coloquio la profundidad del sentimiento, el amor y la compasión, que nos permite el «solo» estar acompañando a Jesús. Acabamos rezando el «Padre nuestro».

Etapa n.º 20: Candasnos – Fraga

- **Anotaciones:** Seguimos caminando con Jesús, acompañándolo a él en sus últimos momentos y a los discípulos descendiendo su cuerpo y enterrándolo. No olvidemos la «oración preparatoria»: una vez más hemos de pedir orientar nuestra vida a la voluntad de Dios, única fuente de felicidad y resurrección. Insistimos en el coloquio final: nos ponemos al lado del Jesús sufriente, pidiendo que nos dé fuerzas para seguir nuestro compromiso de vida. Lo hacemos en el coloquio al final de la oración y durante el día.

- **Petición:** Ruego al Padre el don de ser capaz de sentir dolor con Cristo en su dolor, angustia en la angustia de Cristo, e incluso la experiencia de las lágrimas y el dolor profundo por todas las aflicciones que Cristo ha de soportar por mí al final de su vida.

- **Reflexiones:** El crucifijo, suspendido sobre el altar de cada iglesia católica, nos recuerda que la misa es un recuerdo y un volver a vivir la entrega de sí mismo que hizo Jesús por nosotros, derramando su vida hasta la muerte. A veces, sin embargo, hemos sobre-intelectualizado la crucifixión, razonando sobre el misterio teológico de la muerte de Jesús. A veces hemos cambiado la cruz del ajusticiado en una cruz de oro, incluso con piedras preciosas. Hoy nos proponemos vivir la pasión «en su cruda realidad»: usando la contemplación imaginativa, pasemos tiempo con el Jesús humano, que murió una muerte dolorosa y lenta, así como humillante, colgado entre dos criminales. Pasemos un tiempo junto a su madre, que tuvo que ver morir a su hijo. Nosotros, los cristianos del siglo XXI, sabemos que este drama termina en la resurrección de Jesús; María no lo sabía. En nuestra contemplación ignaciana, acompañamos a María, la madre de Jesús, alejándose de la tumba, de nuevo hacia la casa donde se hospeda. Nos quedamos con ella, esperamos con ella, la escuchamos compartir con los presentes todas las cosas que ella meditaba en su corazón desde que Jesús era niño. Escuchamos sus recuerdos de su hijo. Lloramos con ella, esperamos que algo pase, como ella espera. Y le decimos quiénes somos: seguidores de su hijo.

Ignacio nos invita a identificarnos lo más estrechamente posible con Jesús, experimentando nosotros mismos «el dolor con Cristo en dolor, un espíritu roto con Cristo tan roto, y sufrimiento interior debido a los grandes sufrimientos que Cristo soportó por mí» y a tener en cuenta, también, «la soledad de nuestra Señora junto con su profundo dolor y el cansancio interior; así mismo, contemplar el cansancio de los discípulos». Todo ha acabado. Es el final.

Cristo, nuestro Señor y Rey, continúa con su misión en nuestro mundo para salvar a todos los hombres y mujeres. Él sigue siendo torturado en sus hermanos y hermanas. Él sigue siendo conducido a la cruz. Dediquemos unos momentos de meditación a la situación de nuestra humanidad y pidamos al Padre que nos coloque junto a Cristo crucificado en el mundo de hoy.

- **Textos**

Mt 27,1-66: «– ¡Crucifícalo! – ¿Por qué? ¿Qué mal ha hecho? – ¡Crucifícalo!»

Sal 22: Dios mío, Dios mío, ¿por qué me has abandonado?

«¡Dios mío, Dios mío!, ¿por qué me has abandonado? Te queda lejos mi clamor, el rugido de mis palabras. Dios mío, te llamo de día y no respondes, de noche y no me doy tregua; aunque tú habitas en el santuario, alabanza de Israel. En ti confiaban nuestros padres, confiaban y los ponías a salvo; a ti gritaban y quedaban libres, en ti confiaban y no los defraudabas. Pero yo soy un gusano, no un hombre: afrenta de la gente, despreciado del pueblo. Al verme se burlan de mí, hacen visajes, menean la cabeza: "Acudió al Señor, que lo ponga a salvo, que lo libre si tanto lo quiere". Fuiste tú quien me sacó del vientre, me tenías confiado a los pechos de mi madre; desde el seno me arrojaron a ti, desde el vientre materno tú eres mi Dios. No te quedes lejos, que el peligro está cerca y nadie me socorre. Me acorrala un tropel de novillos, toros de Basán me cercan; abren contra mí sus fauces: un león que descuartiza y ruge. Me derramo como agua, se me descoyuntan los huesos; mi corazón, como cera, se derrite en mis entrañas; seca como una teja está mi garganta, la lengua se me pega al paladar; me aplastas contra el polvo de la muerte. Me acorralan mastines, me cerca una banda de malhechores. Me cavan manos y pies, y puedo contar mis huesos. Ellos me miran triunfantes: se reparten mis vestidos, se sortean mi túnica. Pero tú, Señor, no te quedes lejos; fuerza mía, apresúrate a socorrerme. Libra mi vida de la espada, mi única vida de la garra del mastín; sálvame de las fauces del león, de los cuernos de búfalos a este desgraciado. Contaré tu fama a mis hermanos, en plena asamblea te alabaré: "Fieles del Señor, alabadlo; linaje de Jacob, glorificadlo; reverenciadlo, linaje de Israel, porque no ha despreciado ni le ha repugnado la desgracia de un desgraciado, no le ha escondido el rostro; cuando pidió auxilio, le escuchó". Tú inspiras mi alabanza en la gran asamblea: cumpliré mis votos delante de los fieles. Comerán los desvalidos hasta saciarse y alabarán al Señor los que lo buscan: "¡No perdáis nunca el ánimo!". Lo recordarán y se volverán hacia el Señor todos los confines de la tierra, se postrarán en su presencia las familias de los pueblos; porque el Señor es Rey, él gobierna a los pueblos. Ante él se postrarán las cenizas de la tumba, ante él se encorvarán los que bajan al polvo. Conservará mi vida, mi descendencia le servirá, y contará quién es a la generación venidera; le anunciará su justicia al pueblo que ha de nacer: "Así actuó el Señor"».

Sal 31: En ti, Señor, he encontrado refugio.

«A ti me acojo, Señor: no quede yo nunca defraudado; por tu justicia ponme a salvo. Préstame oído, ven aprisa a librarme, sé mi roca de refugio, mi alcázar salvador; que mi peña y alcázar eres tú. Por tu nombre dirígeme y guíame; sácame de la red que me han escondido, que tú eres mi amparo. En tu mano encomendaba mi vida: y me libraste, Señor, Dios fiel. Odias a quienes veneran ídolos vanos; yo, en cambio, confío en el Señor. Festejaré, celebraré tu lealtad, pues te fijaste en mi aflicción, velaste por mi vida en peligro. No me entregaste en poder del enemigo, colocaste mis pies en terreno espacioso. Piedad, Señor, que estoy en aprieto: se consumen de pena mis ojos, mi garganta y mi vientre; mi vida se gasta en la congoja, mis años se van en gemidos, por mi culpa decae mi vigor y se consumen mis huesos. Soy la burla de todos mis rivales, mis vecinos me hacen gestos, soy el espanto de mis conocidos: me ven por la calle y escapan de mí. Me han olvidado como a un muerto, me he vuelto un cacharro inútil. Oigo a muchos motejarme: "pájaro de mal agüero", mientras se conjuran contra mí y traman quitarme la vida. Pero yo confío en ti, Señor; digo: "tú eres mi Dios". En tu mano están mis azares: líbrame de los enemigos que me persiguen. Muestra a tu siervo tu rostro radiante, sálvame por tu lealtad. Señor, que no fracase por haberte invocado; que fracasen los malvados y bajen mudos al abismo; queden mudos los labios mentirosos que profieren insolencias contra el justo con soberbia y desprecio. ¡Qué bondad tan grande reservas a tus fieles y despliegas, a la vista de todos, con los que a ti se acogen! En tu escondite personal los escondes de las conjuras humanas, de lenguas pendencieras los ocultas en tu tienda. Bendito el Señor, que hizo por mí prodigios de lealtad en la plaza fuerte. Y yo que decía a la ligera: "me has echado de tu presencia", pero tú escuchaste mi súplica cuando te pedí auxilio. Amad al Señor, sus leales, que el Señor guarda a los fieles, pero paga con creces a los soberbios. ¡Sed valientes y animosos los que esperáis en el Señor!».

Is 50,4-9: El Señor es mi ayuda.

«Mi Señor me ha dado una lengua de iniciado, para saber decir al abatido una palabra de aliento. Cada mañana me espabila el oído, para que escuche como los

Valle del Cinca, Fraga

iniciados. El Señor me abrió el oído, y yo no me resistí ni me eché atrás: ofrecí la espalda a los que me apaleaban, las mejillas a los que me mesaban la barba; no me tapé el rostro ante ultrajes y salivazos. El Señor me ayuda, por eso no me acobardaba; por eso endurecí el rostro como pedernal, sabiendo que no quedaría defraudado. Tengo cerca a mi defensor, ¿quién pleiteará contra mí? Comparezcamos juntos. ¿Quién tiene algo contra mí? Que se me acerque. Mirad, el Señor me ayuda, ¿quién me condenará? Mirad, todos se gastan como ropa, los roe la polilla».

- **Coloquio final:** Igual que en la oración de ayer, nuestra presencia hoy al lado del Jesús sufriente es más importante que nuestras palabras vacilantes o torpes acciones. Seguimos incluyendo en nuestro coloquio la profundidad del sentimiento, el amor y la compasión, que nos permite el «solo» estar acompañando a Jesús. Acabamos con el «Padre nuestro».

Etapa n.º 21: Fraga – Lleida

- **Anotaciones:** Estamos entrando en la última etapa de nuestra peregrinación: la «cuarta semana» de los Ejercicios Espirituales. Cambiamos de estado de ánimo, porque ahora entramos en la contemplación de la Vida de Dios en su plenitud, sintiendo con Jesús y los discípulos que la última puerta se ha abierto, y ya no hay nada que nos pueda detener en nuestro camino hacia la libertad y la felicidad eterna en el amor de Dios. La última semana está llena de gracia y llena de luz. Nos regocijamos en cada pequeña flor, el pájaro, la sonrisa, la mano tendida. No olvidemos la «oración introductoria» antes de entrar en la contemplación, y también durante todo el día. Recordemos el coloquio final: nos acercamos a ese conocimiento interno de Jesús resucitado, que nos ayuda a cumplir nuestro compromiso con la vida para siempre. Lo discutimos con nuestro «amigo» en el coloquio al final de la oración y durante el día.

- **Petición:** Pedimos al Padre este don: ser capaces de entrar en la alegría del Resucitado, el Cristo victorioso; ser capaces de contemplar la Vida plena que Jesús nos ha alcanzado; alegrarnos profundamente con Cristo, María y todos sus discípulos.

- **Reflexiones:** Hoy y en los días que siguen, Ignacio invita a cada uno a «pedir la gracia de ser feliz y regocijarse con intensidad por la gran gloria y la alegría de Cristo nuestro Señor», que ha resucitado de entre los muertos. Nadie podía imaginar lo que iba a suceder, aunque el profeta Isaías ya había anunciado que «mi siervo tendrá éxito, será elevado al honor, alto y sublime». Pero los últimos días de Jesús eran tan difíciles de soportar y su muerte era tan incomprensible que resultaba imposible pensar que Dios estaba con nosotros. Todo el mundo estaba perplejo y desmoralizado. Más de una vez en la Biblia, increíblemente, una mujer estéril y de edad avanzada había, a pesar de todo, engendrado un bebé. Las Escrituras nos recuerdan que «no hay nada imposible para Dios», pero, aun así, todavía es difícil de creer. Tan difícil que, a pesar de que los guardias lo explicaron todo a los principales sacerdotes y los ancianos, nadie lo aceptó. Pero hoy en día creemos que la resurrección es la verdad última del extraordinario poder y bondad de Dios. Dios tiene el poder de liberarnos de la muerte, de todo tipo de muerte.

A veces nuestra fe es muy débil: el Dios que transfigura a Jesús de la muerte a la vida sin duda nos puede transfigurar, pero a menudo nos sentimos tentados por el desaliento y nos encontramos sin esperanza, delante de nuestros problemas, de nuestros temores, del pecado que está en nosotros o del dolor que se apodera de nosotros. Jesús resucitado vive transfigurado para siempre, y nosotros, por el mismo hecho de Jesús, hemos sido interiormente transfigurados. Tenemos la semilla de la resurrección dentro de nosotros. Jesús está vivo y para siempre con nosotros, aunque a veces nos resulte difícil de creer. Los discípulos de Emaús reciben este mensaje.

También es esta la experiencia de María, la madre de Cristo. Ella tuvo el conocimiento interior de que Jesús estaba vivo desde el principio, como nos dice Ignacio: sin duda fue ella la primera en recibir la experiencia de su resurrección. Y desde ese mismo momento se acercará a los discípulos para ayudarles a superar su tristeza y decepción. El Señor resucitado está con nosotros tal y como lo prometió, para consolarnos y ofrecernos sus dones, para que nosotros podamos consolar a los que sufren en el mundo.

Cuando las mujeres se acercan a la tumba vacía, incapaces de creer en la posibilidad de que Jesús haya resucitado, el «vigilante» simplemente les dice: «¿Por qué buscáis a quien es la vida entre los muertos?». Lo mismo nos dice a nosotros hoy: con demasiada frecuencia no podemos creer las buenas noticias acerca de nosotros mismos o de nuestro mundo. Una vez más, Jesús confunde nuestras expectativas en muchos sentidos, pero hemos de destacar el hecho de que no se muestra primero a los privilegiados apóstoles, como Pedro, Mateo o Juan, sino a las mujeres, las más valientes y fieles de sus discípulos.

Utilicemos la oración de contemplación, sintiéndonos dentro de la escena y viviendo la experiencia de la gracia que es la resurrección de la muerte. Escucho, observo, hablo, ruego, toco... Yo estoy dentro de la historia. Oremos por la resurrección de cada muerte en nosotros y en todas las personas que amamos. ¡Hoy María nos entiende muy bien!

● Textos

Is 53,1-12: ¿Quién hubiera creído lo que habían oído?

«¿Quién creyó nuestro anuncio? ¿A quién mostró el Señor su brazo? Creció en su presencia como brote, como raíz en el páramo: no tenía presencia ni belleza que atrajera nuestras miradas ni aspecto que nos cautivase. Despreciado y evitado de la gente, un hombre habituado a sufrir, curtido en el dolor; al verlo se tapaban la cara; despreciado, lo tuvimos por nada; a él, que soportó nuestros sufrimientos y cargó con nuestros dolores, lo tuvimos por un contagiado, herido de Dios y afligido. Él, en cambio, fue traspasado por nuestras rebeliones, triturado por nuestros crímenes. Sobre él descargó el castigo que nos sana y con sus cicatrices nos hemos sanado. Todos errábamos como ovejas, cada uno por su lado, y el Señor cargó sobre él todos nuestros crímenes. Maltratado, aguantaba y no abría la boca; como cordero llevado al matadero, como oveja muda ante el esquilador, no abría la boca. Sin arresto, sin proceso,

lo quitaron de en medio, ¿quién meditó en su destino? Lo arrancaron de la tierra de los vivos, por los pecados de mi pueblo lo hirieron. Le dieron sepultura con los malvados y una tumba con los malhechores, aunque no había cometido crímenes ni hubo engaño en su boca. El Señor quería triturarlo con el sufrimiento: si entrega su vida como expiación, verá su descendencia, prolongará sus años y por su medio triunfará el plan del Señor. Por los trabajos soportados verá la luz, se saciará de saber; mi siervo inocente rehabilitará a todos porque cargó con sus crímenes. Por eso le asignaré una porción entre los grandes y repartirá botín con los poderosos: porque desnudó el cuello para morir y fue contado entre los pecadores. Él cargó con el pecado de todos e intercedió por los pecadores».

Mt 28,1-15: No tengáis miedo, porque yo sé que buscáis a Jesús el crucificado. Él no está aquí, ha resucitado.

Lc 24,13-35: Jesús, mi compañero a lo largo de la peregrinación, me señala cómo él ha sido parte de mi historia y de mi prehistoria. Consolado interiormente, deseo anunciar a todos: «¡El Señor ha resucitado!», como hicieron los discípulos de Emaús.

- **Coloquio final:** En esta etapa de nuestra peregrinación interior, ya estamos acostumbrados a caminar con nuestro amigo y Señor Jesucristo, hablando libremente como un amigo hace con otro. Honestamente, si sientes la fuerza y la gracia interior, no pierdas la ocasión de pedirle que te acepte bajo su bandera y así construir el reino de Dios a su lado. Acaba con el «Padre nuestro».

Etapa n.º 22: Lleida – Palau d'Anglesola

- **Anotaciones:** A lo largo de esta «cuarta semana» de los Ejercicios Espirituales mantendremos el mismo ánimo alegre, porque ahora estamos en la contemplación de la Vida de Dios en su plenitud: ya no hay nada que nos pueda detener en nuestro camino hacia la libertad y la felicidad eterna en el amor de Dios. Vivamos esta última semana, llena de gracia y llena de luz. Nos regocijamos en cada pequeña flor, el pájaro, la sonrisa, la mano tendida. No olvidemos la «oración introductoria» antes de entrar en la contemplación, y también durante todo el día. Recordemos el coloquio final: nos acercamos a ese conocimiento interno de Jesús resucitado, que nos ayuda a cumplir nuestro compromiso con la vida para siempre. Lo discutimos con nuestro «amigo» en el coloquio al final de la oración y durante el día.

- **Petición:** Pedimos al Padre este don: ser capaces de entrar en la alegría del Resucitado, el Cristo victorioso; ser capaces de contemplar la Vida plena que Jesús nos ha alcanzado; alegrarnos profundamente con Cristo, María y todos sus discípulos.

- **Reflexiones:** Hoy seguimos contemplando la maravilla de la resurrección: los discípulos necesitaron muchos días para llegar a esa experiencia de Vida completa de Jesús. Vayamos cerca de María Magdalena, la mujer que amaba profundamente a Jesús. Mirémosla en su angustia. Tratemos de sentir como ella, ahora que ha perdido el único sentido de su vida. Y estemos allí con ella en el momento de su descubrimiento. El mundo se alegra con ella. Sintamos el miedo y la culpa de los discípulos, cuando Jesús resucitado vuelve a ese lugar donde solían estar juntos; tratemos de ver el lugar y de sentirnos como uno de ellos. Disfrutemos de las maravillas de la resurrección.

Jesús viene hoy a nuestra desesperación personal, a la sala oscura donde hemos encerrado los momentos más difíciles. Él quiere sanar todas nuestras muertes y llevarnos a la vida. Jesús no acepta

ETAPA N.º 22

LLEIDA – PALAU D'ANGLESOLA

Palau d'Anglesola

más nuestro sufrimiento: él es la vida y él nos pide que salgamos fuera de nuestra tumba. Escuchemos la voz de Jesús: nos llama a salir, como a Lázaro. Seamos conscientes de su presencia caminando a nuestro lado y pidiéndonos: «¡Despierta de tu muerte... porque estoy vivo!».

Como siempre, Ignacio nos invita a introducirnos en estas escenas increíbles. Dejemos que estas historias, tan familiares, de la resurrección se desarrollen en nosotros, y coloquémonos en la escena. Utilicemos todas las bellezas de la naturaleza para ayudarnos en la experiencia de alegría profunda. Cuando Ignacio escribió esta parte de sus Ejercicios Espirituales, bien pudo haber recordado los días más agradables de su peregrinación a Montserrat, las cosas que veía y que le daban alegría de vivir: en esta cuarta semana «voy a valerme de la luz o las características agradables de la temporada, como la frescura en verano o el sol o el calor en invierno, puesto que pienso o conjeturo que esto me ayudará a regocijarme en Cristo, mi Creador y Redentor».

- **Textos**

Jn 20,11-18: Junto a María Magdalena oigo mi nombre, y respondo con alegría.

Jn 20,19-23: El miedo, la culpa y la confusión de los diez compañeros de Jesús en la sala me resultan familiares. En algún momento los he sentido todos. Es en uno de esos lugares donde él quiere venir y tiene que venir. Le doy la bienvenida y me dispongo a recibir sus dones: la paz, la alegría, la misión, esperando siempre en su espíritu y contando con su misericordia.

Jn 11,17-44: Jesús dijo «Yo soy la resurrección y la vida... ¿Crees en esto?». Jesús llamó: «¡Lázaro, sal fuera!». Lázaro oyó que lo llamaba de la muerte a la vida, de estar atado a ser libre. Sentado en el borde de la tumba, me planteo mis propias pequeñas muertes y todo lo que está limitando mi libertad.

- **Coloquio final:** En esta etapa de nuestra peregrinación interior, ya estamos acostumbrados a caminar con nuestro amigo y Señor Jesucristo, hablando libremente como un amigo hace con otro. Honestamente, si sientes la fuerza y la gracia interior, no pierdas la ocasión de pedirle que te acepte bajo su bandera y así construir el reino de Dios a su lado. Acaba con el «Padre nuestro».

Etapa n.º 23: Palau d'Anglesola – Verdú

- **Anotaciones:** Mantenemos el mismo ánimo alegre, porque ahora estamos en la contemplación de la Vida de Dios en su plenitud: ya no hay nada que nos pueda detener en nuestro camino hacia la libertad y la felicidad eterna en el amor de Dios. Vivamos esta última semana, llena de gracia y llena de luz. Nos regocijamos en cada pequeña flor, el pájaro, la sonrisa, la mano tendida. No olvidemos la «oración introductoria» antes de entrar en la contemplación, y también durante todo el día. Recordemos el coloquio final: nos acercamos a ese conocimiento interno de Jesús resucitado, que nos ayuda a cumplir nuestro compromiso con la vida para siempre. Lo discutimos con nuestro «amigo» en el coloquio al final de la oración y durante el día. En esta etapa, hay que mirar la que hace referencia a san Pedro Claver. Pedro Claver fue discípulo de Jesucristo y misionero jesuita en América, llamado «el esclavo de los esclavos».

- **Petición:** Pedimos al Padre este don: ser capaces de entrar en la alegría del Resucitado, el Cristo victorioso; ser capaces de contemplar la Vida plena que Jesús nos ha alcanzado; alegrarnos profundamente con Cristo y sentirnos enviados al mundo a continuar su misión.

- **Reflexiones:** La gracia de estar vivo, la gracia de tener la resurrección en ti, no es solo un regalo para ti, sino una gracia que hay que compartir con los demás y una energía para poner al servicio de la misión de Jesús: difundir la buena nueva del reino de Dios. Hoy nos sentimos renovados, pero al mismo tiempo nos sentimos comprometidos con nuestro mejor «amigo» para ayudarle a realizar su misión en la tierra. El Padre sigue derramando el Espíritu de Cristo en los hombres y mujeres de nuestro tiempo. Él nos consuela todavía, y nos envía con la misión de consolar a los que sufren, a los pobres y a todos los que anhelan la salvación. Como está escrito: «Envías tu espíritu y todo es creado, así renuevas la faz de la tierra» (Sal 104,30). Pedimos hoy al Señor el poder entrar en el gozo y ser aceptados en la misión consoladora de Jesús, ya en su vida resucitada.

En el Evangelio de Mateo nos encontramos con Jesús pidiendo a los discípulos que vayan a Galilea para allí poder ayudarle. Los discípulos eran los pecadores que él había invitado a ser sus compañeros, aquellos mismos que fueron traidores en el último momento. Ahora estamos con ellos, como discípulos en nuestra peregrinación hacia el reino. Estamos juntos con otros, más pecaminosos o más fieles

Santuario de San Pedro Claver, Verdú.

que nosotros. Pero poco importa, porque nuestra fuerza y sabiduría es Cristo, así que no tengamos miedo de responder a su llamada. Nos encontramos en la montaña, ese lugar de encuentro entre Dios y su pueblo. Para nosotros puede ser un barrio, un laboratorio, una iglesia, una clínica, una oficina, un salón, una escuela. Jesús nos da nuestra misión: ir, bautizar, enseñar, amar y comunicar la compasión de Dios para reconciliar a la humanidad. Se nos pide cumplir con la misión en cada momento, en cada circunstancia de la vida. Y Jesús nos dice unas palabras maravillosas: nos promete que estará siempre con nosotros, en cada momento de alegría o de dolor. A pesar de que tal vez no nos sentimos dignos de recibir su presencia, él se va a mantener siempre cerca de mí, aunque soy una persona pecadora, una persona infiel, una persona limitada. Él va a ofrecernos su Espíritu para transformar cualquier situación humana en una experiencia de crecimiento.

A pesar de que nuestra fe es pequeña, Jesús cuenta con nosotros. Tomás tiene que reconocer su falta de fe antes de ser enviado al mundo. Oremos para escuchar la llamada de Jesús, que nos invita a seguirle a la playa y estar con él. Nos unimos a los discípulos en la recepción de su compromiso y su bendición.

- Textos

Mt 28,16-20: Yo estaré siempre con vosotros, hasta el fin del mundo.

Jn 20,24-29: Así como Jesús fue tolerante con la oscuridad y la incredulidad de Tomás, así lo es también conmigo hoy y se complace en consolarme con el don de la fe renovada. En su presencia amorosa, yo también digo: «¡Señor mío y Dios mío!».

Jn 21,1-17: El momento de la alegría: «¡Es el Señor!». El momento de la compañía: «Venid a comer conmigo». El momento de la intimidad y la decisión: «¿Me amas?». El momento de la misión: «Apacienta mis ovejas».

- Coloquio final: En esta etapa de nuestra peregrinación interior, ya estamos acostumbrados a caminar con nuestro amigo y Señor Jesucristo, hablando libremente como un amigo hace con otro. Honestamente, si sientes la fuerza y la gracia interior, no pierdas la ocasión de pedirle que te acepte bajo su bandera y así construir el reino de Dios a su lado. Acaba con el «Padre nuestro».

Etapa n.º 24: Verdú – Cervera

- Anotaciones: Aunque hoy meditamos sobre el episodio de las tentaciones de Jesús, mantenemos el mismo buen humor, porque todavía estamos en la contemplación de la Vida de Dios en su plenitud: no hay nada que pueda detenernos en nuestro camino hacia la libertad y la felicidad eterna en el amor de Dios. No olvidemos la «oración introductoria» y el coloquio final, al final de la oración y durante el día. ¡Y vivamos la alegría de la resurrección de Cristo! ¡La luz, las flores, el agua y los amigos son bienvenidos!

- Petición: Ruego a Dios poder alegrarme profundamente con Cristo resucitado, ahora que he sido enviado al mundo, sirviendo a su misión. Ruego ser capaz de reconocer los engaños del mal y saber guardarme de ellos, como lo hizo Jesús, confiando plenamente en el amor de Dios.

- Reflexiones: Ayer fuimos llamados a volver a Galilea, a nuestra «vida normal», de vuelta a las viejas costumbres. Tenemos una misión: trabajar por el Reino. Hoy vamos a considerar el inicio de la misión de Jesús y el discernimiento que tuvo que hacer antes de empezar a trabajar. El propósito de esta meditación es volver a recibir algunas intuiciones sobre las estrategias de Jesús y del mal, sabiendo que estamos llamados a trabajar por el reino en nuestras vidas cotidianas y mundanas.

¿Cómo vamos a utilizar nuestras relaciones de poder, nuestros dones, talentos y recursos? Esta es la cuestión fundamental en el episodio de las tentaciones de Jesús en el desierto. Se nos dice que el mal le mostró a Jesús todos los reinos del mundo y le dijo: «Todo esto te daré, si te postras en tierra y me adoras». La respuesta fue: «Adorarás al Señor tu Dios, y a él solo servirás». Este momento de crisis en el desierto es el mismo momento de crisis al que todos nos enfrentamos constantemente. ¿Podemos contener nuestros deseos y necesidades lascivas de alabanza, de adulación, de poder o de comodidad? ¿Usamos en nuestra vida nuestros poderes para servirnos a nosotros mismos, o construimos nuestras vidas con la orientación de contribuir a la sociedad y al mundo que hemos heredado? Traigamos a la mente las tentaciones que nos afligen. Pueden ser realmente vergonzosas, pero consideremos que también Jesús, siendo completamente humano, podría haber sufrido una de estas tentaciones. La solución de Jesús a la tentación fue el reconocimiento de confiar plenamente en Dios; nosotros también podemos presentar nuestras tentaciones hoy a Jesús y confesar nuestra confianza plena en Dios. Recemos por encontrarnos tan cerca de Jesús que queramos elegir lo que él quiera.

Como ya hemos dicho, Jesús no escoge «hombres y mujeres perfectos» para que se conviertan en sus discípulos. Él nos conoce muy bien. Teniendo en cuenta el tipo de personas que Jesús escogió, Ignacio nos invita, primero, a pensar que provenían de una condición en la vida más bien ruda y humilde, pero, en segundo lugar, nos pide que pensemos en la dignidad a la que así se los llamaba suavemente. Ese es nuestro misterio: venimos de muy abajo, pero se nos pide un alto servicio. La tentación está a nuestra puerta. ¡Eso es normal!

Ignacio propone una reflexión sobre tres tipos de respuestas a la invitación que ayer recibimos de Jesús para seguir la misión. Con ello nos plantea el reto de pensar acerca de lo que significa ser de verdad espiritualmente libres, libres para peregrinar junto a Jesús en su misión. Hablamos de la verdadera libertad, la libertad que lleva a la acción de Dios en el mundo. Todos sentimos atracciones que pueden interponerse en el camino de nuestro servicio a Dios y al mundo; así, podemos amar el dinero, el sexo, el poder, nuestra imagen, estar bien vestidos y ser alabados, tener grandes coches u otras cosas. Algunas personas tienen buenas intenciones, pero nunca llegan a actuar para cambiar ese estilo hasta el día antes de su muerte. Otros, en el fondo, saben que algo no está bien, pero ellos siguen encontrando excusas y racionalizaciones para continuar actuando de la misma manera y tratar de conseguir que el mismo Dios lo comprenda. Otros son libres: así, pueden ser ricos bien satisfechos, si esta es la voluntad de Dios y es dentro de su mayor servicio, pero también pueden ser felices como pobres y dejar de hacer aquello en lo que están involucrados. Son personas que pueden aceptar graciosamente el prestigio en la medida en que ayuda a la misión de servir al reino, pero al mismo tiempo no huyen de la persecución y el desprestigio si se obtiene así un mayor bien, y fácilmente pueden vivir sin las posiciones de poder. Es totalmente humano tener y experimentar «enganches» que nos roban libertad; tal vez sería suficiente para la meditación de hoy pedir con sinceridad el deseo de ser más libres de esos «enganches nocivos», para no caer en las tentaciones del mal. Pedimos la iluminación de Dios.

● Textos

Mt 4,1-11: La táctica del adversario no consiste en invitar a Jesús a hacer el mal, sino en proponerle ser un Mesías con posesiones, prestigio y poder, ganando en eficacia y éxito, en lugar de un Mesías so-

Tàrrega.

lidario en la pobreza, la persecución y la impotencia, como el Padre lo llamó a ser.

Ecl 3,1-22: Los seres humanos no pueden entender los caminos de Dios. Será mejor que estemos cerca de él. Todo tiene su tiempo. Debo mantener los tiempos de Dios en mi vida.

«Todo tiene su tiempo y sazón, todas las tareas bajo el sol: tiempo de nacer, tiempo de morir; tiempo de plantar, tiempo de arrancar lo plantado; tiempo de matar y tiempo de sanar; tiempo de destruir y tiempo de construir; tiempo de llorar y tiempo de reír; tiempo de hacer duelo y tiempo de bailar; tiempo de arrojar piedras y tiempo de recogerlas; tiempo de abrazar y tiempo de desprenderse; tiempo de buscar y tiempo de perder; tiempo de guardar y tiempo de desechar; tiempo de rasgar y tiempo de coser; tiempo de callar y tiempo de hablar; tiempo de amar y tiempo de odiar; tiempo de guerra y tiempo de paz. ¿Qué saca el obrero de sus fatigas? Observé todas las tareas que Dios encomendó a los hombres para afligirlos: todo lo hizo hermoso en su sazón y dio al hombre el mundo para que pensara; pero el hombre no abarca las obras que hizo Dios desde el principio hasta el fin. Y comprendí que el único bien para el hombre es alegrarse y pasarlo bien en la vida. Pero que el hombre coma y beba y disfrute en medio de sus fatigas es don de Dios. Comprendí que todo lo que hizo Dios durará siempre: no se puede añadir ni restar. Porque Dios exige que lo respeten. Lo que fue ya había sido, lo que será ya fue, pues Dios da alcance a lo que huye. Otra cosa observé bajo el sol: en la sede del derecho, el delito; en el tribunal de la justicia, la iniquidad; y pensé: al justo y al malvado los juzgará Dios. Hay una hora para cada asunto y un lugar para cada acción. Acerca de los hombres, pensé así: Dios los prueba para que vean que por sí mismos son animales; pues es una la suerte de hombres y animales: muere uno y muere el otro, todos tienen el mismo aliento y el hombre no supera a los animales. Todos son vanidad. Todos caminan al mismo lugar, todos vienen del polvo y todos vuelven al polvo. ¿Quién sabe si el aliento del hombre sube hacia arriba y el aliento del animal baja a la tierra? Y así observé que el único bien del hombre es disfrutar de lo que hace: esa es su paga, pues nadie lo ha de traer a disfrutar de lo que vendrá después de él».

Prov 3,1-12: Mantengamos nuestra lealtad y fe en Dios y nunca fallaremos.

«Hijo mío, no olvides mi instrucción, conserva en tu memoria mis preceptos, porque te darán muchos días, y años de vida, y prosperidad. Que no te abandonen bondad y lealtad, cuélgatelas al cuello, escríbelas en la tablilla del corazón: alcanzarás favor y aceptación de Dios y de los hombres. Confía en el Señor de todo corazón y no te fíes de tu propia inteligencia; en todos tus caminos tenlo presente, y él allanará tus sendas. No te tengas por sabio, respeta al Señor y evita el mal; tendrá salud

Bellpuig

tu ombligo y riego tus huesos. Honra al Señor con tus riquezas, con las primicias de todas tus cosechas, y tus graneros se colmarán de grano, tus lagares rebosarán de mosto. No rechaces, hijo mío, el castigo del Señor, no te enfades por su reprensión, porque al que ama lo reprende el Señor, como un padre al hijo querido».

Sab 3,1-12: Aquellos que han depositado su confianza en Dios saben que él es verdadero, y los fieles obtendrán el amor de Dios.

«La vida de los justos está en manos de Dios y no los tocará el tormento. La gente insensata pensaba que morían, consideraba su tránsito como una desgracia y su partida de entre nosotros como destrucción, pero ellos están en paz. La gente pensaba que cumplían una pena, pero ellos esperaban de lleno la inmortalidad; sufrieron pequeños castigos, recibirán grandes favores, porque Dios los puso a prueba y los encontró dignos de él. Los probó como oro en crisol, los recibió como sacrificio de holocausto. A la hora del juicio brillarán como chispas que prenden por un cañaveral; gobernarán naciones, someterán pueblos, y el Señor reinará sobre ellos eternamente. Los que confían en él comprenderán la verdad, los fieles a su amor seguirán a su lado; porque gracia y amor son para sus elegidos. Los impíos serán castigados por sus razonamientos: menospreciaron al justo y se apartaron del Señor. Desdichado el que desprecia la sabiduría y la instrucción: vana es su esperanza, baldíos sus afanes e inútiles sus obras; necias son sus mujeres, depravados sus hijos y maldita su posteridad».

Mt 6,24-34: Nadie puede servir a dos señores, porque o aborrecerá al uno y amará al otro, o se dedicará al uno y menospreciará al otro. No podemos servir a Dios y a las riquezas materiales o nuestros pequeños ídolos.

- **Coloquio final:** En esta etapa de nuestra peregrinación interior, ya estamos acostumbrados a caminar con nuestro amigo y Señor Jesucristo, hablando libremente como un amigo hace con otro. Honestamente, si sientes la fuerza y la gracia interior, no pierdas la ocasión de pedirle que te acepte bajo su bandera y así construir el reino de Dios a su lado. Acaba con el «Padre nuestro».

Etapa n.º 25: Cervera – Igualada

- **Anotaciones:** Seguimos en nuestra «cuarta semana», así que mantenemos el mismo buen humor, porque cada vez más nos unimos a Jesucristo en su misión: no hay nada que pueda detenernos en nuestro camino hacia la libertad y la felicidad eterna en el amor de Dios. No olvidemos la «oración introductoria» y el coloquio final, al terminar la oración y durante el día. ¡Y vivamos la alegría de la resurrección de Cristo! ¡Las canciones, la luz, las flores, el agua y los amigos son bienvenidos! De nuevo, la pista ignaciana de este día nos invita a hacer como Ignacio: compremos nuevas ropas, nuevo calzado, que reflejen el cambio interior que hemos ido experimentando en nuestra peregrinación.

- **Petición:** Ruego a Dios poder alegrarme profundamente con Cristo resucitado, ahora que he sido enviado al mundo, sirviendo a su misión. Ruego ser capaz de reconocer su presencia transfigurada en mi vida, acompañándole en su misión de reconciliar y dar vida a la humanidad.

- **Reflexiones:** Jesús necesita de nuestras manos para acoger a los hombres y mujeres necesitados de atención, de reconciliación, de Amor y de Vida. Jesús necesita de nuestras voluntades, de nuestros deseos de avanzar y construir, para poder seguir creando el reino entre nosotros. Jesús resucitado nos llama a seguirlo y participar con él de la transformación que ya se ha iniciado en el mundo. En los Evangelios Jesús llama a varias personas explícitamente por su nombre. Contemplando hoy los misterios propuestos, oímos nuestro propio nombre y descubrimos que nuestro interior se remueve: ¿qué siento al ser llamado hoy como Zaqueo? ¿Qué siento al ser llamado para subir a la montaña del Tabor con Jesús? ¿Qué significa para mí sentirme junto a Jesús?

El relato de la transfiguración de Jesús en el monte Tabor resulta un anuncio de la Verdad oculta en nuestra propia humanidad, tantas veces demasiado opaca. La Luz está en nosotros. La esencia divina nos habita y es perceptible desde el mismo momento de nuestra encarnación. Ciertamente, nuestra condición humana representa un «filtro opaco» a esa luz divina. A veces nos llegamos a transformar más en «agujeros negros» que en «estrellas de luz». El sufrimiento, la injusticia, el absurdo que nos rodean tantas veces… hacen que el «filtro» nos apague hasta la más pequeña chispa de luz. Pero en Jesús resucitado hemos descubierto que, a pesar de todos los sinsentidos que nos toca vivir, la Luz sigue ardiente en nosotros, y esa experiencia nos transfigura. Nada nos podrá separar del amor de Dios. Todo puede ser transfigurado en su amor.

Jesús resucitado es la Vida de Dios con nosotros. Quien comunica este mensaje con su vida, no fallará. ¿Qué ha de ser transfigurado en nuestra vida? ¿Qué no deja pasar la luz divina a través de nosotros?

- **Textos**

Lc 19,1-10: Jesús llama a Zaqueo y le pide que descienda de sus preocupaciones y de su estilo de vida: si deseas ver a Jesús, baja de los montajes que te has hecho. Si deseas encontrar a Jesús en tu vida, ve a tu casa, que él está esperándote allí. Y déjate llevar por él: que vuestro encuentro sea generoso y te transfigure.

Rom 8,31-39: Nada nos puede separar del amor de Dios.

Mt 17,1-13: Jesús llama a sus discípulos y les pide que lo acompañen en su transfiguración. Yo también necesito subir con él a la montaña. El dolor y las dificultades pueden mermar nuestra fe y nuestra decisión, pero si creemos en la resurrección, creemos que la Vida no tiene final, que nada puede ocultar la Luz en nosotros, que nada puede acallar la Palabra en nosotros.

Mt 17,14-21: Llamados a servir a Jesucristo y colaborar en la misión, nuestra fe no puede ser débil. Si creemos en él, no fallaremos. Si creemos en nosotros y nuestras posibilidades, aunque llevemos su nombre, no conseguiremos nada.

- **Coloquio final:** En esta etapa de nuestra peregrinación interior, ya estamos acostumbrados a caminar con nuestro amigo y Señor Jesucristo, hablando libremente como un amigo hace con otro. Honestamente, si sientes la fuerza y la gracia interior, no pierdas la ocasión de pedirle que te acepte bajo su bandera y así construir el reino de Dios a su lado. Acaba con el «Padre nuestro».

Sant Pere dels Arquells

Etapa n.º 26: Igualada – Montserrat

- **Anotaciones:** La alegría nos acompaña. No olvidemos la «oración introductoria» y el coloquio final, al acabar la oración y durante el día. ¡Y vivamos la alegría de la resurrección de Cristo! ¡Las canciones, la luz, las flores, el agua y los amigos son bienvenidos! La pista ignaciana de este día nos invita a hacer como Ignacio: dediquemos un rato de oración especial junto a la Virgen morena de Montserrat.

- **Petición:** Ruego a Dios poder alegrarme profundamente con Cristo resucitado, ahora que he sido enviado al mundo, sirviendo a su misión. Ruego recibir el Espíritu para poder acompañar más a Jesús en su misión de reconciliar y dar vida a la humanidad.

- **Reflexiones:** El Espíritu de Dios nos confirma en la misión que hemos recibido. Aún más, el mismo Espíritu nos acompaña y nos fortalece en las dificultades que salen a nuestro encuentro. Seguimos la dinámica de las otras semanas: el verdadero Rey nos pide acompañarlo en su conquista del bien contra el absurdo de la destrucción del ser humano. El Espíritu nos impulsa en nuestro peregrinar por toda la tierra, anunciando la buena noticia.

El Espíritu rompe barreras, abre caminos. El Espíritu crea fraternidad, crea

Basílica de Montserrat.

comunidad, crea humanidad, crea imagen de Dios en el mundo. El Espíritu nos despierta, nos ilumina, nos saca de nuestra sordera y de nuestra ceguera. El Espíritu nos pone en marcha, nos empuja y no nos deja estar mucho tiempo sentados. El Espíritu nos aguijonea, nos hace caer de nuestras comodidades, nos rompe nuestros esquemas bien hechos. El Espíritu nos llena de compasión, de amor, de necesidad de entrega. El Espíritu nos eleva, nos hace soñar, nos hace infinitos. En el Espíritu todo lo podemos esperar, todo lo podemos soportar, todo lo podemos realizar. El Espíritu es la gran presencia de Dios en nuestra vida.

A lo largo de nuestra peregrinación hemos ido «respirando» el Espíritu. Hoy pedimos ser conscientes de esa presencia en nosotros. ¿Dónde encuentro el Espíritu actuando en mí? ¿En los otros? ¿En qué reconozco la acción del Espíritu en el mundo?

Recordemos insistir en la petición.

- **Textos**

Jn 16,5-15: Recuerdo las palabras de Jesús sobre la acción del Espíritu Santo.

Hch 2,1-21: La promesa de la venida del Espíritu se cumple el día de Pentecostés.

Hch 10,44-48: Mientras Pedro estaba hablando, el Espíritu Santo descendió sobre todos los que le estaban escuchando. La obra de la evangelización había comenzado. Ruego también abrazar este trabajo con determinación.

Lc 4,14-20: Jesús volvió a Galilea, investido con el poder del Espíritu. Ruego, ahora que se acerca mi regreso a casa, ser también investido por la fuerza del Espíritu. Necesito su Espíritu para cumplir la misión del reino de Dios.

- **Coloquio final:** En esta etapa de nuestra peregrinación interior, ya estamos acostumbrados a caminar con nuestro amigo y Señor Jesucristo, hablando libremente como un amigo hace con otro. Acabamos con el «Padre nuestro».

Etapa n.º 27: Montserrat – Manresa

- **Anotaciones:** La alegría nos acompaña en esta última etapa de la peregrinación «exterior». La tan ansiada meta de Manresa ¡está al alcance de la mano! No olvidemos la «oración introductoria» y el coloquio final, al concluir la oración y durante el día. Dejemos que nuestro corazón se llene de la fuerza del Espíritu y que su fuerza nos acompañe en este día, que ha de marcar un hito en nuestra vida. La pista ignaciana de hoy nos introduce ya en la posible continuación de nuestra peregrinación interior.

- **Petición:** Pido a Dios que me dé un conocimiento interno de los muchos dones recibidos y que, lleno de gratitud por todo ello, pueda en todo amar y servir a su Divina Majestad.

- **Reflexiones:** El Padre, el Hijo y el Espíritu Santo están siempre atentos a nuestra realidad, «compartiéndose» con nosotros. Este intercambio nos capacita para ser contemplativos en la acción, es decir, encontrar a Dios en todas las cosas. Los jesuitas dijeron en su Congregación General 32 que «cada miembro de cada comunidad jesuita es consciente de lo que dice san Ignacio sobre el amor, que consiste en compartir lo que uno tiene, lo que uno es, y es así como se ama». Dedicamos nuestra meditación de hoy a este concepto de amor como intercambio de lo que uno es y posee con el amado. En los Ejercicios Espirituales, Ignacio nos invita a contemplar cómo el Amor nos viene dado y compartido generosamente desde la bondad de Dios y cómo, ante tal cascada de dones y gracias, nosotros hemos de responder de forma también generosa y amorosa. Vamos a seguir las indicaciones de Ignacio, dejando que nuestro corazón se expanda en el amor de Dios. Los pasos de esta contemplación ignaciana son:

- **CONTEMPLACIÓN PARA ALCANZAR AMOR**

Primero conviene advertir en dos cosas:

La primera es que el amor se debe poner más en las obras que en las palabras.

La segunda, que el amor consiste en comunicación de las dos partes, es a saber, en dar y comunicar el amante al amado lo que tiene o de lo que tiene o puede, y así, por el contrario, el amado al amante; de manera que si el uno tiene sabiduría,

El Xup, Manresa

dar al que no la tiene, si honores, si riquezas, y así el otro al otro.

Luego vuelvo a la oración introductoria y pido que todo sea ordenado a la voluntad de Dios.

A continuación, me sitúo en la contemplación que voy a hacer. Imagino que estoy delante de Dios Padre, de Jesús el Hijo y del Espíritu de amor que me ha creado en mi humanidad.

Sigo haciendo consciente el deseo de hoy: pido a Dios que me dé un conocimiento interno de los muchos dones recibidos y que, lleno de gratitud por todo ello, pueda en todo amar y servir a su Divina Majestad.

Y ya empiezo la contemplación. El primer punto es *traer a la memoria los beneficios recibidos de parte de Dios*, tanto sea por el hecho de haber nacido, como por haber sido salvado por Jesús, como por dones particulares en mi persona, ponderando con mucho afecto cuánto ha hecho Dios nuestro Señor por mí y cuánto me ha dado de lo que tiene y es en él mismo. Y con esto reflexionar en mí mismo, considerando con mucha razón y justicia lo que yo debo de mi parte ofrecer y dar a su Divina Majestad, es a saber, todas mis cosas y a mí mismo con ellas.

Además, si lo deseo, podría considerar que aquel que ansíe ser más consecuente hará el siguiente ofrecimiento: «Tomad, Señor, y recibid toda mi libertad, mi memoria, mi entendimiento y toda mi voluntad, todo mi haber y mi poseer; vos me lo disteis, a vos, Señor, lo torno; todo es vuestro, disponed a toda vuestra voluntad; dadme vuestro amor y gracia, que esta me basta».

Acabado el primer punto, Ignacio nos propone un segundo: *mirar cómo Dios habita en la creación entera*: en los elementos naturales dando ser, en las plantas vegetando, en los animales dando sentidos, en los hombres dando entender; y así también en mí dándome ser, animándome, dándome sentidos y haciéndome entender; asimismo, haciéndome templo de Dios, siendo creado a semejanza e imagen de su Divina Majestad; otro tanto pensando en mí mismo, la forma como yo habito en lo que hago y al servicio de quién lo pongo. Acabamos este punto volviendo al ofrecimiento del punto anterior: *Tomad, Señor, y recibid...*

El tercero consiste en *considerar cómo Dios trabaja y se afana por mí en todas las cosas creadas sobre la tierra*. Así como en los cielos, elementos, plantas, frutos, ganados, etc., dando ser, conservando, vegetando y dando sentidos, etc. Después pensar sobre mí mismo: lo que yo puedo hacer a cambio de ese amor. Acabamos de nuevo este punto volviendo al ofrecimiento del punto anterior: *Tomad, Señor, y recibid...*

El cuarto: *mirar cómo todos los bienes y dones descienden de arriba*, así como mi fuerza proviene del poder infinito de Dios, y así también la justicia, la bondad, la piedad, la misericordia, y todas las otras cosas buenas que soy capaz de percibir en mí y en el mundo, tal y como del sol descienden los rayos, de la fuente las aguas, etc. Después de considerar el origen de todos los bienes, acabo pensando en mí mismo, en la forma en que retorno todo lo que recibo de arriba. Termino este punto volviendo al ofrecimiento del punto anterior: *Tomad, Señor, y recibid...*

● **Coloquio final:** En esta etapa de nuestra peregrinación interior, ya estamos acostumbrados a caminar con nuestro amigo y Señor Jesucristo, hablando libremente como un amigo hace con otro. Acabamos con el «Padre nuestro».

Castellgalí.

Manresa: Recopilación de la experiencia

Proponemos una última meditación de nuestros Ejercicios Espirituales, una vez llegados al destino de nuestra peregrinación exterior. Quizá la peregrinación interior continúe aún un cierto tiempo. Después de estos 30 días, el o la ejercitante ya tendrán experiencia para seguir avanzando en su peregrinar de vuelta a casa.

● **Anotaciones:** La práctica de estos Ejercicios nos ha dado ya un estilo personal. Cada peregrino ha de encontrar la forma de seguir avanzando y superando etapas en su «peregrinación interior». Si se desea, en la Cova de Manresa hay bastante material editado para poder seguir creciendo en esta espiritualidad ignaciana. Pedir consejo será siempre bueno.

● **Petición:** Pido al Padre que me dé un conocimiento íntimo de los muchos dones recibidos y que, lleno de gratitud por todos ellos, pueda en todo amar y servir a su Divina Majestad. Pido que la experiencia de san Ignacio de Loyola me pueda orientar también en mi propia vida.

● **Reflexiones:** Hoy retomamos la misma meditación de ayer, pero centrándonos en la peregrinación que hemos acabado. Todo el camino ignaciano ha sido una experiencia del amor de Dios en múltiples manifestaciones. Dedicamos nuestro tiempo de meditación a repasar, a la luz de la contemplación del amor, todas las etapas de nuestro camino. Damos gracias y nos preparamos para la vuelta a nuestro mundo cotidiano.

● **CONTEMPLACIÓN PARA ALCANZAR AMOR**

Primero conviene advertir en dos cosas:

La primera es que el amor se debe poner más en las obras que en las palabras.

La segunda, que el amor consiste en comunicación de las dos partes, es a saber, en dar y comunicar el amante al amado lo que tiene o de lo que tiene o puede, y así, por el contrario, el amado al amante; de manera que si el uno tiene sabiduría, dar al que no la tiene, si honores, si riquezas, y así el otro al otro.

Luego vuelvo a la oración introductoria y pido que todo sea ordenado a la voluntad de Dios.

A continuación, me sitúo en la contemplación que voy a hacer. Imagino que estoy delante de Dios Padre, de Jesús el Hijo y del Espíritu de Amor que me ha creado en mi humanidad.

Sigo haciendo consciente el deseo de hoy: pido a Dios que me dé un conocimiento interno de los muchos dones recibidos y que, lleno de gratitud por todo ello, pueda en todo amar y servir a su Divina Majestad.

Y ya empiezo la contemplación. El primer punto es *traer a la memoria los beneficios recibidos de parte de Dios*, tanto sea por el hecho de haber nacido, como por haber sido salvado por Jesús, como por dones particulares en mi persona, ponde-

Pozo de la Iluminación, Manresa.

rando con mucho afecto cuánto ha hecho Dios nuestro Señor por mí y cuánto me ha dado de lo que tiene y es en él mismo. Y con esto reflexionar en mí mismo, considerando con mucha razón y justicia lo que yo debo de mi parte ofrecer y dar a su Divina Majestad, es a saber, todas mis cosas y a mí mismo con ellas.

Además, si lo deseo, podría considerar que aquel que ansíe ser más consecuente hará el siguiente ofrecimiento: «Tomad, Señor, y recibid toda mi libertad, mi memoria, mi entendimiento y toda mi voluntad, todo mi haber y mi poseer; vos me lo disteis, a vos, Señor, lo torno; todo es vuestro, disponed a toda vuestra voluntad; dadme vuestro amor y gracia, que esta me basta».

Acabado el primer punto, Ignacio nos propone un segundo: *mirar cómo Dios habita en la creación entera*: en los elementos naturales dando ser, en las plantas vegetando, en los animales dando sentidos, en los hombres dando entender; y así también en mí dándome ser, animándome, dándome sentidos y haciéndome entender; asimismo haciéndome templo de Dios siendo creado a semejanza e imagen de su Divina Majestad; otro tanto pensando en mí mismo, la forma como yo habito en lo que hago y al servicio de quién lo pongo. Acabamos este punto volviendo al ofrecimiento del punto anterior: *Tomad, Señor, y recibid…*

El tercero consiste en *considerar cómo Dios trabaja y se afana por mí en todas las cosas creadas sobre la tierra.* Así como en los cielos, elementos, plantas, frutos, ganados, etc., dando ser, conservando, vegetando y dando sentidos, etc. Después pensar sobre mí mismo: lo que yo puedo hacer a cambio de ese amor. Acabamos de nuevo este punto volviendo al ofrecimiento del punto anterior: *Tomad, Señor, y recibid…*

El cuarto: *mirar cómo todos los bienes y dones descienden de arriba*, así como mi fuerza proviene del poder infinito de Dios, y así también la justicia, la bondad, la piedad, la misericordia y todas las otras cosas buenas que soy capaz de percibir en mí y en el mundo, tal y como del sol descienden los rayos, de la fuente las aguas, etc. Después de considerar el origen de todos los bienes, acabo pensando en mí mismo, en la forma en que retorno todo lo que recibo de arriba. Termino este punto volviendo al ofrecimiento del punto anterior: *Tomad, Señor, y recibid…*

Coloquio final: Acabemos estos Ejercicios Espirituales con nuestro amigo y Señor Jesucristo, el peregrino de la Vida, hablando con amistad y finalizando con el «Padre nuestro».

www.ingramcontent.com/pod-product-compliance
Lightning Source LLC
Chambersburg PA
CBHW042134160426
43199CB00022B/2909